Die rechtliche Stellung

der

unehelichen Kinder

nach

bayrischem Landrecht.

Von

Dr. Th. Engelmann,

Kgl. II. Staatsanwalt in München.

München.

J. Schweitzer Verlag

(Jos. Eichbichler)

1896.

Inhalt.

Anhang: Der Entwurf eines bürgerlichen Gesetzbuchs für das deutsche Reich.

Vorwort.

Es mag als ein gewagtes Unternehmen erscheinen, zu einer Zeit, da der lang gehegte Traum eines deutschen Reichscivilgesetzbuchs seiner Verwirklichung entgegengeht, für eine partikularrechtliche Untersuchung noch Interesse zu beanspruchen. Wenn der Verfasser gleichwohl in Ergänzung seiner vor einigen Jahren in den Blättern für Rechtsanwendung (Band 57 Seite 225 ff.) erschienenen Ausführungen „über das Erbrecht der unehelichen Kinder nach bayrischem Landrecht" hiemit eine Darstellung der gesamten Rechtsverhältnisse dieser Personenklasse der Öffentlichkeit zu übergeben wagt, so veranlaßte ihn hiezu nicht nur die freundliche Aufnahme, die jener Arbeit von vielen Seiten zu teil geworden ist, und das innere Bedürfnis nach Vervollständigung dieser Skizze, sondern vor allem die Erwägung, daß gerade auf dem Gebiet des Familien- und Erbrechts das Zustandekommen des bürgerlichen Gesetzbuches noch keineswegs als gesichert gelten kann, und daß auch im günstigsten Fall bis zur Zeit seines Inkrafttretens noch Jahre verfließen werden.

Bei der stiefmütterlichen Behandlung, die dem bayrischen Landrecht seitens der Theorie von jeher zu teil geworden ist, kann es nicht Wunder nehmen, daß auch in unserer Rechtsmaterie umfassendere Vorarbeiten, außer über einige Detailpunkte, nicht existieren. Und doch fordert die Lückenhaftigkeit und Unklarheit des Gesetzes in allen hier in Betracht kommenden Fragen zu wissenschaftlicher Ergänzung und Erläuterung förmlich heraus. Schon zu Anfang unseres Jahrhunderts klagte ein Schriftsteller (J. G. Hofinger, Ansichten über das Rechtliche bei außerehelichen Schwängerungen, Landshut 1817 S. 3): „Wundern wird man sich, wenn man eine Gesetzgebung wahrnimmt, welche auf dieses Kapitel der Rechtskunde so wenig Bedacht, so wenig Rücksicht genommen hat, daß sie, indem andere bei weitem weniger wichtige Gegenstände mit vieler Sorgfalt, Ausführlichkeit und Gründlichkeit behandelt worden sind, dieses Verhältnis nicht weiter als mit ein paar unzulänglichen und unbestimmten Stellen im Vorbeigehen berührt und sonach beinahe alles in die Willkür der Richter legt. Letzteres ist denn ohne Zweifel lediglich auch in dem bayrischen bis zur Stunde noch geltenden Civilrecht ganz besonders der Fall.“

So blieb es denn, während die stolze Schwester Theorie erhabenen Problemen nachsann, der Praxis allein überlassen, die Lücken des geschriebenen Rechtes auszufüllen und die vom Gesetzgeber offen gelassenen Fragen zu beantworten. Daß sie diese Aufgabe auf dem hier in Frage stehenden Gebiet mit besonders glücklichem Erfolg gelöst habe, wird kein unbefangener Beurteiler zu behaupten wagen. Darum mag der nachstehend unternommene Versuch theoretischer Betrachtung einer praktisch unendlich wichtigen Rechtsmaterie auch zur Zeit noch als nicht ganz überflüssig erscheinen. Die Nachsicht des geneigten Lesers zu erbitten, ist für den, der ein „confusum chaos"[1]) wie dieses Gebiet betritt, wohl nicht speziell erforderlich.

[1]) F. B. Busch, theoretisch-praktische Darstellung der Rechte geschwächter Frauenspersonen. Ilmenau 1828, Vorrede Seite VI.

Einleitung[2]).

Wie an andere Thatsachen, so knüpft das Recht auch an die Thatsache, daß zwei Personen mit einander verwandt sind, rechtliche Wirkungen, subjektive Rechte einerseits und Verpflichtungen andererseits. Zwei Personen sind verwandt, wenn eine derselben von der andern, oder wenn Beide von derselben Dritten abstammen. Die Abstammung als Voraussetzung der Verwandtschaft muß wie jede andere Thatsache, falls sie bestritten wird, von dem, der daraus Rechte ableiten will, bewiesen werden. Der Nachweis, daß Jemand von einer bestimmten Frau abstamme, ist in der Regel leicht zu erbringen und bietet keinerlei Besonderheiten. Dem Nachweis der Abstammung von einem bestimmten Mann dagegen stellen sich erhebliche Schwierigkeiten entgegen. Aus der Geburt des Kindes folgt in dieser Beziehung nur, daß eine gewisse Zeit vorher ein Beiwohnungsakt mit der Mutter stattgefunden habe, welcher Ursache der Geburt gewesen ist. Da nun erfahrungsgemäß die Dauer der Schwangerschaft im Rahmen mehrerer Monate

[2]) Die nachstehenden Bemerkungen sind zum Teil eine Reproduktion meiner Ausführungen in den Blättern für Rechtsanwendung Bd. 59 Seite 2 ff.

variiert, so ergibt sich durch Zurückrechnung vom Tag der Geburt bis zu dem Termin, in dem der causale Beischlaf frühestens oder spätestens stattgefunden haben kann, ein Zeitraum, innerhalb dessen er stattgefunden haben muß, die sogenannte „kritische Zeit". Jeder in diesen Zeitraum fallende Beischlaf kann Ursache der Geburt gewesen, jeder Mann, der innerhalb dieses Zeitraums mit der Mutter geschlechtlich verkehrt hat, kann Vater des Kindes sein. Um zu erweisen, daß ein bestimmter Mann der Vater ist, muß nicht nur dargethan werden, daß er mit der Mutter während der kritischen Zeit Umgang gepflogen hat, sondern auch, daß dieser sein Umgang für die Geburt des Kindes causal war[3]). Dieser Nachweis ist aber aus natürlichen Gründen nur indirekt, nämlich auf dem Wege möglich, daß dargethan wird, andere möglicherweise causale Beischlafsakte seien nicht vorgekommen. Ist dieser Nachweis erbracht, so steht die Vaterschaft mit absoluter Gewißheit fest[4]). All dies gilt, weil auf der Natur der Sache

[3]) Es ist daher vollkommen unrichtig, wenn Jhering bei den Verhandlungen des dritten deutschen Juristentags in Wien 1862 erklärt hat, wenn ein einmaliger Beischlaf nachgewiesen werden könne, sei eine vollkommene causa efficiens für die zu beweisende Thatsache erbracht.

[4]) Mit Unrecht wird vielfach bis in die neueste Zeit der Beweis der Vaterschaft als unmöglich erklärt; unmöglich ist nur der direkte Beweis der Causalität eines bestimmten Beischlafsaktes. Den in den Bl. f. Rechtsanw. Bd. 59 S. 4 Note * aufgezählten Vertretern der richtigen Ansicht sind noch beizufügen Kräwel (Archiv für die civilistische Praxis Bd. 50 S. 355) und R. Büng-

beruhend, selbstverständlich in gleichem Maße für die eheliche und außereheliche Verwandtschaft.

Eine Rechtsordnung, die geschlechtlichen Verkehr nur unter Ehegatten als von ihr gebilligt anerkennen und die vollen aus der Abstammung sich ergebenden Rechtswirkungen nur zwischen ehelichen Verwandten existent werden lassen will, muß einen Zeitpunkt fixieren, der für die Legitimität des Kindes maßgebend sein soll. Als solcher bietet sich naturgemäß der Zeitpunkt der wirklichen Erzeugung, und da dieser nicht mit Sicherheit festzustellen ist, der Zeitraum der wahrscheinlichen Erzeugung des Kindes dar.[5])

Zum Beweis der ehelichen gleichwie der außerehelichen Vaterschaft müßte demgemäß an und für sich gefordert werden: Nachweis der Concumbenz des angeb-

---

ner (Zur Theorie und Praxis der Alimentationspflicht, Leipzig 1879 S. 100). Wenn der Letztere aber sagt (S. 102): „nach allgemeinen processualischen Grundsätzen muß derjenige, der eine Thatsache behauptet, dieselbe auch beweisen. Demnach hat nicht der Kläger den Beweis der Ausschließlichkeit zu führen, sondern wer immer die Nichtausschließlichkeit behauptet, muß auch beweisen, daß der Geschlechtsverkehr nicht ausschließlich mit nur einem Manne gepflogen ward;" so übersieht er, daß die Ausschließlichkeit des Geschlechtsverkehrs zur Begründung der Vaterschaftsklage gehört und daher allgemeinen Prozeßregeln zufolge vom Kläger zu beweisen ist.

[5]) Wenn manche Rechte jedes von einer Ehefrau, wenn auch gleich nach Eingehung der Ehe geborne Kind bis auf weiteres als ehelich betrachtet wissen wollen, so mag dieß vom legalpolitischen Standpunkt aus vielleicht zu rechtfertigen sein, begrifflich enthält es jedenfalls eine auffallende Abnormität.

lichen Vaters mit der Mutter des Kindes innerhalb der kritischen Zeit und Nachweis der Ausschließlichkeit des Geschlechtsverkehrs der Mutter mit diesem Manne innerhalb dieser Periode, zum Beweis der ehelichen Vaterschaft außerdem noch das Bestehen einer rechtsgültigen Ehe zwischen dem angeblichen Vater und der Mutter während irgend eines Teils der kritischen Zeit. Zur Erleichterung des Vaterschaftsbeweises haben nun aber alle Rechtsordnungen gewisse Präsumtionen aufgestellt, d. h. statuiert, daß bestimmte an und für sich beweisbedürftige Thatsachen, auch ohne bewiesen zu sein, als bewiesen gelten sollen. Hiebei erschien jedoch eine verschiedene Behandlung der ehelichen und der außerehelichen Vaterschaft als veranlaßt.

Die Ehe beruht ihrem Wesen nach auf der Voraussetzung, daß während ihrer ganzen Dauer Geschlechtsverkehr zwischen den Ehegatten stattfindet; ebenso inhäriert dem Begriff der Ehe die Annahme, daß die Ehefrau anderen Männern als ihrem Gatten sich nicht hingibt. Der Gesetzgeber darf daher mit Fug, den regelmäßigen Verhältnissen Rechnung tragend, diese Thatsachen präsumieren. Thut er dieß, so bedarf es zum Beweis, daß Jemand das eheliche Kind eines bestimmten Mannes ist', nur mehr des Nachweises, daß seine Mutter während eines Teils der kritischen Zeit mit dem angeblichen Vater verheiratet war.

Bezüglich des außerehelichen Geschlechtsverkehrs besteht kein Anlaß zu diesen beiden Präsumtionen; es müßte daher, um Jemand als außerehelichen Vater zu erweisen, dargethan werden, daß er innerhalb der kritischen Zeit mit der Mutter geschlechtlich verkehrt hat, und daß die Mutter während dieses ganzen Zeitraums nur ihm sich hingegeben hat. Gleichwohl haben die meisten Rechte auch den Beweis der außerehelichen Vaterschaft erleichtern zu müssen geglaubt, indem sie dem Kinde den ihm obliegenden Nachweis der Ausschließlichkeit des Geschlechtsverkehrs seiner Mutter abgenommen und durch eine Präsumtion dieses Inhalts ersetzt haben.[6])

Um die außereheliche Vaterschaft darzuthun, genügt diesen Rechten zufolge der Nachweis, daß die Mutter des Kindes mit dem angeblichen Vater innerhalb der kritischen Zeit den Beischlaf vollzogen habe.

Die auf diese Art teils durch Beweis, teils durch Präsumtion hergestellte Gewißheit der Vaterschaft fällt aber in sich zusammen, wenn nachgewiesen wird:

1. Bei der ehelichen Vaterschaft, daß zwischen den Ehegatten während der kritischen Zeit kein Geschlechtsverkehr stattgefunden hat;

2. Bei der außerehelichen und ehelichen Vaterschaft:

a) daß der bewiesene bez. präsumierte Geschlechtsverkehr für die Geburt des Kindes (z. B. wegen

---

[6]) Richtig Unger (gegen Jhering) bei den Verhandlungen des dritten deutschen Juristentags: „Wenn die Frau nur den Beischlaf und nicht auch die Ausschließlichkeit beweist, so ist die Vaterschaft immer noch nicht erwiesen . . . diesem Ausschließlichkeitsbeweis nun kommt die Gesetzgebung von einem gewissen sittlichen Standpunkt aus zu Hülfe.“ Ähnlich Büngner, Seite 117, Busch, im Archiv für civil. Praxis Band 23 Seite 231, 232 und ebenda Band 46 Seite 236.

Zeugungsunfähigkeit des Mannes) nicht causal gewesen sein kann;

b) daß die Mutter innerhalb der kritischen Zeit auch mit andern Männern Umgang gepflogen hat.

Bezüglich dieses letzteren Punktes haben aber fast alle Gesetzgebungen einen weiteren Unterschied zwischen ehelicher und außerehelicher Vaterschaft statuiert und die Feststellung dieser Thatsache zwar gegenüber einer ledigen Frauensperson, nicht aber gegenüber einer Ehefrau für relevant erklärt, indem sie trotz der durch den Ehebruch der Mutter hervorgerufenen Ungewißheit der Abstammung das Kind für legitim angesehen wissen wollen, m. a. W., es wurde die Präsumtion der Ausschließlichkeit des Geschlechtsverkehrs der Mutter für Ehefrauen gesteigert zu einer Präsumtion der Causalität des ehelichen Beischlafes, gegen die dann wieder in mehr oder weniger weitem Umfang der Gegenbeweis zugelassen wurde. (Näheres s. Bl. für Rechtsanw. Bd. 59 S. 2 ff.)

I. Teil.

Die Quellen des bayrischen Landrechts.

Wie wir sehen werden, bilden die Vorschriften des bayrischen Landrechts über die rechtliche Stellung der unehelichen Kinder ein merkwürdiges Gemisch aus (teilweise mißverstandenen) Bestimmungen des römischen und canonischen Rechts, Resten germanischer Rechtsauffassung, Wiederholungen des alten Landrechts von 1616 und naturrechtlichen Billigkeitserwägungen. Es ist daher zum Verständnis des geltendes Rechtes unbedingt erforderlich, zunächst den Inhalt dieser Quellen über die in Betracht kommenden Fragen zu erforschen. Wenn wir hiebei den üblichen Rahmen einer geschichtlichen Einleitung wenigstens bezüglich des gemeinen Rechts erheblich überschreiten müssen, so findet dieß wohl seine Rechtfertigung darin, daß dem bayrischen Landrecht zufolge (Teil I Kap. 2 § 9) in Sachen, die durch einheimisches Recht nicht genug bestimmt sind, „das römische Recht auf schickliche und thunliche Weise zur Hilfe gebraucht werden“ soll, somit die gemeinrechtlichen Sätze als subsidiär geltendes Recht ganz besondere Beachtung verdienen.

I. Römisches Recht.

Das römische Recht in der Gestalt, in welcher es uns im Corpus juris Justiniani entgegentritt, enthält keine Definition des unehelichen Kindes; wir müssen daher den römischrechtlichen Begriff des unehelichen Kindes durch Abstraktion aus dem Begriff des ehelichen Kindes zu gewinnen suchen. Als kritische Zeit statuieren die römischen Juristen im Anschluß an die zu jener Zeit unbestrittenermaßen erste medizinische Autorität, Hippokrates, den Zeitraum vom 300.—182. Tag vor der Geburt des Kindes und erklären als maßgebend für die Legitimität eines Kindes die Zeit seiner wahrscheinlichen Erzeugung. Des weiteren stellt das römische Recht die Präsumtionen auf, daß Eheleute während der ganzen Dauer der Ehe geschlechtlich verkehren, daß die Ehefrau ihrem Gatten die Treupflicht wahrt, und daß, selbst wenn dieß nicht der Fall war, das von ihr geborene Kind ihrem Verkehr mit dem Ehemann sein Dasein verdankt. Der Inbegriff dieser Sätze bildet den Inhalt der bekannten Rechtsparömie: „pater est, quem nuptiae demonstrant" (s. Bl. f. RA. Bd. 59 S. 18 f. und die dort citierten Stellen).

Als ehelich gilt demgemäß ein Kind, dessen Mutter während irgend eines Teils der kritischen Zeit in rechtsgültiger Ehe lebte, als unehelich ein Kind, dessen Mutter in der erwähnten Zeitperiode ledigen Standes oder nicht rechtsgültig verheiratet war. Eine Präsumtion des Inhalts, daß auch eine ledige Frauensperson innerhalb des 300. und 182. Tages vor der Geburt ihres Kindes nur mit einem Manne geschlechtlich verkehrt habe, ist dem römischen Recht fremd; dasselbe stellt vielmehr eine unwiderlegliche Präsumtion des Gegenteils auf, läßt den Beweis der Ausschließlichkeit des Geschlechtverkehrs überhaupt nicht zu und betrachtet demgemäß den Erzeuger eines unehelichen Kindes als unter allen Umständen ungewiß.[7])

Sehr charakteristisch für diese Auffassung sind l. 4 und 5 Dig. II, 4, § 4 Inst. III, 5 und § 12 Inst. I, 10, inhaltlich deren das uneheliche Kind überhaupt keinen Vater hat. Die Folge dieser Anschauung war, daß der Erzeuger eines unehelichen Kindes weder patria potestas über dasselbe hatte noch zur Alimentation desselben verpflichtet war (über die Ausnahme zu Gunsten der Konkubinenkinder s. u.!), daß das uneheliche Kind nicht den Namen seines Vaters führte,[8]) und daß zwischen beiden (und selbstverständlich auch zwischen den beiderseitigen Verwandten) keinerlei Intestaterbrecht bestand (über die auch in diesem Punkt zu Gunsten der Konkubinenkinder bestehende Ausnahme s. u.!).

Im Verhältnis zur Mutter und den mütterlichen Verwandten dagegen stand das uneheliche Kind dem

---

[7]) Nur aus dem Eheverbot zwischen außerehelichem Vater und Kind (l. 14 § 2 Dig. 23, 2), der Möglichkeit der Legitimation und den später zu erwähnenden Sonderbestimmungen für Konkubinenkinder ergibt sich, daß auch das römische Recht das natürliche Band zwischen außerehelichem Vater und Kind nicht völlig ignorieren zu dürfen glaubte.

[8]) A. F. Gett, Theoret. praktische Ausführungen zur Lehre über die rechtl. Verh. der außerehel. Kinder 1. Bd. Nördlingen 1851 S. 336.

ehelichen vollkommen gleich. Es wird von Ulpian als „lex naturae" bezeichnet, daß, wer sine legitimo matrimonio geboren werde, der Mutter folge (l. 24 Dig. I, 5), es haben daher uneheliche Kinder gegenüber ihrer Mutter Unterhaltungsrecht und -pflicht (l. 5 § 4 Dig. 25, 3) und dieß wird in l. 5 § 5 l. c. ausdrücklich auf den mütterlichen Großvater ausgedehnt [9]). Uneheliche Kinder haben ferner gegenüber der Mutter und deren Verwandten genau das gleiche Erbrecht wie eheliche, und zwar auch in Konkurrenz mit solchen, und dieses Erbrecht gilt auch umgekehrt (§ 7 Inst. III, 3; § 3 Inst. III, 4; § 4 Inst. III, 5; l. 2, 4, 8 Dig. 38, 8; l. 5 Cod. VI, 57; vgl. A. F. Gett, die Rechtsverhältnisse aus der außerehelichen Geschlechtsgemeinschaft sowie der unehelichen Kinder, München 1836 S. 5). Es war nur eine Konsequenz dieser Anschauung, daß man das uneheliche Kind gegenüber seiner Mutter und diese dem Kinde gegenüber für pflichtteilsberechtigt erklärte (l. 29 § 1 Dig. V, 2).

Eine Ausnahme galt nur für die mater illustris, eingeführt durch die im Jahr 529 von Justinian erlassene und, wie er sich ausdrückt, der Keuschheit selbst gewidmete l. 5 Cod. VI, 57. Wenn nämlich eine der Rangklasse der illustres angehörige Frau sowohl eheliche als uneheliche Kinder hatte, so sollte weder durch Zuwendung unter Lebenden noch durch letztwillige Ver-

---

[9]) Vgl. Windscheid, Lehrb. des Pandektenrechts 5. Aufl. B. II § 475, Urteil des Reichsgerichts v. 8. Okt. 1881 (Samml. der Entsch. in Civils. Bd. V S. 159).

fügung noch auf dem Weg der Intestaterbfolge irgend etwas von ihrem Vermögen an ihre unehelichen Kinder kommen dürfen, da die Bewahrung der Keuschheit besondere Pflicht dieser hochgestellten Frauen sei.

Aus der gesamten Klasse der unehelichen Kinder, welche im Allgemeinen spurii oder vulgo quaesiti genannt werden[10]), hebt aber das römische Recht zwei Unterarten hervor, die eine, um sie den übrigen gegenüber wesentlich günstiger zu stellen, die andere, um sie in einer für unsere heutigen Begriffe kaum faßbaren Weise völlig rechtlos zu machen. Die erstere privilegierte Klasse bilden die liberi naturales[11]), die aus einem Konkubinat entsprossenen Kinder, die andere die liberi ex damnato coitu, d. h. die in Blutschande (incestuosi) oder Ehebruch (adulterini) erzeugten Kinder.

Bezüglich der ersteren ist folgendes zu bemerken. In der römischen Kaiserzeit bildete sich ein völliges Pendant zur legitimen Ehe aus, der Konkubinat. Wenn auch in manchen Punkten die Konkubine der rechtmäßigen Ehefrau gegenüber als untergeordnet erscheint[12]), so ist

---

[10]) Der letztere Ausdruck wird zwar hauptsächlich für die Kinder einer öffentlichen Dirne gebraucht, eine rechtliche Verschiedenheit zwischen spurii und vulgo quaesiti besteht aber nicht (l. 23 Dig. I, 5). Über den Sprachgebrauch des röm. Rechtes s. Gett, Ausf. S. 327 ff.

[11]) Liberi naturales bezeichnet bisweilen auch den Gegensatz zu den Adoptivkindern (§ 2 Inst. III, 1).

[12]) S. hierüber Gett, Ausf. S. 332, M. S. Mayer, die Intestaterbfolge der liberi naturales nach heutigem Recht. Tübingen 1838 S. 14.

doch daran festzuhalten, daß der Konkubinat als „licita consuetudo“ galt (l. 3 § 1 Dig. 25, 7; l. 5 Cod. VI, 57), als ein notwendiges Übel, das der Gesetzgeber, um das größere der völlig freien Liebe nach Möglichkeit einzudämmen, nicht beseitigen zu dürfen und den bloß vorübergehenden außerehelichen Verbindungen gegenüber sogar mit gewissen Privilegien ausstatten zu müssen glaubte. Aus dem Bestreben, einerseits die Konkubinenkinder andern unehelichen Kindern gegenüber zu bevorzugen, andererseits aber, die ehelichen Kinder vor der gefährlichen Konkurrenz der Konkubinenkinder zu schützen, erklären sich die gesetzlichen Bestimmungen, deren Nachklänge wir noch im heutigen Recht antreffen, obwohl ihre Voraussetzung, der Konkubinat als gesetzlich anerkannte Geschlechtsverbindung, längst verschwunden ist.

Die Tendenz, die rechtmäßige Ehefrau und deren Kinder gegenüber allzugroßer Freigebigkeit des Vaters gegen seine Konkubine und deren Kinder zu schützen, tritt deutlich hervor in der von Arkadius und Honorius im Jahre 405 erlassenen l. 2 Cod. V, 27. Während nämlich ursprünglich die testamenti factio passiva der liberi naturales völlig unbeschränkt war (s. l. 45 D. 28, 6), bestimmte dieses Gesetz[13]), daß bei Vorhandensein einer Ehegattin oder ehelicher Descendenz der Vater den Kindern seiner Konkubine mit dieser zusammen nicht mehr als $^1/_{12}$, der Konkubine allein nicht

[13]) Über frühere Gesetze der gleichen Tendenz s. Glück, ausführl. Erläuterung der Pand. nach Hellfeld, Bd. 39 S. 332 ff.

mehr als $1/_{24}$ seines Vermögens unter Lebenden oder von Todeswegen zuwenden dürfe, der Überschuß solle den ehelichen Descendenten, der Ehefrau oder den übrigen Intestaterben zufallen. Für den Fall, daß keine Ehefrau und keine eheliche Descendenz vorhanden war, durfte man, wie aus l. 8 Cod. V, 27 hervorgeht, der Konkubine und deren Kindern $1/_4$ des Vermögens zuwenden.

Schon in der im Jahre 528 erlassenen l. 8 Cod. V, 27 aber wurde die umgekehrte, den Konkubinenkindern günstige Tendenz wirksam. „Humanitatis intuitu" gestattet Justinian bei Nichtvorhandensein einer Ehefrau und ehelicher Descendenten, statt wie bisher $1/_4$, nunmehr die Hälfte des Vermögens den filii naturales und ihrer Mutter zuzuwenden. Gegenüber dem nepos naturalis, d. h. sowohl dem unehelichen Kind des ehelichen Sohnes, als dem unehelichen oder ehelichen Kind des unehelichen Sohnes, bestand, wenn keine eheliche Descendenz vorhanden war, volle Verfügungsfreiheit, weil hier das Motiv, „vitium paternum refrenandum esse" nicht anwendbar erschien; waren aber eheliche Descendenten vorhanden, so sollte für die nepotes naturales dasselbe gelten wie für die filii naturales (l. 12 Cod. V, 27).

Zu höchster Entfaltung gelangte diese den Konkubinenkindern günstige Tendenz in den Novellen. Während in l. 8 Cod. V, 27 noch ausdrücklich hervorgehoben ist, daß die Konkubinenkinder „ab intestato nullam communionem ad patris naturalis successionem" haben, und l. 12 C. h. t. dieß bezüglich der Enkel bestätigt, verleiht Justinian in Nov. 18 cap. 5 den Konkubinenkindern auch Intestaterbrecht auf $^1/_6$ des väterlichen Nachlasses, wovon die Konkubine einen Kindsteil erhalten soll, freilich unter gewissen Einschränkungen.

Es wird nämlich, um dieses Erbrecht eintreten zu lassen, außer dem Mangel ehelicher Descendenz nicht nur volle häusliche eheartige Gemeinschaft, sondern auch vorausgesetzt, daß der Erblasser nur eine Konkubine und Kinder von ihr hatte; bei Vorhandensein einer „multitudo mulierum fornicantium" cessiert das Erbrecht vollständig. Zur Begründung wird darauf Bezug genommen, daß ja auch in der Ehe nicht gestattet sei, mehrere Frauen zu haben, daß man außerdem nicht wüßte, welche Konkubine dem Herzen des Verstorbenen am nächsten stand, und daß das Gesetz überhaupt für „caste, non luxuriose viventes" erlassen sei.

Ihren Abschluß findet diese ganze Lehre in Nov. 89 cap. 12. Hier wird zunächst die Vorschrift wiederholt, daß bei Vorhandensein ehelicher Descendenz den Konkubinenkindern und ihrer Mutter zusammen nicht mehr als $^1/_{12}$ des Nachlasses, der Konkubine allein nicht mehr als $^1/_{24}$ zugewendet werden kann; sind aber keine ehelichen Descendenten vorhanden, so sollen (und hierin liegt gegenüber der l. 8 Cod. V, 27 eine wesentliche Neuerung) die Konkubinenkinder, unter Wahrung des Pflichtteilsrechts etwa vorhandener Ascendenten, auf den ganzen Nachlaß zu Erben eingesetzt werden können (cap. 12 § 3). In § 4 und § 5 wird das Intestaterbrecht der Konkubinenkinder am väterlichen Nachlaß in genauem, fast wörtlichem Anschluß an die oben citierten Bestimmungen der Nov. 18 c. 5 geregelt. Konkurrieren Konkubinenkinder mit ehelichen Descendenten, so sollen erstere zwar kein Erbrecht haben, aber von den erbberechtigten ehelichen Descendenten entsprechenden Unterhalt fordern können.[14])

Kap. 13 der Novelle 89 endlich proklamiert für parentes und liberi naturales den Grundsatz der Gegenseitigkeit im Successionsrecht und Alimentationsanspruch.

Daß mit der Schaffung des Alimentationsanspruchs gegen die Erben auch die Unterhaltspflicht des Vaters gegenüber dem Konkubinenkind anerkannt ist, kann wohl nicht bezweifelt werden.[15])

Endlich zeigt sich die Bevorzugung der Konkubinenkinder in der erweiterten Möglichkeit ihrer Legitimierung (s. u.!)

In allen übrigen Beziehungen aber standen die liberi naturales den andern unehelichen Kindern gleich, insbesondere führten auch sie nicht den Namen ihres

---

[14]) „Sancimus, ut naturales a legitimis, uti decet, et pro modo facultatum a bono viro aestimando alantur, id quod a nostris legibus boni viri arbitratu dicitur."

[15]) Windscheid, Pand. Bd. II § 475 Note 16 a. E., Busch, Th. pr. Darst. S. 219, Büngner, S. 63 N. 2, Glück, Bd. 28 S. 75, F. v. Bülow und Th. Hagemann, prakt. Erörterungen aus allen Teilen der Rechtsgelehrsamkeit Bd. IV Erört. 70, Georg Seitz, die Alimentationspflicht des außerehel. Erzeugers nach gem. R. München 1891 S. 2, Arndts Lehrb. d. Pandekten § 348 Note 2, vgl. dagegen Urteil d. O.A.G. Lübeck v. 30. Mai 1852 (Seuff. Arch. Bd. 6 N. 223).

Vaters und standen nicht unter dessen väterlicher Gewalt (l. 7 Cod. V, 27; Gett Ausf. S. 337).

Unter die Kategorie der Kinder ex damnato coitu fielen alle, die aus einer incestuosen oder ehebrecherischen[16]) Verbindung stammen. Ob diese Verbindung die äußere Form und Solennität der Ehe angenommen hatte, ist völlig gleichgültig; eine legitime Ehe war unter solchen Personen gar nicht möglich, die Verbindung wurde nicht als Ehe betrachtet, und die Kinder den aus blos vorübergehender incestuoser oder ehebrecherischer Geschlechtsgemeinschaft hervorgegangenen völlig gleichgestellt.[17]) „Si quis incesti vetitique conjugii sese nuptiis funestaverit", wird in l. 6 Cod. V, 5 (erlassen 396 von Arcadius und Honorius) bestimmt „proprias quamdiu vixerit teneat facultates, sed neque uxorem neque filios ex ea editos habere credatur." Diesen kann er auch weder unter Lebenden, noch von Todeswegen, weder direkt noch indirekt irgend etwas von seinem Vermögen zuwenden, vielmehr werden seine Erben unter allen Umständen gewisse nahe Verwandte (Kinder,

---

[16]) Gegen die Gleichstellung der adulterini mit den incestuosi Windscheid, Pand. Bd. III § 571 Nr. 14. Ueber den Begriff des römischrechtlichen adulterium s. Gett, Rechtsv. S. 252, th.-pr. Ausf. S. 345 Nr. 5.

[17]) Dagegen Gett, Rechtsverhältnisse S. 249ff., welcher nur den Kindern aus incestuoser Ehe das Erbrecht am mütterlichen Nachlaß versagt, ebenso Glück, Pand. Bd. 39 S. 344, Windscheid, Pand. Bd. III § 571 Nr. 13a und das Urteil des geh. Obertrib. Berlin (Seufferts Archiv Bd. 1 Nr. 257). Vgl. Gajus institut. I, 64.

Enkel, Urenkel, Eltern, Großeltern, Geschwister, Onkel und Tante); hat einer dieser Verwandten zur Ehe geraten, so erbt an seiner Stelle der nächste Verwandte; sind Verwandte der bezeichneten Art nicht vorhanden, so fällt alles an den Fiskus.

Die Ungerechtigkeit dieser Bestimmung, die den Schuldigen straffrei läßt und den Unschuldigen bestraft, wird in Novelle 12 offen anerkannt. Justinian bezeichnet auf diesem Gebiet Reform für unbedingt erforderlich, weil die früheren Gesetzgeber „prolem, licet culpa careat, paternis bonis privant, quasi necesse sit eos, qui peccarunt, impunitos esse, qui vero crimine carent, tamquam sontes puniri". Die Reform Justinians (in Nov. 12) besteht aber lediglich darin, daß er nun auch für den schuldigen Teil Strafe festsetzt. Für den Fall allerdings, daß eine derartige Ehe binnen 2 Jahren nach Erlaß des Gesetzes aufgelöst wird, greifen gewisse Milderungen Platz, geschieht dies aber nicht oder wird nach Erlaß des Gesetzes eine neue derartige Verbindung eingegangen, so sollen die daraus entspringenden Kinder weder vom väterlichen noch vom mütterlichen Vermögen das geringste erhalten; sind rechtmäßige Kinder da, so erhält der Fiskus $^1/_4$ und sie den Rest, außerdem fällt alles an den Fiskus.

Auf dem gleichen Standpunkt steht Novelle 74 Kap. 6.

Noch weiter endlich geht die Novelle 89 (Kap. 15), indem sie den Kindern ex damnato coitu, die nicht einmal des Namens „naturales" würdig seien, auch den Anspruch auf Alimentation gegen ihre Eltern abspricht.

Da im griechischen Originaltext ausdrücklich von beiden Eltern gesprochen wird („*οὐδὲ ἀποτραφήσεται παρὰ τῶν γονέων*"), so kann nicht bezweifelt werden, daß damit auch die bisher der Mutter obliegende Verpflichtung zur Alimentation solcher Kinder beseitigt werden sollte (ebenso Gett, th.-pr. Ausf. S. 335, dagegen Glück, Bd. 28 S. 77. Vgl. Busch, S. 220 ff.).

Schon das römische Recht kennt aber ein Mittel, dem unehelichen Kind die Stellung eines ehelichen zu verschaffen, die Legitimation. Die bei allen Klassen von unehelichen Kindern zulässige legitimatio per oblationem curiae bedarf als heute vollkommen unpraktisch keiner weiteren Besprechung (s. hierüber Windscheid, Pand. Bd. II § 522 Note 2). Nur bei Konkubinenkindern zulässig war die legitimatio per subsequens matrimonium und die legitimatio per rescriptum principis. Die erstere erfolgt durch Eingehung der Ehe mit der Mutter des Kindes, wobei ausdrückliche oder stillschweigende Anerkennung des Kindes durch den Vater vorausgesetzt wird (Windscheid, Bd. II § 522 und Note 3); die letztere erfolgt durch landesherrliches Rescript und hat das Nichtvorhandensein ehelicher Kinder zur Voraussetzung.[18]) Die Wirkung beider Legitimationsarten besteht darin, daß das legitimierte Kind in jeder Beziehung einem ehelichen vollkommen gleichsteht.

Einen wesentlich anderen Zweck, nämlich Begründung der väterlichen Gewalt, verfolgt das Institut

[18]) Über die legitimatio ex testamento per rescriptum principis s. Windscheid, Bd. II § 522 Note 5.

der Adoption (Windscheid, Pand. Bd. II § 523). Dieselbe heißt Adoption im engeren Sinn, wenn sie einer bereits unter väterlicher Gewalt stehenden Person gegenüber erfolgt, Arrogation gegenüber einem homo sui juris. Ein uneheliches Kind kann also nur arrogiert, nicht adoptiert werden. Die Adoption im engeren Sinn erfolgt durch Rechtsgeschäft zwischen dem bisherigen Inhaber der väterlichen Gewalt und dem Adoptivvater, die Arrogation durch landesherrliches Rescript; bei der ersteren genügt es, wenn das zu adoptierende Kind nicht widerspricht, die letztere fordert dessen ausdrückliche Zustimmung. Einer besonderen Beschränkung ist die Arrogation in der Beziehung unterworfen, daß uneheliche Kinder von ihrem leiblichen Vater nicht adoptiert werden dürfen und daß dem Vormund die Arrogation nicht vor Ablegung der Vormundschaftsrechnung gestattet ist. (Windscheid, Pand. Bd. II § 523 Note 11 und Note 17 a). Die Wirkung der Adoption (i. w. S.) ist verschieden, je nachdem sie durch einen Mann oder eine Frau erfolgt. Die Adoption (i. w. S.) durch einen Mann äußert ihre volle Wirkung — Begründung des rechtlichen Verhältnisses eines ehelichen Kindes — stets bei der Arrogation, bei der Adoption (i. eng. S.) dagegen nur, wenn das Kind entweder einem Ascendenten, oder einem Fremden von seinem Großvater bei Lebzeiten seines Vaters in Adoption gegeben wird; doch muß, wer ein unmündiges Kind arrogiert, Sicherheit dafür leisten, daß, falls das Kind vor erreichter Großjährigkeit stirbt, dessen Vermögen an seine, abgesehen von der Arrogation, erbberechtigten Verwandten herausgegeben werden wird.

In den übrigen Fällen besteht die Wirkung der Adoption (i. w. S.) lediglich in der Schaffung eines natürlichen Kindsverhältnisses, das jedoch kein Noterbrecht des Adoptivkindes erzeugt und zwischen ihm und den Verwandten des Adoptivvaters kein erbrechtlich wirksames Verwandtschaftsverhältnis begründet.

Da die Arrogation väterliche Gewalt verleiht, kann sie von einer Frau nicht vorgenommen werden.

Durch die Adoption (i. eng. S.) seitens einer Frau kommt das Kind in die Stellung eines von ihr gebornen Kindes, doch wird hiedurch zwischen ihren Verwandten und dem Kind kein Verwandtschaftsverhältnis hervorgerufen. (S. Windscheid, Pand. Bd. II § 524 und die dort citierten Stellen).

Endlich ist noch hervorzuheben, daß der impubes arrogatus, der vom Wahlvater ohne Grund emancipiert worden ist, aus dessen Nachlaß ein Viertel, die sogenannte quarta divi Pii, erhält, ein Anspruch, der ihm auch nicht durch letzten Willen entzogen werden kann. (Windscheid, Bd. III § 574, 593 Arndts, Pand. § 607).[19])

---

[19]) Über die Anfechtung von Verfügungen unter Lebenden, wodurch dieser Anspruch alteriert wird, durch die actio quasi Faviana und quasi Calvisiana s. Windscheid, Bd. III § 593 Note 7, Arndts, Pand. § 607.

II. Kanonisches Recht.

An dem durch das corpus juris Justiniani geschaffenen Rechtszustand wurde durch das kanonische Recht wenig geändert. Seine wichtigste Neuerung ist wohl die, daß die Legitimation durch nachfolgende Ehe und durch Rescript des Landesherrn nunmehr bei allen Arten von unehelichen Kindern, abgesehen von solchen ex damnato coitu, für zulässig erklärt wurde. Es sagt nämlich cap. 6 X. 4, 17: „tanta est vis matrimonii, ut qui antea sunt geniti, post contractum matrimonium legitimi habeantur. Si autem vir vivente uxore sua aliam cognoverit et ex ea prolem susceperit, licet post mortem uxoris eandem duxerit, nihilominus spurius erit filius et ab hereditate repellendus, praesertim si in mortem uxoris prioris alteruter eorum aliquid fuerit machinatus.“ Ebenso wird in cap. 13 l. c. das Gesuch um Legitimation eines adulterinus von Innocenz III. zurückgewiesen, „quia lex canonica sobolem susceptum ex adulterio detestatur“ (vgl. Windscheid, Bd. II § 522 Note 1, dagegen Arndts, § 421 Note 1a.)

Eine weitere Abweichung vom römischen Recht bildet die Bestimmung, daß Kinder aus Putativehen, d. h. aus Ehen, deren Nichtigkeit einem der Ehegatten oder beiden unbekannt war, für ehelich gelten sollen (cap. 14 l. c. Windscheid, Bd. I § 56 b Note 5, Arndts, § 476).

Endlich ist das kanonische Recht Quelle des im gemeinen Recht zu so großer Bedeutung gelangten

Deflorationsanspruchs durch die Vorschrift in cap. 1. X V, 16: „Si seduxerit quis virginem nondum desponsatam dormieritque cum ea, dotabit eam et habebit uxorem. Si vero pater virginis dare noluerit, reddet pecuniam juxta modum dotis, quam virgines accipere consueverunt." Im cap. 2 l. c. wird einem gewissen Felix, der „quandam virginem stupro decepit", geboten, das Mädchen zu heiraten, widrigenfalls ihm körperliche Züchtigung, Exkommunikation und lebenslängliche Verbannung in einem Kloster in Aussicht gestellt wird.

Dagegen hat das kanonische Recht an den römischrechtlichen Bestimmungen über die Alimentation der unehelichen Kinder nichts geändert. Insbesondere ist die bis in die neueste Zeit (auch in den Bl. f. R.A. Bd. 57 S. 244) vertretene Ansicht unrichtig, daß durch cap. 5 X. VI, 7 der Vater zur Alimentation seines ex damnato coitu entsprossenen Sohnes verpflichtet worden sei, woraus natürlich folgen würde, daß dieser Anspruch umsomehr andern unehelichen Kindern gegenüber anerkannt worden wäre; denn die erwähnte Stelle spricht nicht von adulterini, sondern von Kindern, die im Konkubinat und nach dem Tod der rechtmäßigen Ehefrau erzeugt worden sind, so daß also mit der Anerkennung der Alimentationspflicht des Vaters diesen Kindern gegenüber nichts vom späteren römischen Recht Abweichendes statuiert worden ist. Dieß ergibt sich mit Evidenz aus den Worten des oben erwähnten cap. 13 X. IV, 17, worin von adulterinis gesagt wird:

„saecularibus quoque legibus non solum repellentibus eos a successione paterna, sed negantibus ipsis etiam alimenta.“ [20])

III. Deutsches Recht.

Das altnordische Recht wußte nichts von einer Rechtlosigkeit der unehelichen Kinder (Wilda in der Zeitschr. f. deutsches Recht und deutsche Rechtswissenschaft Bd. 15 S. 237 ff.) und gab ihnen Erbrecht gegenüber der Mutter, teilweise auch gegenüber dem Vater und selbst den Geschwistern (O. Stobbe, Handbuch des deutschen Privatrechts Bd. V § 295 Note 3).

Von den Volksrechten enthält das langobardische Recht Vorschriften, die den unehelichen Kindern sehr günstig sind (Wilda a. a. O. S. 282 ff; Stobbe a. a. O.); über die lex Salica s. Wilda a. a. O. S. 281, über die lex Bajuvariorum s. u.!

Wesentlich ungünstiger gestalteten sich die Rechtsverhältnisse der unehelichen Kinder in späterer Zeit, hauptsächlich unter dem Einfluß des jede außereheliche Geschlechtsgemeinschaft perhorreszierenden Christenthums. [21])

Der Sachsenspiegel (herausgegeben von C. G. Homeyer, 2. Ausg. Berlin 1835) sagt im Buch I Art. 38 § 1: „Kempen unde ir kindere, spelüde

[20]) Büngner, S. 60 ff., Seitz, S. 2 und Note 6, Windscheid, Bd. II § 475 N. 16, unrichtig Arndts, § 348 Note 2.

[21]) Über die Stellung des kanonischen Rechts zum Konkubinat s. Meyer, Intestaterbrecht der lib. natur. S. 20—29.

unde alle die unecht geboren sin . . . die sint alle rechtlos." Zwar ist Tödtung, Verwundung, Raub und Notzucht gegenüber Unehelichen nicht erlaubt, aber sie haben kein Wergeld und als Scheinbuße erhalten sie „en vüder houwes, alse tvene jarge ossen getien mogen" (Buch III Art. 45 § 9—11).

Ein Kind, das von einer Ehefrau zu früh oder zu spät (vor oder nach „rechter tiet") geboren ist, mag an seinem Rechte bescholten werden (Buch I Art. 36).

Aus dem Schwabenspiegel (herausgegeben von Wilhelm Wackernagel 1840) sei hervorgehoben die Bestimmung im Kap. 38: „Kempfen und iriu kint, unde alle die unehelich geboren sint, die sint alle rechtlos. Die unelich geboren sint, die muegen ir recht wider gewinnen, ob si êlichiu hygerate tuen, si erbent aber kein guot von ir vordern."

Demzufolge wurde das uneheliche Kind als außer allem Familienverband stehend und daher rechtlos betrachtet, es beerbte weder seinen Vater noch seine Mutter[22]) und sein Gut fiel, wenn letztwillige Verfügung und eheliche Descendenz nicht vorhanden war, kraft des sogenannten Wildfangsrechts (jus bastardagii, droit de bâtardise) dem Landesherrn zu, eine Übung, die natürlich nicht wenig dazu beitrug, Reformen zur Verbesserung der Lage der unehelichen Kinder hintanzuhalten.[23])

---

[22]) Vgl. auch Sachsenspiegel Buch I Art. 51 § 1 und hiezu Stobbe, Privatrecht Bd. V § 296 Note 2.

[23]) Über das Wildfangsrecht s. Phil. R. Fritzweiler,

Die Legitimation unehelicher Kinder ist der deutschen Rechtsanschauung unbekannt; der Sachsenspiegel schweigt darüber völlig, der Schwabenspiegel erwähnt zwar die Legitimation durch Rescript des Kaisers oder Pabstes, legt aber nur der Legitimation durch nachfolgende Ehe die Kraft bei, Successionsrecht zu verleihen (Art. 48: „Hat ein man einen sun unêlichen, den mac der pabest wol elich machen unde ouch der keiser nach sinem rehte. Aber der pabest noh der keiser mugen in daz reht nimmer gegeben, daz si

---

disp. inaug. de bonis vacantibus 1683 thesis 38, Büngner, S. 68 u. 69, P. Roth, bayrisches Civilrecht (Tübingen 1871) Bd. I § 83 ff., P. Roth, System des deutschen Privatrechts (Tübingen 1880) Bd. I § 63, Bd. II § 171, Wilda im Bd. 4 der Zeitschr. f. deutsches Recht u. d. Rechtsw. S. 283 ff., R. v. Sydow, Darstellung des Erbrechts nach den Grundsätzen des Sachsenspiegels, Berlin 1828, S. 18 u. 47, Stobbe, Privatrecht Bd. I § 47 Ziff. 3, Bd. V § 295 u. 296. Gett, Rechtsverh. S. 225, Ausf. S. 207, 210, 351 ff.

Dieses Bastardrecht wurde in der Oberpfalz erst 1808 abgeschafft (Roth, d. Privatrecht Bd. II § 171 N. 4), in Bremen und Verden erschien darüber noch 1710 eine neue Verordnung (Wilda a. a. O. S. 285 Note 3). Daß derartige Bestimmungen noch zu Kreittmayrs Zeit in einigen Teilen Bayerns galten, ergibt sich aus seinen Annotat. z. b. Landr. Tl. III Kap. 12. § 5 Ziff. 2 lit. k (vgl. Annot. zu Tl. I Kap. 3 § 3 Ziff. 3). Ein ähnliches altes Recht des Fiskus auf den Nachlaß unehelicher Priester wird erwähnt in den von Baron Schmid herausgegebenen controversiae von Bassus (semicent. II controv. 18 Ziff. 6) und von Kreittmayr in Annot. zum b. Landr. Tl. III Kap. 12 § 6 Ziff. 1 a. E. und Annot. zum Cod. judic. Kapitel 1 § 13 lit. a Ziff. 10.

ir mage gerben mügen, als ob si ir muoter ekind sîn gewesen. Gewinnent aber si êkint, diu erbent ir mage wol, ob si ze êkinden sint gewacht als hie vor gereit ist." Vgl. Sydow a. a. O. S. 47 ff., Gett, Ausf. S. 363 ff., Stobbe, Privatrecht Bd. V § 257).

IV. Gemeines Recht.

Wie auf anderen Gebieten, so überwand auch auf diesem das siegreich eindringende römische Recht die deutschrechtlichen Anschauungen, freilich nicht, ohne hiebei in wesentlichen Punkten erhebliche Modificationen zu erleiden. Die Reception der römischen Sätze über die liberi naturales scheiterte an dem Umstand, daß der Konkubinat, wenn auch in Deutschland, namentlich in Franken, lange Zeit thatsächlich in Übung,[24]) doch zu einer gesetzlich anerkannten Form der Geschlechtsgemeinschaft niemals erhoben, vielmehr durch die Reichspolizeiordnungen von Augsburg 1530 (tit. 33),[25]) Augsburg 1548 (tit. 25) und Frankfurt 1577 (tit 26 § 1) direkt verboten und unter Strafe gestellt wurde.

[24]) S. Gett, Ausf. S. 372, 210, 212 N. 4, 213 N. 4.

[25]) „Dieweil auch viel leichtfertig Personen außerhalb von Gott aufgesetzter Ehe zusammen wohnen, auch der offentlich Ehebruch nicht gestrafft, gestatt dadurch der allmächtig, nachdem es wider sein göttlich gebott, hoch beleidiget, auch zu vielen ergernussen Ursach gibt, deshalb ordnen und wöllen wir, daß ein jede geistlich und weltlich Oberkeit, der solchs ordentlich zugehört, ein billich einsehen haben soll, damit solch offentlich laster der gebür

Außerdem aber führte die zunehmende Humanität, die oben erwähnte irrige Auslegung der Dekretale cap. 5 X. IV, 7 und wohl auch das Nachwirken altgermanischer Rechtsideen dazu, mit dem römischen Axiom von der Vaterlosigkeit der unehelichen Kinder zu brechen, eine förmliche Vaterschaftsklage zuzulassen und den außerehelichen Vater analog dem ehelichen zur Alimentation seines Kindes zu verpflichten.[26])

Die Bestimmungen des kanonischen Rechts über die Legitimität der Kinder aus Putativehen wurde vom gemeinen Recht angenommen[27]) und vielfach sogar in gewissem Umfang auch Kindern von Brautleuten die Rechte ehelicher Kinder beigelegt.[28])

---

nach ernstlich gestrafft und nit gedult werd." Ähnlich die Bestimmungen von 1548 und 1577 (Aller des heiligen römischen Reichs gehaltenen Reichstage, Ordnungen und Abschiedt. Mainz 1585).

[26]) Büngner, S. 71, Roth, bayr. Civilr. Bd. I S. 461 N. 5, deutsches Privatr. Bd. II S. 368 N. 7, Stobbe, Privatrecht § 262, Busch, im Archiv f. civil. Pr. Bd. 23 S. 220.

[27]) Roth, b. Civilr. Bd. I S. 419, Gett, Rechtsverh. S. 273.

[28]) Vgl. Roth, d. Privatr. Bd. II S. 288 u. Note 24, Stobbe, Privatr. Bd. IV § 261 II, Bd. V § 295 III, Gett, Rechtsverh. S. 265, Windscheid, Pand. Bd. III § 571 Note 18, Busch, th. pr. Darst. S. 389 ff. Für die Gleichstellung haben sich ferner ausgesprochen die Urteile des O.A.G. Darmstadt v. 29. Okt. 1845, 23. Nov. 1821, 9. Nov. 1854 (S.A. Bd. 8 N. 65, 66, Bd. 9 Nr. 189), des O.A.G. Jena v. 1. Juni 1860 (S.A. Bd. 15 Nr. 143), des O.A.G. Celle v. 24. Juni 1865 (S.A. Bd. 19 Nr. 166); dagegen die Urteile des O.A.G. Kiel v. 19. Febr. 1851 (S.A. Bd. 5 Nr. 200), des O.A.G. Rostock v. 17.

Im Einzelnen ist folgendes hervorzuheben.

1. Vaterschaft.

Als gegenwärtig allgemein anerkannt darf der Satz bezeichnet werden, daß analog der positiven und negativen Filiationsklage bei ehelichen Kindern auch dem unehelichen Kind ein Klagerecht darauf zusteht, daß festgestellt werde, ein bestimmter Mann sei sein Vater oder nicht sein Vater, gleichwie umgekehrt der angebliche Vater darauf klagen kann, daß eine bestimmte Person sein uneheliches Kind sei oder nicht sei.[29])

Die Klage gegen den angeblichen Vater auf Anerkennung der Vaterschaft ist von der Alimentationsklage völlig verschieden und kann daher auch getrennt von dieser erhoben werden. Sind die Voraussetzungen des § 231 RCPO. gegeben, so ist jeder Interessent, insbesondere auch die Kindsmutter, zur Anstellung der Klage berechtigt.[30])

Dez. 1841 (S.A. Bd. 12 Nr. 344), des O.A.G. Berlin v. 30. Juni 1870 (S.A. Bd. 25 Nr. 40; gegen ein allgemeines Gewohnheitsrecht dieses Inhalts Urteil des O.G.H. München v. 25. Nov. 1876 (S.A. Bd. 32 Nr. 252, Bl. f. R.A. Bd. 42 S. 45 u. 46) und Urteil des Reichsgerichts v. 28. Okt. 1881 (S.A. Bd. 37 Nr. 127, Bl. f. R.A. 4. Erg.Bd. S. 106).

[29]) Vgl. Urteil des O.A.G. Rostock v. 13. Okt. 1864 (S.A. Bd. 21 Nr. 92), des O.G. Wolfenbüttel v. 7. Apr. 1868 (S.A. Bd. 23 Nr. 105), des Reichsgerichts vom 22. Okt. 1881 und v. 31. Jan. 1887 (Entsch. in Civils. Bd. V S. 175, S.A. Bd. 42 Nr. 275). Das Gleiche gilt natürlich im Verhältnis zur unehelichen Mutter.

[30]) Roth, b. Civilr. Bd. I. S. 467 räumt die Klage dem Kind und der Mutter ein. Warum er trotzdem (S. 470) das

Da der Gerichtsgebrauch unbestrittenermaßen die für eheliche Kinder bezüglich der kritischen Zeit geltenden Bestimmungen auf die unehelichen Kinder ausgedehnt hat,[81]) so wäre unsern einleitenden Ausführungen zufolge zur Begründung der Vaterschaftsklage erforderlich der Nachweis, daß der angebliche Vater mit der Kindsmutter innerhalb der Zeit vom 300.—182. Tag vor der Geburt des Kindes Geschlechtsverkehr gepflogen und daß die Kindsmutter innerhalb dieses Zeitraums sich andern Männern nicht hingegeben habe. Zur Erleichterung des Vaterschaftsbeweises hat jedoch die gemeinrechtliche Praxis von jeher den Beweis in der letzteren Richtung durch eine Präsumtion dieses Inhalts ersetzt und sohin die Behauptung, daß der Beklagte innerhalb der kritischen Zeit der Kindsmutter beigewohnt habe, als zur Begründung der Vaterschaftsklage ausreichend erklärt.

Ob der Beweis zulässig sei, das Kind entstamme seiner natürlichen Beschaffenheit nach einem Beischlafsakt, der weniger als 182 oder mehr als 300 Tage von der Geburt zurückliege, erscheint als zweifelhaft. Die Praxis ist geneigt, diese Frage zu verneinen (Urteil d.

Vorhandensein eines Statusverhältnisses zwischen Vater und Kind leugnet, ist nicht recht einzusehen; vgl. Roth, d. Privatr. Bd. II. S. 380. Seitz, Alimentationspfl. S. 9 weist der Kindsmutter die Stellung eines Nebenintervenienten an.

[81]) S. d. Citate in d. Bl. f. R.A. Bd. 59 S. 18 Note *. Über die Berechnung der kritischen Zeit s. Büngner, S. 106, Urt. d. O.L.G. Rostock v. 24. Juni 1880 (S. A. Bd. 39 Nr. 5) u. d. O.A.G. Jena v. 8. Okt. 1851 (S.A. Bd. 10 Nr. 170), Bl. f. R.A. Bd. 59 S. 20 Note *.

O.A.G. Jena v. 14. Juli 1823 S.A. Bd. 9 Nr. 124, d. O.Trib. Stuttgart v. 9. Apr. 1870 S.A. Bd. 24 Nr. 117). Trotzdem dürfte ebenso wie bezüglich der ehelichen Kinder die gegenteilige Ansicht vorzuziehen sein[32]).

Auch das Kind einer Ehefrau kann gegen einen Dritten auf Anerkennung der Vaterschaft klagen; doch gehört in diesem Fall natürlich zur Klagsbegründung die weitere Behauptung, daß der Ehemann der Mutter nicht der Erzeuger sei. (Über diesen Beweis s. Bl. f. RA. Bd. 59 S. 1 ff.!)

Steht fest, daß der Beklagte innerhalb der kritischen Zeit mit der Mutter den Beischlaf vollzogen hat, so kann er der Verurteilung auf doppelte Weise entgehen. Er kann entweder den Nachweis unternehmen, daß die Präsumtion der Ausschließlichkeit des Geschlechtsverkehrs der Mutter im vorliegenden Falle nicht zutreffe, daß dieselbe vielmehr innerhalb der kritischen Zeit auch andern Männern den Beischlaf gestattet habe; es ist dieß die viel umstrittene exceptio plurium concumbentium (constupratorum, exceptio congressus cum pluribus). Gelingt dieser Nachweis, so ist die erwähnte Präsumtion widerlegt, die Gewißheit der Vaterschaft zerstört und die Vaterschaftsklage abzuweisen (falls nicht etwa replikationsweise dargethan wird, der Beischlaf

[32]) S. Bl. f. R.A. Bd. 59 S. 23 und Note *. Völlig verschieden hievon ist die Frage, ob aus dem Reifegrad eines Kindes ein Argument dagegen hergeleitet werden dürfe, daß ein in die kritische Zeit fallender Beischlafsakt für die Geburt kausal gewesen sei (s. u.).

jenes dritten Konkumbenten könne die Geburt des Kindes nicht zur Folge gehabt haben).[33])

Der Beklagte kann aber auch den Beweis führen, daß der ihm nachgewiesene oder von ihm zugestandene Geschlechtsverkehr für die Geburt des Kindes nicht causal gewesen seine könne, weil damals er zeugungsunfähig[34]) oder die Kindsmutter (insbes. wegen bereits vorhandener Schwangerschaft)[35]) konzeptionsunfähig gewesen oder durch Anwendung mechanischer Mittel die Konzeption unmöglich gemacht worden sei[36]), oder endlich, weil aus der Beschaffenheit des Kindes sich mit Bestimmtheit ergebe, dasselbe müsse von einem einer andern Rasse angehörigen Manne erzeugt worden sein[37]).

---

[33]) Ebenso Urt. d. O.A.G. München v. 2. Dez. 1839 (Bl. f. R.A. Bd. 6 S. 181) und 12. Mai 1857 (Bl. f. R.A. Bd. 23 S. 313); umgekehrt unbegreiflicherweise Urt. d. O.A.G. München v. 4. Jan. 1858 (Bl. f. R.A. Bd. 23 S. 315) unter verkehrter Bezugnahme auf die Plenarentsch. v. 23. Juni 1841. Richtig dagegen Plenarbeschl. v. 7. Jan. 1860 (R.Bl. S. 161).

[34]) Busch, Th. pr. Darst. S. 296, Gett, Rechtsv. S. 134, Bl. f. R.A. Bd. 59 S. 73.

[35]) Busch, S. 296, Gett, Rechtsv. S. 133, Seitz, S. 13, Urteil d. Reichsg. v. 28. Nov. 1884 (S.A. Bd. 40 Nr. 90, Entsch. i. Civils. Bd. 12 S. 166), Bl. f. R.A. Bd. 59 S. 74, 82 und die dort Citierten.

[36]) Busch, S. 295, Gett, Rechtsv. S. 133, Seitz, S. 13; dagegen C. F. Hommel, rhapsod. quaest. fol. IV observ. 569, vgl. Bl. f. R.A. Bd. 59 S. 73.

[37]) In E. F. Klein's Annalen der Gesetzgeb. u. Rechtsgel. f. d. preuß. Staaten Bd. 7 wird ein Urteil des Kammergerichts v. 16. Sept. 1790 erwähnt, wodurch Jemand zur Alimentation des von der Ehefrau eines Mohren geborenen Kindes verurteilt wurde auf Grund des Gutachtens des Obercollegii Medici, daß

Dagegen muß der Versuch des Beklagten, aus dem Reifegrade des Kindes darzuthun, daß er trotz Konkumbenz mit der Kindsmutter innerhalb der kritischen Zeit nicht Vater des Kindes sein könne, als unzulässig erklärt werden, da kraft positivrechtlicher Bestimmung diese Behauptung sich auch als ungeeignet zum Beweis der Illegitimität eines primär als ehelich geltenden Kindes darstellt, welche Vorschrift auf die Vaterschaft gegenüber unehelichen Kindern analoge Anwendung finden muß[38]).

Ebensowenig kann der Vaterschaftsklage die Behauptung entgegengesetzt werden, der Beklagte sei zur Zeit des causalen Beischlafes geisteskrank gewesen, da dieser Umstand die Vaterschaft als solche in keiner Weise berührt.

Auch mit dem Hinweis darauf kann der Klage nicht begegnet werden, daß schon ein Dritter die Vaterschaft zu dem Kinde anerkannt habe[39]); denn eine derartige Anerkennung begründet nur ein jederzeit widerlegbares Beweismittel für die Abstammung des Kindes. Hieran ändert auch der Umstand nichts, daß etwa die Anerkennung der Vaterschaft seitens jenes Dritten im standesamtlichen Geburtsregister vermerkt worden ist[40]).

---

aus dem Beischlaf eines Mohren mit einer Weißen kein völlig weißes Kind geboren werden könne. Vgl. Busch, S. 293, Bl. f. R.A. Bd. 59 S. 83, 84 u. Note *.

[38]) S. Bl. f. R.A. Bd. 59 S. 36 ff., 84 ff. und Noten.

[39]) Roth, deutsches Privatr. Bd. II S. 385, bayr. Civilr. Bd. I S. 469, vgl. H. v. Sicherer, Personenstand und Eheschließung S. 108 ff.

[40]) Über die standesamtliche Behandlung des Widerrufs

Dagegen dürfte als relevant die Behauptung zu erklären sein, daß die Vaterschaft eines Andern durch rechtskräftiges Urteil festgestellt sei, da Urteile in Statussachen nach gemeinem Recht für und gegen Dritte wirken [41]).

Die Verjährung der Vaterschaftsklage unterliegt den allgemeinen Verjährungsbestimmungen des gemeinen Rechts [42]).

2. Alimentationspflicht.

a) Kreis der berechtigten und verpflichteten Personen.

Allgemein anerkannt ist, daß alle unehelichen Kinder, auch die aus Blutschande oder Ehebruch hervorgegangenen, alimentationsberechtigt sind [43]).

Desgleichen kann die durch nichts gerechtfertigte, früher nicht selten vertretene Ansicht, das uneheliche Kind eines Ehemannes habe gegen diesen keinen Anspruch auf Unterhalt, als aufgegeben bezeichnet werden [44]).

---

eines Vaterschaftbekenntnisses s. Stölzel im „Standesbeamten" Jahrg. 1876 S. 140.

[41]) Bl. f. R.A. Bd. 59 S. 89 und Note *.

[42]) Gett, Rechtsv. S. 171, Seitz S. 11.

[43]) W. A. Lauterbach, colleg. theoret. pract. Tübingen 1706 pars II lib. 25 tit. 3 § 16, Gett, Rechtsv. S. 92, Büngner S. 83, Roth, bayr. Civilr. Bd. I S. 472, Urt. d. O.A.G. Darmstadt v. 18. Okt. 1850 (S.A. Bd. 27 N. 138).

[44]) Unbegreiflicherweise verfocht Unger bei den Beratungen des 3. deutschen Juristentags die Anschauung, die Alimentationsklage sei auszuschließen, wenn der angebliche Vater zur Zeit der Beiwohnung verheiratet gewesen sei.

Auch der Umstand, daß das uneheliche Kind von einer Ehefrau konzipiert worden ist, steht so wenig wie der Vaterschaftsklage natürlich auch der Alimentationsklage gegen den wirklichen Erzeuger entgegen; auch in diesem Fall gehört zur Klagsbegründung der Nachweis, daß das Kind nicht vom Ehemann der Mutter erzeugt sei (vgl. Bl. f. R.A. Bd. 59 S. 87, 88 und die dort citierten Urteile). Wird dieser Nachweis nicht erbracht, so gilt der Ehemann als Vater und ist als solcher allein unterhaltspflichtig, ohne daß von einer konkurrierenden Alimentationspflicht des dritten Konkumbenten gesprochen werden könnte[45]).

Selbstverständlich wird der Alimentationsanspruch des Kindes durch den Umstand, daß die Mutter eine öffentliche Dirne war oder sich gegen Bezahlung hingegeben hat, nicht alteriert, falls die Vaterschaft eines bestimmten Mannes trotzdem festzustellen ist[46]).

Die Alimentationsklage kann nur von dem Berechtigten selbst, oder, falls dieser minderjährig ist, von seinem gesetzlichen Vertreter angestellt werden; als gesetzlicher Vertreter eines minderjährigen unehelichen Kindes ist aber ausschließlich der Vormund, nicht die Kinds-

---

[45]) „Ehelichkeit und Unehelichkeit sind strikte Gegensätze, zwei Begriffe, die sich nicht vereinigen lassen, sondern sich notwendig ausschließen" (Büngner S. 87).

[46]) Auch in diesem Fall wollten verschiedene Teilnehmer des dritten deutschen Juristentags, insbesondere Unger, die Alimentationsklage ausgeschlossen wissen, d. h. das unschuldige Kind für die Sünden seiner Mutter büßen lassen!

mutter zu erachten; trotzdem hat die Praxis vielfach auch der letzteren die Klage gewährt[47]).

Wie die Paternitätsklage gesondert von der Alimentationsklage, so kann auch letztere getrennt von der ersteren angestellt werden[48]).

Zur Alimentation eines unehelichen Kindes verpflichtet sind nach gemeinem Recht der Vater, die Mutter, der letzteren eheliche Ascendenten und uneheliche Mutter. Außer Zweifel steht, daß der uneheliche Vater der Kindsmutter und die unehelichen Eltern des Kindsvaters nicht alimentationspflichtig sind. Außerordentlich bestritten aber ist, ob auch den ehelichen Eltern des Kindsvaters diese Verbindlichkeit obliegt. Es ist vollkommen verfehlt, zu behaupten, weil die Alimentationspflicht angeblich auf einem Delikt beruhe, seien die Ascendenten des Kindsvaters von der Unterhaltspflicht loszusprechen; die Frage kann vielmehr nur dahin gestellt werden, ob die Praxis im Wege des Gewohnheitsrechts auch diese Personen in den Kreis der Unterhaltspflichtigen einbezogen habe, und ist mit Rücksicht auf den Mangel einer

---

[47]) Vgl. Stobbe, Privatr. Bd. IV S. 415, Heerwart im Arch. f. civ. Pr. Bd. XIV S. 436. Urt. d. O.A.G. Darmstadt v. 18. Nov. 1862, O.A.G. Dresden v. 4. Dez. 1862, O.Trib. Berlin v. 7. März 1878 (S. A. Bd. 17 N. 49, 50, Bd. 34 N. 123), O.A.G. München v. 13. April 1824, 5. Mai 1855, 14. April 1860 (S. A. Bd. 2 N. 55, Bl. f. R.A. Bd. 21 S. 29, Bd. 26 S. 413).

[48]) Stobbe Bd. IV, S. 415, Urt. d. O.A.G. München v. 13. April 1824 (S. A. Bd. 2 N. 55), dagegen anscheinend Urt. d. O.A.G. Cassel v. 2. März 1853. (S. A. Bd. 8 N. 262).

communis opinio über diesen Punkt entschieden zu verneinen [49]).

Zweifelhaft ist ferner, ob ein Gewohnheitsrecht darüber sich gebildet hat, in welcher Rangordnung die alimentationspflichtigen Personen haften. Als richtig dürfte die Ansicht zu bezeichnen sein, daß in erster Linie der uneheliche Vater haftet, nach ihm die uneheliche Mutter, nach dieser ihre Ascendenten nach der Nähe des Grades [50]).

Sind zwei gleichmäßig Verpflichtete vorhanden, z. B. die beiden Eltern der Kindsmutter, so wird in analoger Anwendung der für eheliche Kinder geltenden Grundsätze (s. Urt. d. Reichsg. v. 9. April 1881, Entsch. in Civils. Bd. IV S. 149) zu behaupten sein, daß dieselben solidarisch haften, ohne das beneficium divisionis geltend machen zu können; von einem Regreßrecht des Verpflichteten, der seine Verbindlichkeit erfüllt hat, gegen

[49]) Büngner, S. 92, Seitz, S. 21, Rosenkrantz, Handbuch über das Pflegschaftswesen in Bayern S. 182 Nr. 8. Roth, d. Privatr. Bd. II S. 389, 394, Busch, Darst. S. 348, Bülow und Hagemann, Erört. Bd. IV. Erört. 70, Glück, Pand. Bd. 28 S. 221 ff. Gett, Rechtsv. S. 97, Urt. d. O.A.G. Cassel v. 17. Juni 1839 und d. O.A.G. München v. 20. Juli 1833 (S. A. Bd. 3 N. 175, Bd. 4 N. 50).

[50]) Ebenso Rosenkrantz, Handb. d. Pflegschaftsw. S. 182, Roth, bayr. Civilr. Bd. I S. 472, Urt. d. O.A.G. Celle v. 16. Febr. 1841 und 30. Okt. 1843 (S. A. Bd. 12 N. 35). Nach Büngner (S. 97, ebenso Urt. d. O.G. Wolfenbüttel v. 8. Sept. 1862, S.A. Bd. 25 N. 132) sind in erster Linie gleichzeitig neben einander Vater und Mutter nach Maßgabe ihres Vermögens haftbar, dagegen mit Recht Seitz S. 21 ff.

den andern wird nicht gesprochen werden können, da der Leistende nicht mehr gethan hat, als wozu ihn das Gesetz verpflichtet; auch die actio negotiorum gestorum ist ihm abzusprechen, da deren Voraussetzung, Erfüllung fremder Verbindlichkeiten, hier nicht gegeben ist. (Ziemlich unklar ist die Motivierung der von der Alimentation ehelicher Kinder handelnden Entsch. d. O.G.H. München v. 29. Nov. 1872, Samml. Bd. III S. 48, Bl. f. R.A. Bd. 38 S. 13).

Die Alimentationspflicht zwischen dem unehelichen Kind einerseits, seiner Mutter und deren Ascendenten andererseits ist eine gegenseitige, wie allgemein anerkannt ist; streitig aber ist, ob auch der uneheliche Vater dem Kind gegenüber Anspruch auf Unterhalt hat. Als richtig dürfte die Ansicht zu erachten sein, daß ein Gewohnheitsrecht dieses Inhalts nicht nachweisbar ist und die Frage daher verneinend beantwortet werden muß[51]).

b) Rechtsgrund der Alimentationspflicht.

Die Frage nach dem Rechtsgrund der Alimentationspflicht des unehelichen Vaters (darüber, daß die Alimentationspflicht der unehelichen Mutter und ihrer Ascendenten auf der Verwandtschaft beruht, war man von jeher einig) ist keineswegs eine rein akademische,

---

[51]) Ebenso Heerwart im Archiv f. civ. Praxis Bd. 14 S. 442, Roth, bayr. Civilr. Bd. I S. 471, deutsches Privatr. Bd. II S. 387, 394, Büngner, S. 168, Motive z. d. Entw. e. bürgerl. Gesetzb. f. d. deutsche Reich Bd. IV S. 879; umgekehrt Rosenkrantz, Handb. d. Pflegschaftsw. S. 182, Glück, Pand. Bd. 28 S. 234.

ihre Beantwortung ist vielmehr für eine Reihe wichtiger Punkte von präjudizieller Bedeutung. Abgesehen von verschiedenen Mittelmeinungen[52]) standen sich von jeher zwei Theorien (zum Teil in verschiedener Schattierung) gegenüber. Die eine leitet die Alimentationspflicht ab aus dem Delikt des unehelichen Vaters, das derselbe durch Ausübung des Beischlafs mit der Kindsmutter begangen habe[53]), die andere erblickt den Grund seiner Verpflichtung in seinem Verwandtschaftsverhältnis zu dem Kinde, in der Paternität[54]).

[52]) Eine solche vertritt Windscheid, Pand. Bd. II § 475 Nr. 18; gegen ihn sehr entschieden Urt. d. O.G. Wolfenbüttel v. 30. Mai 1879 (S. A. Bd. 35 N. 27), Büngner, S. 75.

[53]) Urt. d. O.A.G. Dresden (S. A. B. 1 N. 348).

[54]) So vor allem Büngner (S. 72 ff.), Unger bei den Verhandl. des 3. deutschen Juristentags 1862 (der wohl allzu optimistisch die gänzliche Unhaltbarkeit des Deliktsstandpunkts als „allgemein anerkannt" bezeichnete), Roth, b. Civilr. Bd. II S. 369, Stobbe, Privatr. Bd. IV S. 413 ff., Busch, Th. pr. Darst. S. 330, Heerwart, im Arch. f. c. Pr. Bd. XIV S. 436, Seitz, S. 7 (und Note 7), ferner Plenarbeschl. d. O.Trib. Berlin v. 21. Nov. 1849, Urt. d. O.A.G. Lübeck v. 19. April 1845, d. O.A.G. Jena v. 22. Nov. 1845 und 6. Dez. 1836, d. O.A.G. Lübeck v. 30. Mai 1852 u. 30. Juni 1855, d. O.A.G. Dresden v. 15. Dez. 1865, d. O.G. Wolfenbüttel v. 30. Mai 1879, d. O.L.G. Darmstadt v. 21. Mai 1881 (S. A. Bd. 3 N. 254, Bd. 4 N. 255, Bd. 5 N. 290, Bd. 6 N. 47 u. 223, Bd. 11 N. 43, Bd. 20 N. 99, Bd. 35 N. 27, Bd. 37 N. 314), Bl. f. R.A. Bd. 2 S. 32, Erk. d. O.A.G. München v. 1. Febr. 1839 (Bl. f. R.A. Bd. 4 S. 255), Bl. f. R.A. Bd. 6 S. 182 Note 3, Bd. 6 S. 303, Bd. 7 S. 130 Note 17 (Dollmann), Bd. 18 S. 68* und das dort erwähnte Urt. d. O.A.G. München

Die Unhaltbarkeit der ersteren Ansicht unterliegt keinem Zweifel. Zunächst setzt sich dieselbe mit der historischen Entwicklung der Alimentationspflicht des unehelichen Vaters in Widerspruch, sei es, daß man dieselbe auf analoge Anwendung der römisch-rechtlichen Bestimmungen über die Konkubinenkinder oder auf Ausdehnung der Verpflichtung des ehelichen Vaters auf den unehelichen zurückführt. Die in Novelle 89 statuierte Alimentationspflicht der Erben des Vaters gegenüber dem Konkubinenkind kann sicherlich nicht aus einem Delikt abgeleitet werden, da ja der Konkubinat „licita consuetudo“ war und als Grund des Gesetzes von Justinian ausdrücklich „aequitas“ und „humanitas“ bezeichnet wird. Daß die Ableitung der Alimentationspflicht des unehelichen Vaters aus der des ehelichen Vaters mit dem Deliktsstandpunkt unvereinbar ist, bedarf keiner weiteren Ausführung.

---

v. 20. Juni 1853. Vgl. auch Urt. d. O.A.G. Lübeck v. 30. Juni 1840 (S. A. Bd. 11 N. 42: Rechtsgrund sei „die Thatsache der Erzeugung“), d. O.A.G. Celle v. 8. Febr. 1856 (S. A. Bd. 11 N. 50: es liege keine Verwandtschaft im Rechtssinn, aber Blutsverwandtschaft vor), d. O.A.G. Wiesbaden v. 22. Sept. 1854 (S. A. Bd. 12 N. 162: die Alim.Pfl. beruhe auf dem „bloßen Faktum des Beischlafs“), d. O.G. Wolfenbüttel v. 2/16. Jan. 1866 (S. A. Bd. 19 N. 212: es liege eine „Handlung ohne Verpflichtungswillen vor), d. O.A.G. Lübeck v. 8. März 1870 (S. A. Bd. 27 N. 261: Rechtsgrund sei „unmittelbar das Gesetz“), d. O.L.G. Hamburg v. 12. Dez. 1884 (S. A. Bd. 41 N. 107: Rechtsgrund sei „die Thatsache der Erzeugung“), d. Reichsg. v. 5/12. Juli 1889 (S. A. Bd. 45 N. 186: Rechtsgrund sei „die die natürliche Verwandtschaft“).

Aber auch die Natur der Sache spricht überzeugend gegen diese Theorie. Es ist einfach widersinnig, daß das Kind seine Erzeugung dem Erzeuger gegenüber als einen ihm zugefügten Schaden bezeichnen soll, für den es nun Ersatz verlangt (L. v. Bar, Theorie und Praxis des internat. Privatrechts 2. Aufl. Bd. I S. 557). Zudem kann doch die Alimentationspflicht des unehelichen Vaters unmöglich auf anderem Rechtsgrunde beruhen als die der unehelichen Mutter, deren Verpflichtung noch nie auf Delikt zurückzuführen versucht worden ist. Wie die Citate in Note 54 beweisen, ist denn auch diese Ansicht fast allgemein aufgegeben; nur die gemeinrechtliche Praxis Bayerns hält noch an derselben fest auf Grund der bekannten Plenarentscheidungen des höchsten bayrischen Gerichtshofs v. 23. Juni 1841 (Reg.Bl. S. 636) und 5. Juni 1855 (Reg.Bl. S. 678), deren Motivierung freilich als höchst mangelhaft bezeichnet werden muß.

Während die erstere die Einrede der mehreren Beihälter als ungeeignet zur Entkräftung der Alimentationsklage bezeichnet (hierüber s. u.!), statuiert die letztere, daß die civilrechtlichen Ansprüche des außerehelich gebornen Kindes gegenüber dem Beihälter seiner Mutter nach den Gesetzen des Ortes, an welchem der Beischlaf vollzogen wurde, zu entscheiden seien. Hiebei wird davon ausgegangen, daß der außereheliche Beischlaf eine unerlaubte Handlung sei und daß derartige Handlungen nach dem Gesetz, welches am forum delicti commissi gelte, zu beurteilen seien. Da es sich nun bei den Ansprüchen eines unehelichen Kindes gegen den Beihälter seiner Mutter auf Alimentation, Anerkennung der Vaterschaft, Anerkennung eines Erbrechts, „lediglich von der civilrechtlichen Folge des betreffenden außerehelichen Beischlafs, sohin von den Folgen einer unerlaubten That" handle, sei die obige Ansicht gerechtfertigt. Die in dieser Beweisführung liegende petitio principii springt in die Augen. Die gegenteilige Anschauung wird mit dem Hinweis darauf abgethan, daß die Alimentationspflicht durch die Einrede der mehreren Beihälter nicht beseitigt werde, also auch vorhanden sei, wenn ein Verwandtschaftsverhältnis gar nicht angenommen werden könne. In direktem Widerspruch hiemit hatte aber der Plenarbeschluß vom 23. Juni 1841 die Unerheblichkeit der erwähnten Einrede gerade damit motiviert, daß durch den Beischlaf innerhalb der kritischen Zeit die rechtliche Vermutung der Vaterschaft begründet werde und daß durch den Beweis der Einrede der mehreren Zuhälter diese Vermutung keineswegs beseitigt werde, sondern nunmehr gegen jeden der mehreren Konkumbenten Platz greife!

Endlich wird zu Gunsten der Deliktstheorie noch angeführt, daß der außereheliche Beischlaf und die dabei bewirkte Zeugung des Kindes sich als eine und dieselbe Handlung darstelle, welche als unerlaubt und auch dem Kind in ihren Folgen gewöhnlich (!) sehr nachteilig die ausschließliche Quelle der fraglichen Ansprüche des Kindes bilde. Hier wird also in der That versucht, die Existenz des Kindes als eine ihm zugefügte Vermögensschädigung zu bezeichnen!!

In dem Urteil des O.A.G. München v. 5. Mai 1874 (Bl. f. R.A. Bd. 39 S. 220) und in der Plenarentscheidung desselben Gerichtshofs v. 24. Februar 1875 (Bl. f. R.A. Bd. 40 S. 156, Samml. Bd. IV S. 458) wird zwar zugegeben, daß die Unterhaltspflicht der Eltern des außerehelichen Vaters gegenüber ihrem Enkel nur auf die Abstammung zurückgeführt werden könne, dagegen daran festgehalten, daß die gleiche Pflicht des unehelichen Vaters auf Delikt beruhe, eine Auffassung, deren Inkonsequenz keiner Hervorhebung bedarf.

Für den bayrischen Juristen im Gebiet des gemeinen Rechts erhebt sich nun die Frage, ob die auf Grund der erwähnten oberstrichterlichen Urteile Jahrzehnte hindurch in der Praxis festgehaltene Deliktstheorie mit allen ihren rechtlichen Konsequenzen für ihn bindend ist oder nicht. Die erstere Ansicht könnte nur auf die Behauptung gestützt werden, es habe sich für den gemeinrechtlichen Teil Bayerns ein Gewohnheitsrecht dieses Inhalts gebildet. Dies kann jedoch nicht als richtig zugegeben werden. Das Gewohnheitsrecht kann zwar gleich dem Gesetzgeber positives (auch irrationelles) Recht schaffen, aber nicht vorhandenes Recht in bindender Weise wissenschaftlich konstruieren.[55])

Soweit also nicht für einzelne Rechtsfragen ein dieselben entscheidendes Gewohnheitsrecht nachweisbar ist, wird nichts den von der Unrichtigkeit der Deliktstheorie überzeugten Richter hindern, die Alimentationspflicht

[55]) Vgl. Motive z. d. Entw. e. b. G.B. Bd. IV S. 874.

des unehelichen Vaters auf die Abstammung zurückzuführen und alle sich daraus ergebenden Konsequenzen zu ziehen.

c) Voraussetzungen, Inhalt, Umfang, Beginn und Ende der Alimentationspflicht.

Voraussetzung der Alimentationspflicht ist außer der den Anspruch begründenden Verwandtschaft: Bedürfnis, d. h. Unfähigkeit, vermittelst eignen Vermögens oder Erwerbs sich selbst zu nähren, auf Seite des Berechtigten, und Fähigkeit, d. h. Möglichkeit, vermittelst eignen Vermögens oder Erwerbs ohne Beeinträchtigung der eignen Lebensbedürfnisse Alimente zu reichen, auf Seite des Verpflichteten.[56])

Wird eine dieser Voraussetzungen von dem angeblich Verpflichteten bestritten, so ist es Sache des Klägers, ihr Vorhandensein darzuthun.[57])

Nach wohlbegründeter Praxis steht der Vermögenslosigkeit des angeblich Verpflichteten der Umstand gleich, daß er (wegen Aufenthalts im Ausland u. dergl.) auf prozessualem Wege nicht belangbar ist, so daß also in diesem Fall die Haftung des subsidiär Verpflichteten in Kraft tritt.[58])

---

[56]) Urt. d. O.A.G. Dresden v. 4. März 1851, d. O.A.G. Jena v. 13. Sept. 1837, d. O.A.G. Lübeck v. 26. Apr. 1855 (S.A. Bd. 6 N. 204 u. 36, Bd. 10 N. 262).

[57]) Anders Urt. d. Obertrib. Berlin v. 10. Okt. 1842 (S.A. Bd. 1 N. 233).

[58]) Urt. d. O.A.G. Dresden v. ? und v. 5. Sept. 1849, d. O.A.G. Jena v. 1858 (S.A. Bd. 3 N. 60 u. 266, Bd. 22 N. 241), d. O.A.G. München v. 6. Nov. 1877 (Samml. Bd. VII S. 23).

Kommt der Alimentationsberechtigte auf irgend welchem Wege in die Lage, seine Bedürfnisse selbst bestreiten zu können, so fällt die Verbindlichkeit des Verpflichteten weg, ebenso, wenn dessen Fähigkeit zur Alimentierung aus irgend welchem Grunde endigt. Da der zur Alimentation Unfähige überhaupt nicht unterhaltspflichtig ist, so ist die vielverbreitete Ansicht unrichtig, die Vermögenslosigkeit des Verpflichteten sei erst im Stadium der Exekution zu würdigen; demgemäß können auch nur bereits verfallene, nicht aber künftige Alimente zum Konkurs des Verpflichteten angemeldet werden.[59]) Aus dem gleichen Grund kann auch, wenn eine ihrem Verwandtschaftsgrad nach alimentationspflichtige, jedoch mittellose Person später zu Vermögen kommt, von derselben für die Zeit ihrer Vermögenslosigkeit keinerlei Nachzahlung von Alimenten beansprucht werden, und zwar weder seitens des Alimentationsberechtigten, noch seitens dessen, der in der Zwischenzeit als subsidiär verpflichtet die Alimente gereicht hat.[60])

Der Inhalt der Alimentationspflicht besteht darin, dem Berechtigten Alles zum Leben Erforderliche zu gewähren.[61]) Hiezu gehört z. B. Speise und Trank,

---

[59]) Büngner, S. 123, Seitz, S. 17 N. 4.

[60]) Büngner, S. 124, vgl. Urt. d. OAG. Wiesbaden v. 3. Juli 1844 und d. O.A.G. Dresden v. 11. Juni 1887 (S.A. Bd. 1 N. 83, Bd. 12 N. 164), unrichtig Urt. d. O.L.G. Naumburg v. 1. Juni 1882 (S.A. Bd. 39 N. 109) und d. O.A.G. München v. 22. Dez. 1874 (Samml. Bd. V S. 44).

[61]) Der Unterschied von alimenta civilia und naturalia

Kleidung, Wohnung, Beleuchtung und Beheizung, Kurkosten, Schul- und Lehrgeld, Kosten des Unterrichts und der Erziehung, 2c.[62]) Eine erschöpfende Aufzählung ist naturgemäß nicht möglich, da die Bedürfnisse nicht nur von der Persönlichkeit des Berechtigten, sondern auch von Ort und Zeit, Klima, Sitte und den jeweiligen Kulturzuständen wesentlich bedingt werden. Hiebei ist davon auszugehen, daß das uneheliche Kind dem Stande der Mutter folgt, so daß also deren „milieu“ für die quantitative und qualitative Bemessung der Alimente entscheidend ist, während Stand und

(standesgemäßer — notdürftiger Unterhalt) ist nicht quellenmäßig und entbehrt der inneren Berechtigung.

[62]) L. 43, 44, 234 § 2 Dig. 50, 16; l. 6 Dig. 34, 1. Nach allgemein verbreiteter Praxis werden auch die Kosten der Taufe (alimenta spiritualia) und die Begräbniskosten, letztere offenbar begriffswidrig, zu den Alimenten gerechnet. Vgl. Roth, d. Privatr. Bd. II S. 391 N. 23, Glück, Bd. 28 S. 184, Büngner, S. 125 ff, Busch, S. 365, 331, Bl. f. R.A. Bd. 8 S. 228, 233 (Arnold). Dagegen steht der Anspruch auf Ersatz der Kindbettkosten zweifellos nicht dem Kind, sondern der Mutter zu (Büngner, S. 125, Seitz, S. 24, Busch, S. 198, Urt. d. O.A.G. Lübeck v. 8. März 1870 S.A. Bd. 27 N. 261). Über Prozeßkosten s. Büngner, S. 127, Seitz, S. 24, Gett, Rechtsv. S. 108, Urt. d. O.A.G. Lübeck v. 5. Juli 1872 (S.A. Bd. 30 N. 84). Mit Unrecht bezeichnet Büngner (S. 126) die Kosten des Unterrichts und der Erziehung als nicht zu den Alimenten gehörig, dagegen Gett, Rechtsverh. S. 108 und Lauterbach, colleg. theor. pract. (II lib. 25 tit. 3 § 18), weil die alimenta corporis nur bewirkten, „ut quis vivat, sumtus studiorum aber, ut quis bene vivat“)

Lebensverhältnisse des Verpflichteten außer Betracht zu bleiben haben.[63])

Ist unter Zugrundelegung dieser Gesichtspunkte das Bedürfnis des Berechtigten festgestellt, so ist zu prüfen, ob der primär Verpflichtete im Stande ist, das zum Unterhalt Erforderliche zu leisten; ist dies nicht oder nur teilweise der Fall, so ist der subsidiär Verpflichtete ganz oder teilweise für den Ausfall zur Alimentation heranzuziehen.

Selbstverständlich bleiben die Bedürfnisse eines Kindes nicht stets die gleichen, insbesondere erhöhen sich dieselben naturgemäß in den späteren Lebensjahren.[64]) Demgemäß ist auch der Inhalt der Alimentationspflicht ein stets flüssiger und durch die jeweiligen Verhältnisse bedingter. Die allgemein verbreitete Praxis, eine bestimmte monatlich zu entrichtende Geldsumme auf die ganze Dauer der Alimentationsperiode zu vereinbaren oder urteilsmäßig festzusetzen, trägt daher den wirklichen Verhältnissen keine Rechnung und ist entschieden zu mißbilligen.[65]) Vielmehr sollte jedes derartige Über-

---

[63]) Busch, S. 367.

[64]) Glück, Pand. Bd. 28 S. 204, Bl. f. RA. Bd. 2 S. 137. Ein lehrreiches Beispiel für die vielen Unbegreiflichkeiten, deren sich die Praxis in dieser Materie schuldig machte, bietet das bei Büngner (S. 128 N. 14) citierte Urteil des A.G. Schwerin, in welchem die Alimente für das erste Lebensjahr des Kindes am höchsten und von da ab immer niedriger bemessen wurden. Über die beträchtlichen Schwankungen der Praxis in dieser Beziehung s. Busch S. 367.

[65]) Gett, Rechtsverh. S. 112, Seitz, S. 25.

einkommen oder Urteil, falls man nicht von der Fixierung einer bestimmten Summe überhaupt absehen will, durch einen Zusatz wie: „bis auf weiteres", „vorläufig" 2c. zu erkennen geben, daß das fragliche Quantum nur für die Dauer der gegenwärtigen Verhältnisse Geltung haben solle. Übrigens ist unbestreitbar, daß auch, wenn ein solcher Zusatz unterlassen worden ist, der späteren Geltendmachung des Anspruchs auf Erhöhung oder Herabminderung der Alimente nichts im Wege steht; denn in einem solchen Übereinkommen kann ein Verzicht auf dieses Recht unmöglich gefunden werden, und ein rechtskräftiges Urteil dieser Art schafft keine exceptio rei judicatae, weil es die clausula rebus sic stantibus stillschweigend in sich enthält.[66])

Zweifellos ist der Pflichtige befugt, die Alimente in natura zu reichen, falls er (worüber im Streitfall richterliches Ermessen entscheidet) dies in genügender und zweckentsprechender Weise zu thun in der Lage ist.[67])

Eine Verbindlichkeit des zur Alimentation Verpflichteten, zur Sicherung der Erfüllung der ihm ob-

---

[66]) Ebenso Büngner, S. 129, Rosenkrantz, S. 185, Seitz S. 25, Urt. d. O.L.G. Hamburg v. 13. Juli 1887 (S.A. Bd. 43 N. 121), d. O.A.G. München v. 12. Juni 1875 (Samml. Bd. V S. 780).

[67]) Ebenso Büngner, S. 133, Heerwart im Archiv f. civil. Praxis Bd. XIV S. 442, Urt. d. O.G. Wolfenbüttel v. 20. März 1832 (S.A. Bd. 12 N. 163), vgl. Urt. d. O.A.G. Rostock v. 19. Juli 1855 (S.A. Bd. 10 N. 264), d. O.L.G. Darmstadt v. 3. Jan. 1887 (S.A. Bd. 42 N. 213), Rosenkrantz, Pflegschaftswesen S. 188 N. 8, dagegen Seitz, S. 25.

liegenden Leistungen Kaution zu stellen, kann nach gemeinem Recht nicht anerkannt werden,[68]) ebensowenig die Verpflichtung, das allenfalls getroffene Übereinkommen notariell beurkunden zu lassen.[69])

Aus dem Begriff der Alimente ergibt sich, daß dieselben und ebenso natürlich die sie vertretenden Geldrenten im Voraus zu entrichten sind.[70]).

Bisweilen wurde behauptet, der außereheliche Vater sei auch zur Dotierung seiner Tochter verpflichtet, da die dos nur ein surrogatum alimentorum sei, doch hat diese Ansicht keineswegs allgemeine Billigung gefunden.[71])

Aus dem dargestellten Inhalt der Alimentationspflicht ergibt sich, daß dieselbe beginnt mit dem Vorhandensein ihrer Voraussetzungen (Bedürfnis des Berechtigten, Fähigkeit des Verpflichteten) und mit deren Wegfall endigt. Das neugeborene außereheliche Kind, das kein eigenes Vermögen besitzt, hat daher vom Moment

---

[68]) Rosenkrantz, S. 189.

[69]) Über die Zuständigkeit zur Aufnahme solcher Alimentationsvergleiche s. Not.Ges. Art. 11 u. 12, Just.Min.Entschl. v. 24. Jan. 1864, 20. April 1864 und 4. August 1866 (J.M.Bl. 1864 S. 20, 121, 1866 S. 224). Über Vollstreckbarkeit gerichtlicher Alimentationsvergleiche aus § 702 Z. 5 C.P.O. s. Bl. f. R.A. Bd. 58 S. 385, dagegen Bd. 59 S. 241, vgl. J. Wagner, Handb. d. amtsger. Verfahrens, 2. Aufl. S. 210 Note 14.

[70]) Büngner, S. 142, Busch, S. 358, Glück, Bd. 28 S. 201, Urt. d. OTrib. Stuttgart (S.A. Bd. 2 N. 56).

[71]) Dieselbe vertritt J. J. Moser (Deutsches Staatsrecht 1746, 22. Teil, Kapitel 118 § 57), dagegen mit Recht Gett, Rechtsverh. S. 207 ff.

seiner Geburt an Alimentation zu beanspruchen,[72]) und dieses sein Recht dauert so lange, bis das Kind durch den Besitz eignen Vermögens oder die Möglichkeit eignen Erwerbs in die Lage kommt, seinen Unterhalt selbst bestreiten zu können. Erwirbt das Kind auch später kein genügendes Vermögen und bleibt es, z. B. infolge Krankheit oder Gebrechlichkeit, auf Lebensdauer erwerbsunfähig, so endigt sein Alimentationsanspruch erst mit seinem Tode.[73])

Dementgegen pflegt die Praxis, von der (fast regelmäßig irrigen) Voraussetzung ausgehend, ein Kind sei mit zurückgelegtem 14. (oder gar 12. oder 13.) Lebensjahr im Stande, sich das zum Leben Erforderliche selbst zu verschaffen, bei Vergleichen oder Urteilen diesen Zeitpunkt als Ende der Alimentationsperiode zu bezeichnen, während korrekterweise die Verpflichtung auf die Dauer des Bedürfnisses zu erstrecken wäre.[74])

Freilich ist auch hier nicht zweifelhaft, daß trotz einer derartigen vertrags- oder urteilsmäßigen Fest-

[72]) Längst aufgegeben ist die auf falscher Auffassung der l. 9 Cod. VIII, 46 beruhende Ansicht, der Alimentationsanspruch des Kindes gegen seinen Vater beginne erst vom 3. Lebensjahr an, s. Büngner, S. 56, Lauterbach, coll. theor. pract. l. c. § 13, Joh. Brunnemann, Comm. ad. Pand. 1674 lib. 25 tit. 3 ad l. 5 § 6. Mit Unrecht wurde aber bisweilen die Alimentationsklage schon vor der Geburt des Kindes für statthaft erklärt (so Urt. d. O.A.G. Dresden vom Oktober 1852, S.A. Bd. 9 N. 165, Büngner, S. 143).

[73]) Büngner, S. 135, Roth, dtsch. Privatr. Bd. II S. 391.

[74]) Glück, Bd. 28 S. 206, Busch, S. 360, Büngner, S. 136, Seitz, S. 28.

setzung die Alimente weiter verlangt werden können, wenn bei Eintritt dieses Zeitpunkts das Bedürfnis des Berechtigten noch fortdauert.[75])

Kommt der Alimentationsberechtigte in die Lage, seinen Unterhalt wenigstens teilweise selbst bestreiten zu können, so beschränkt sich von da ab die Verbindlichkeit des Pflichtigen auf den Zuschuß der noch weiter erforderlichen Mittel. Selbstverständlich endigt die Verbindlichkeit des subsidiär Verpflichteten, sobald der bis dahin mittellose primär Verpflichtete in die Lage kommt, seiner Unterhaltspflicht genügen zu können.

Ihrer höchst persönlichen Natur entsprechend endigt die Alimentationspflicht nicht nur mit dem Tod der berechtigten, sondern auch mit dem Tod der verpflichteten Person; von einem Uebergang der Alimentationspflicht auf die Erben des Verpflichteten kann daher keine Rede sein.[76]) Hieran ändert auch der Umstand nichts, daß

---

[75]) Urt. d. O.A.G. Darmstadt v. 8. Apr. 1851 u. 22. Dez 1869, d. O.A.G. Jena v. 21. Aug. 1828, d. O.A.G. Lübeck v. 16. Juni 1855, d. O.G. Wolfenbüttel v. 10./24. März 1865, d. O.L.G. Hamburg v. 12. Dez. 1884, d. O.L.G. Braunschweig v. 11. Febr. 1895 (S. A. Bd. 6 N. 203, Bd. 24 N. 243, Bd. 7 N. 49, Bd. 11 N. 41, Bd. 21 N. 238, Bd. 41 N. 107, Bd. 50 N. 180), dagegen Urt. d. O.A.G. Celle v. 20. Jan. 1857 (S. A. Bd. 1 N. 228), welches den Anspruch immer mit dem 14., höchstens 18. Lebensjahre endigen lassen will.

[76]) Büngner, S. 137, Heerwart im Arch. f. c. Pr. Bd. XIV S. 440, Motive z. Entw. e. b. G.B. Bd. IV S. 710, Urt. d. O.Trib. Stuttgart v. 12. Jan. 1853, d. O.A.G. Lübeck v. 1. Okt. 1872 (S. A. Bd. 6 N. 205 u. Bd. 30 N. 2), d.

die Alimentationspflicht allenfalls durch Vergleich oder Urteil festgestellt worden ist; denn hiedurch wird keine neue Verpflichtung geschaffen, sondern nur eine bereits vorhandene anerkannt, es kann also auch die rechtliche Natur dieser Verpflichtung durch diesen Umstand keine Veränderung erleiden. Anders liegt die Sache natürlich, wenn Jemand im Bewußtsein, nicht alimentationspflichtig zu sein, sich vertragsmäßig hiezu obligiert; hier liegt eine gewöhnliche Contraktsobligation vor, deren Vererblichkeit sich nach den für derlei Verbindlichkeiten bestehenden Bestimmungen regelt.

Endlich ist noch zu bemerken, daß in analoger Anwendung der l. 5 § 11 Dig. 25,3 die Praxis den Alimentationsanspruch verloren gehen läßt durch schwere Verfehlungen des Berechtigten gegenüber dem

Reichsgerichts v. 10. Mai 1881 (Entsch. Bd. IV S. 211) und v. 5./12. Juli 1889 (Entsch. Bd. XXIV S. 155, S. A. Bd. 45 N. 186, Bl. f. R.A. 10. Erg.Bd. S. 90). Anderer Ansicht die meisten Anhänger der Deliktstheorie, welche den Erben, wie für andere Deliktsobligationen, bis zum Betrag der Erbschaft haften lassen; s. ferner Busch, S. 342 und Arch. f. civ. Pr. Bd. XXIII S. 234, Roth, deutsches Privatr. Bd. II S. 389, Glück, Bd. 28 S. 207 (mit der merkwürdigen Begründung: Die Verbindlichkeit sei „eine civilrechtliche"), Urt. d. O.A.G. Lübeck v. 30. Juni 1840, d. O.A.G. Oldenburg v. 1848, 1862, 1865 (S. A. Bd. 11 N. 42, Bd. 19 N. 47). Die ungeheuerliche Consequenz dieser Ansicht ist, daß bei Konkurrenz ehelicher und unehelicher Kinder das ganze Vermögen erforderlichenfalls zur Deckung der Alimentationsansprüche der unehelichen Kinder verwendet werden muß, während für die ehelichen Kinder nichts übrig bleibt (Büngner, S. 141, Seitz S. 28, 29).

Verpflichteten, insbesondere wenn dieselben der Art sind, daß sie die Enterbung rechtfertigen würden[77]).

d) Einwendungen gegen den Anspruch auf Alimentation.

Da die Alimentationspflicht des außerehelichen Vaters auf der Paternität beruht, so können alle Einwendungen, welche geeignet sind, die Klage auf Anerkennung der Vaterschaft zu entkräften, auch der gegen den angeblichen Vater erhobenen Klage auf Leistung von Alimenten wirksam entgegengesetzt werden. Der Beklagte, welcher zugeben mußte oder überwiesen ist, innerhalb der kritischen Zeit mit der Kindsmutter geschlechtlich verkehrt zu haben, kann also trotz dieses Umstandes Abweisung der Klage erwirken, falls er darthut, daß dieser Geschlechtsverkehr für die Geburt des Kindes nicht kausal gewesen sein konnte. Für die verschiedenen Wege, auf welchen dieser Beweis zu erbringen ist, gilt das oben S. 31 ff. Bemerkte.

Ebenso wird die Alimentationsklage entkräftet durch den Nachweis, daß die Kindsmutter während der kritischen Zeit auch anderen Männern außer dem Beklagten

---

[77]) Lauterbach, l. c. § 16, Brunnemann, l. c. § 26, Büngner S. 125, Seitz S. 30, Urt. d. O.A.G. Darmstadt v. 18. März 1873 (S. A. Bd. 28 N. 229), dagegen Urt. d. O.A.G. Celle v. 1837 (S. A. Bd. 5 N. 285) u. d. O.L.G. Cassel v. 2. Dez. 1880 (S. A. Bd. 37 N. 39), letzteres abgeändert durch Urt. d. Reichsg. v. 7. (8?) Okt. 1881 (Entsch. Bd. V S. 154, S. A. Bd. 37 N. 227).

sich hingegeben habe.[78]) Daß dies vom Standpunkt der von uns bezüglich des Rechtsgrundes der Alimentationspflicht vertretenen Auffassung aus richtig ist, leuchtet von selbst ein, das Gleiche muß aber auch vom Standpunkt der Deliktstheorie aus behauptet werden; denn der Sinn derselben kann doch nur der sein, daß derjenige, welcher durch sein Delikt (den außerehelichen Beischlaf) das Kind ins Leben gerufen hat, demselben alle durch die Lebensnotdurft erwachsenden Auslagen beschaffen (den verursachten Schaden ersetzen) muß. Jede Deliktsobligation setzt aber voraus, daß zwischen dem Delikt und dem zu ersetzenden Schaden Kausalzusammenhang nicht nur möglich ist, sondern wirklich besteht, daß der Schaden durch das Delikt nicht nur verursacht worden sein kann, sondern wirklich verursacht worden ist. Gerade dieser Nachweis ist aber in dem hier in Frage stehenden Fall nicht zu erbringen, da durch den Beweis der Einrede der mehreren Zuhälter die Beantwortung der Frage, wer das Kind erzeugt (den Schaden verursacht) hat, völlig unmöglich gemacht worden ist.[79])

---

[78]) Es sei denn, daß im Wege der Replik bewiesen wird, daß der Beischlaf mit dem dritten Konkumbenten für die Geburt des Kindes nicht kausal gewesen sein könne.

[79]) Dies übersieht auch Büngner in seinen sonst vortrefflichen Ausführungen S. 113 ff., richtig dagegen Bl. f. RA. Bd. 4 S. 181 Nr. 3: „Auch wenn aus einem Delikt geklagt würde, so folgt daraus nur, daß der Delinquent die Auslagen und Kosten zu tragen verbunden ist, von denen gewiß ist, daß sie durch die unerlaubte Handlung verursacht worden.“ Geradezu

Trotzdem erklären die meisten Anhänger der Deliktstheorie die exceptio plurium concumbentium gegenüber der Alimentationsklage für unwirksam.[80]). Für Bayern ist die Frage nach der Erheblichkeit dieser Einrede, nachdem vorher mehrere gegenteilige Entscheidungen

---

unbegreiflich ist die Behauptung von Busch (S. 335): „Wenn bei einer Schadenszufügung die Thätigkeit mehrerer Personen konkurriert und sich nicht ermitteln läßt, wer von ihnen der Urheber des Schadens ist, so haften jene für des letzteren Ersatz unbedingt in solidum." Dagegen wird Kausalzusammenhang auch für Deliktsklagen gefordert in den Urteilen des O.A.G. München v. 28. Apr. 1874 und 18. Febr. 1885 (Samml. Bd. IV S. 668 und Bd. XI S. 49.) In den Bl. f. R.A. 12. Erg.Bd. S. 53 ff. bemerkt Schlaffner zuerst ganz zutreffend: „Kann der entstandene Schaden auf die unerlaubte Handlung als bewirkende Ursache zurückgeführt werden, so werden hiedurch alle Miturheber und Teilnehmer des Delikts zum Ersatz des Schadens solidarisch verpflichtet." Trotzdem erklärt er alle Konkumbenten für haftbar, weil Folge des Delikts des außerehelichen Beischlafs die Erzeugung des Kindes sein kann. Die Sache wird dadurch nicht besser, daß er die mehreren Konkumbenten nicht als die möglichen Väter, sondern als die möglichen Urheber des Schadens haften läßt (Seite 54); denn wo in aller Welt tritt sonst eine Haftung gegenüber dem möglichen Urheber eines Schadens ein?

[80]) Urt. d. O.A.G. Jena v. 31. Dez. 1844, d. O.A.G. Lübeck v. 30. Juni 1840, d. O.Trib. Berlin v. 17. Sept. 1861 (S. A. Bd. 9 N. 167, Bd. 10 N. 171, Bd. 16 N. 117), ebenso für den Fall, daß die Kindsmutter unvermögend ist, mit eigenthümlicher Begründung Busch, S. 338; richtig dagegen A. Leyser, meditat. in Pandect. Vol. I. spec. 322, Bl. f. R.A. Bd. 5 S. 303, Roth, b. Privatr. Bd. II S. 385, Heerwart, l. c. S. 451, Busch im Archiv f. civ. Pr. Bd. XXIII S. 234, Holzschuher, Theorie und Casuistik des gem. R. Bd. I S. 441, Gett, Rechtsv. S. 145, Seitz, S. 15.

ergangen sind,[81]) verneinend entschieden worden durch den bekannten Plenarbeschluß des obersten Gerichtshofs v. 23. Juni 1841 (Reg.Bl. S. 663, vgl. auch Plenarbeschluß v. 5. Juni 1855 Reg.Bl. S. 678). Die Gründe dieser Entscheidung gehen davon aus, daß durch Gerichtsgebrauch die römische Gesetzesbestimmung über Ernährung der ehelichen Kinder auf die unehelichen ausgedehnt und hienach der Vater zur Alimentation derselben verpflichtet worden sei; die Alimentationspflicht beruhe auf der Thatsache, daß der in Anspruch Genommene der Kindsmutter innerhalb der kritischen Zeit beigewohnt habe, weil auf einen solchen Beischlaf die Rechtsvermutung der Vaterschaft sich gründe. Diese Rechtsvermutung müsse so lange für wirksam erachtet werden, als ihr Grund, nämlich die Möglichkeit der Erzeugung des Kindes, aufrecht bestehe; diese Möglichkeit werde aber durch den Nachweis der mehreren Beihälter nicht aufgehoben, vielmehr begründe der Beweis dieser Einrede die Rechtsvermutung der Vaterschaft auch gegen jeden dritten Konkumbenten. Die Haltlosigkeit dieser Motivierung scheint aber der Gerichtshof selbst dunkel gefühlt zu haben, denn er fügt diesen Ausführungen noch bei, daß die Alimente überhaupt in den Gesetzen begünstigt seien, das stuprum aber als schändliche Handlung seinem Autor nicht günstig sein dürfe.

---

[81]) So O.A.G.E. v. 5. Dez. 1825 und 17. Feb. 1835, s. Bl. f. R.A. Bd. 2 S. 32, v. 1. Febr. 1839 (Bl. f. R.A. Bd. 4 S. 255, s. auch die Citate in Bl. f. R.A. Bd. 5 S. 303.)

Auf die Frage, warum hier die bloße Möglichkeit die Rechtsfolge der Wirklichkeit nach sich ziehen soll, geben die Gründe dieses Erkenntnisses keinerlei Antwort[82]).

Mit diesem Urteil war für Bayern diese wichtige Frage in autoritativer Weise entschieden und es kann nicht geleugnet werden, daß sich im Anschluß hieran für den gemeinrechtlichen Teil Bayerns ein förmliches Gewohnheitsrecht des Inhalts gebildet hat, daß der Alimentationsklage die exceptio plurium concumbentium nicht mit Erfolg entgegengesetzt werden kann.

Diesem Gewohnheitsrecht muß sich der Richter, auch wenn er von der Irrationabilität desselben überzeugt sein sollte, selbstverständlich beugen.

Als Rechtsgrund dieser durch die Praxis geschaffenen Alimentationspflicht sämtlicher Beihälter muß, da weder Verwandtschaft, noch Delikt in Frage kommen kann, die durch den Beischlafsvollzug während der kritischen Zeit geschaffene Möglichkeit der Vaterschaft erachtet werden. Da zwischen den einzelnen Konkumbenten als solchen keinerlei rechtliche Beziehung obwaltet, jeder vielmehr aus seiner eignen Handlung und der dadurch begründeten Möglichkeit der Vaterschaft obligiert ist, so ist mit der herrschenden Meinung jeder derselben als für die ganze Alimentation solidarisch haftbar

---

[82]) „Einerseits die Verbindlichkeit aus der Vaterschaft ableiten, andrerseits den Umstand, welcher die Ausmittlung der Vaterschaft als unmöglich darstellt, für unerheblich erklären, das ist eine Inkonsequenz, deren Verdauung der Magen schlichter Civilisten nicht übernehmen kann." (Bl. f. R.A. Bd. 6 S. 304).

zu erklären[83]). Von einem Recht des diese Verpflichtung Erfüllenden, gegen einen der anderen Konkumbenten Regreß zu nehmen, kann mangels jeder rechtlichen Unterlage hiefür keine Rede sein[84]).

Der gegen die Alimentationsklage erhobene Einwand, der angebliche Vater oder Konkumbent sei zur Zeit der Verübung des fraglichen Beischlafs unzurechnungsfähig gewesen, ist mit Rücksicht auf den Rechtsgrund der gemeinrechtlichen Alimentationspflicht, welcher unter keinen Umständen Delikt ist, für unbehelflich zu erachten[85]).

Auch durch das Angebot, die Kindsmutter heiraten zu wollen, kann sich der Beklagte der ihm obliegenden Alimentationspflicht nicht entziehen[86]).

e) Vergleich, Verzicht, Zurückforderung geleisteter Alimente, Exekution, Cession, Verpfändung, Retention, Kompensation.

Allgemein anerkannt ist, daß zur Abschließung eines Vergleichs über künftige Alimente Namens des außerehelichen Kindes nicht die Kindsmutter, sondern

---

[83]) Busch, S. 339, Büngner, S. 114, Roth, b. Civilr. Bd. I S. 471.

[84]) Büngner, S. 114 und Note 82—84, Glück, Bd. 28 S. 200.

[85]) Roth, bayr. Civilr. Bd. I S. 471, Seitz, S. 20, Urt. d. O.A.G. Jena a. 6. Dez. 1836 und d. O.A.G. Wiesbaden v. 22. Sept. 1854 (S.A. Bd. 6 N. 47, Bd. 12 N. 162).

[86]) Urt. d. O.Trib. Berlin v. 4. März 1879 (S.A. Bd. 35 N. 28).

nur der Vormund legitimiert ist[87]), welcher hiezu der obervormundschaftlichen Genehmigung bedarf. Fehlt es an dieser, so ist der Vergleich nichtig; das Gleiche gilt natürlich, wenn die obervormundschaftliche Genehmigung durch unwahre Angaben erschlichen worden ist[88]).

Ein allgemeiner Verzicht auf künftige Alimente muß als den guten Sitten widerstreitend und daher, selbst wenn er die obervormundschaftliche Genehmigung erhalten haben sollte, wirkungslos erachtet werden[89]).

---

[87]) Roth, d. Privatr. Bd. II S. 381, Urt. d. O.A.G. Berlin v. 19. Febr. 1874 (S.A. Bd. 30 N. 34).

[88]) Roth, d. Privatr. Bd. II S. 324 u. Note 24, S. 392, Büngner, S. 59, 143, Gett, Rechtsv. S. 158, Urt. d. O.A.G. Celle v. 1837 u. d. O.A.G. Jena v. 23. Apr. 1844 (S.A. Bd. 5 N. 285, Bd. 18 N. 244), d. Reichsg. v. 10. Mai 1881 (Entsch. Bd. IV S. 208); ebenso, jedoch nur bezüglich der letztwillig hinterlassenen Alimente, Urt. d. O.A.G. Cassel v. 5. Sept. 1854 und d. A.G. Celle v. 30. Juni 1875 (S.A. Bd. 10 N. 263, Bd. 34 N. 207). Auch zur vergleichsweisen Aufgabe des Anspruchs auf Anerkennung der Vaterschaft muß obervormundschaftliche Genehmigung gefordert werden, dagegen ist dieselbe nicht erforderlich zur Erhebung der Vaterschafts- oder Alimentationsklage, wenn der Vormund auch zur Vermeidung von Haftungsansprüchen gut daran thun wird, sich dieser Genehmigung vor Anstellung der Klage zu versichern (s. Gett, Rechtsverh. S. 131, Urt. d. O.A.G. Jena v. 28. April 1825 u. d. O.A.G. Celle v. 22. Febr. 1855, S.A. Bd. 7 N. 359, Bd. 9 N. 332, Bekanntm. d. Min. d. Justiz v. 24. Mai 1809, Reg. Bl. 1809 S. 813).

[89]) Büngner, S. 59, 145, Urt. d. Reichsg. v. 10. Mai 1881 (Entsch. Bd. IV S. 208). Über Schweigverträge s. Gett, Rechtsv. S. 157 N. 270, Busch, S. 143 ff., Seitz, S. 31, Urt. d. O.A.G. München v. 16. Mai 1876 u. v. 13. Dez. 1878

Ein Recht auf Zurückforderung geleisteter Alimente steht nur dem zu, der ohne Rechtspflicht, jedoch in der irrigen Annahme einer solchen, also nicht in Schenkungsabsicht, alimentiert hat; selbstverständlich kann gegen den in Wirklichkeit Pflichtigen auch die actio negotiorum gestorum erheben, wer zu dessen Entlastung, jedoch nicht in Schenkungsabsicht, Alimente gereicht hat [90]).

Nach § 749 Ziff. 2 der Civilprozeßordnung sind der Pfändung nicht unterworfen die auf gesetzlicher Vorschrift beruhenden Alimentenforderungen. Hiezu gehören die Unterhaltsansprüche unehelicher Kinder selbst dann, wenn dieselben durch Vergleich oder Urteil festgesetzt worden sind [91]). Dagegen findet das Privileg des § 749 Abs. 4, wonach Dienstbezüge für gewisse Alimente unbeschränkt gepfändet werden können, dem klaren Wortlaut des Gesetzes nach auf die Alimentationsansprüche unehelicher Kinder keine Anwendung. Über die Anwendbarkeit des § 4 Ziff. 3 d. Reichsges. v. 21. Juni 1869 auf uneheliche Kinder s. Urteil des O.A.G. München v. 29. Okt. 1872 (Samml. Bd. II S. 553, Bl. f. R.A. Bd. 37 S. 399)!

(Samml. Bd. VI S. 188, Bd. VII S. 664); beide erklären den Vertrag, wodurch die Kindsmutter sich verpflichtet, den Vater nicht zu nennen, als nicht ohne weiteres gegen die guten Sitten verstoßend.

[90]) Leyser, med. in Pand. Vol. I spec. 325, Glück in d. Bl. f. R.A. Bd. 2 S. 49 und die dort Citierten, Urt. d. O.A.G. Wolfenbüttel v. 16. Okt. 1849 (S.A. Bd. 11 N. 240).

[91]) Nicht aber, wenn die Verpflichtung ausschließlich auf Vertrag beruht, s. o. S. 51!

Alimentationsansprüche können weder cediert noch verpfändet, auch kann ihnen gegenüber weder Retentionsrecht noch Kompensation geltend gemacht werden (Windscheid, Pand. Bd. II § 351 Nr. 28, Gett, Rechtsverh. S. 123, vgl. Urt. d. O.L.G. München v. 6. Juli 1883 und 10. Dez. 1885 (S. A. Bd. 39 N. 95, Samml. Bd. XI S. 271)', dagegen Urt. d. O.L.G. Celle v. 4. Mai 1877 u. d. O.L.G. Braunschweig v. 5. Okt. 1887 (S. A. Bd. 34 N. 197, Bd. 44 N. 15) und nunmehr das bayr. Gesetz v. 18. Dezember 1887, die der Pfändung nicht unterworfenen Sachen und Forderungen betr., Art. 2: „Soweit die in § 749 C.P.O. bezeichneten Forderungen der Pfändung nicht unterworfen sind, findet vorbehaltlich der Bestimmung der Reichsgesetze eine Übertragung oder Verpfändung derselben, und bei den in Nr. 2 und 3 des § 749 bezeichneten Forderungen auch eine Aufrechnung nicht statt.“

3. Erziehungsrecht.

Das Recht, über die Erziehung eines außerehelichen Kindes Bestimmung zu treffen, steht weder dem Vater noch der Mutter oder deren Ascendenten, sondern ausschließlich dem Vormund unter Leitung der Obervormundschaftsbehörde zu. Durch diese Faktoren kann dann natürlich die Erziehung dem Vater, der Mutter oder einem Dritten übertragen werden; hiefür ist ausschließlich entscheidend, welche Art der Unterbringung dem Kind am gedeihlichsten zu sein scheint. Daraus, daß die Vormundschaft das Kind, insbesondere in den ersten

Lebensjahren, falls kein Bedenken entgegensteht, lieber der Mutter als einer fremden Person in Pflege geben wird, kann unmöglich ein Recht der Kindsmutter auf Überlassung des Kindes abgeleitet werden[92]).

Über die Zuständigkeit zur Entscheidung von Streitigkeiten bez. der Erziehung s. einerseits Urt. d. A.G. Celle v. 1. Nov. 1870 u. d. Reichsg. v. 27. Febr. 1894 (S. A. Bd. 25 N. 172, Bd. 49 N. 256), andererseits Urt. d. O.L.G. München v. 16. Dez. 1880 (S. A. Bd. 36 N. 203), ferner J. Wagner, Handb. des amtsger. Verfahrens 2. Aufl. S. 207 u. Note 2 u. 3.

4. Name, Stand, Religion.

Nach gemeinem Recht hat das uneheliche Kind den Namen seiner Mutter zu führen[93]). Die früher bisweilen vertretene Ansicht, das Kind sei berechtigt, den

---

[92]) Ein solches wird angenommen von Büngner S. 131, anscheinend auch von Roth, deutsch. Privatr. Bd. II. S. 376, vgl. S. 393 Note 31, bayr. Civilr. Bd. I S. 464, Busch im Archiv f. civil. Prax. Bd. XXIII S. 234, Urt. d. O.A.G. Cassel v. 10. Mai 1848, des O.A.G. Jena v. 8. Dez. 1831, des O.A.G. Darmstadt v. 15. Dez. 1863 (S.A. Bd. 3 N. 275, Bd. 4 N. 230, Bd. 27 Nr. 32) und Beschluß des O.L.G. München v. 5. Juli 1886 (Samml. Bd. XI S. 470). Vgl. auch J. Wagner, Handb. d. amtsger. Verf. 2. Aufl. S. 208 Note 6.

[93]) Roth, b. Civilr. Bd. I S. 150 u. 464, d. Privatr. Bd. II S. 375, Motive z. Entw. e. b. G.B. Bd. IV S. 859, Urt. d. O.A.G. Celle v. 7. Mai 1841 (S. A. Bd. 19 N. 114) u. d. Reichsg. v. 22. Okt. 1881 (Entsch. Bd. V S. 175).

Namen seines unehelichen Vaters sich beizulegen, falls dieser einwillige, ist gegenwärtig aufgegeben[94]).

Das uneheliche Kind einer Wittwe oder rechtskräftig geschiedenen Ehefrau führt deren vorehelichen Namen[95]).

Wie sich aus Gett (Rechtsverh. S. 219) ergibt, scheint früher oft auf einseitigen Antrag der Kindsmutter der Name des angeblichen Vaters ins Pfarrbuch eingetragen worden zu sein, ein Mißstand, gegen den sich die Entschließungen des Min. d. Inn. v. 25. Juli 1825 und 31. März 1826 (Döllinger, Verordn. Samml. Bd. VIII S. 424, 425) wenden. Zur Zeit sind hiefür die §§ 25 und 26 des Reichsgesetzes vom 6. Febr. 1875 maßgebend, wonach die Anerkennung eines unehelichen Kindes in das Geburtsregister nur eingetragen werden darf, wenn dieselbe von dem Standesbeamten oder in einer gerichtlich oder notariell aufgenommenen Urkunde erklärt ist, und die Feststellung der Abstammung eines Kindes, wenn dieselbe erst nach Eintragung des Geburtsfalls erfolgt, sowie jede Veränderung der Standesrechte durch Legitimation, Annahme an Kindesstatt 2c., sofern hierüber öffentliche Urkunden vorliegen, auf Antrag eines Beteiligten am Rande zu vermerken ist[96]).

Kinder, die durch nachfolgende Ehe der Eltern

---

[94]) Generale v. 25. Dez. 1852, wiederholt durch Just. Min. Entschl. v. 11. April 1864 (J.M.Bl. 1864 S. 114).

[95]) Entschl. d. Min. d. Inn. v. 4. Dez. 1837, (Döllinger, Verordn. Samml. Bd. VIII S. 429).

[96]) Vgl. auch Just.Min.Entschl. v. 22. Juli 1886 (J.M.Bl. 1886 S. 208), Sicherer, Personenstand u. Eheschl. S. 116.

legitimiert sind, erwerben hiedurch ipso jure das Recht, den Namen ihres Vaters zu führen; mit dem Gesuch um Legitimation durch landesherrliches Reskript pflegt ein Gesuch um Gewährung des Rechts, den väterlichen Namen zu führen, verbunden zu werden; ist dies nicht der Fall, so erleidet durch diese Form der Legitimation der ursprüngliche Name des Kindes keine Änderung; das Gleiche gilt für die Arrogation und Adoption[97]).

Das außereheliche Kind tritt zwar im Allgemeinen in den Stand seiner Mutter ein[98]). Da aber der Adel nach gemeinem Recht Abstammung aus einer Ehe voraussetzt, so gelten uneheliche Kinder nicht als adelig, mag ihr Vater oder ihre Mutter oder beide Eltern adelig gewesen sein[99]).

Für Bayern ist dies ausdrücklich ausgesprochen in §§ 1 u. 2 der Beil. V zu Tit. V § 4 der Verfassungs-

---

[97]) Ueber die Prüfung der Namensänderungsgesuche vom justiziellen Standpunkt aus s. Just.Min.Entschl. vom 6. Mai 1863 (J.M.Bl. 1863 Erg.Heft S. 33), Wagner, Handbuch d. amtsger. Verfahrens S. 245 Note 3; über die Zuständigkeit zur Behandlung der Legitimations- und Namensänderungsgesuche s. Just.-Min.Entschl. v. 26. Dez. 1891 (J.M.Bl. 1892 S. 2) Wagner l. c. S. 245 u. Note 6.

[98]) Generale v. 15. Dez. 1852, wiederh. durch Just.Min.-Entschl. v. 11. Apr. 1864 (J.M.Bl. 1864 S. 114).

[99]) Wurde unehelichen Kindern der Adel verliehen, so erhielt das Wappen gewöhnlich ein besonderes Abzeichen, z. B. einen Querbalken, Strich oder Stern (Gett, Rechtsverh. S. 220, Ausf. S. 370 N. 2. Sam. Stryk, tract. de success. ab intest. Frankfurt 1706 diss. I Cap. 2 § 53, J. J. Moser, Deutsches Staatsrecht 1746 Teil 22 Cap. 118 § 51.

urkunde v. 26. Mai 1818, wonach der Adel nur durch eheliche Abstammung von einem adeligen Vater ererbt oder durch Königliche Verleihung erworben wird. Die durch nachfolgende Ehe Legitimierten werden den Ehelichen gleich geachtet, bei der Legitimation durch Königliches Reskript ist zum Erwerb der adeligen Titel und Wappen überdies die Zustimmung der Agnaten erforderlich.[100])

Ueber die Religion der unehelichen Kinder bestimmt das Religionsedikt (Beil. II zu Tit. IV § 9 der Verfassungsurkunde) im 1. Abschnitt Kapitel II § 21, daß die von ihrem Vater anerkannten unehelichen Kinder in Ansehung der Religionserziehung wie die ehelichen behandelt werden; es folgen daher mangels anderweitiger Verträge die Söhne der Religion des Vaters, die Töchter der der Mutter. Nach § 5 u. 6 bleibt jedoch nach erreichter Großjährigkeit die Wahl des Glaubensbekenntnisses der freien Ueberzeugung jedes einzelnen überlassen. Nicht anerkannte uneheliche Kinder werden in der Religion der Mutter erzogen. Nach § 20 stehen auch in dieser Beziehung durch Heirat legitimierte natürliche Kinder den ehelichen gleich.[101])

---

[100]) Nach dem Edikt über den Adel v. 28. Juli 1808 (Reg.Bl. 1808 S. 2030) § 6 wurde der Adel durch die rechtmäßige eheliche Geburt von adeligen Eltern oder durch Adoption ererbt. Ueber die Legitimation enthielt das Edikt keine Bestimmung.

[101]) Ueber frühere hieher gehörige bayrische Verordnungen s. Gett, Rechtsv. S. 298, vgl. auch J. Silbernagl, Verf. u. Verw. sämtlicher Religionsgen. 2. Aufl. § 11, insbes. N. 19 u. die dort cit. Entsch. d. bayer. Verwalt.Ger.H. v. 10. Juni 1881.

5. Väterliche Gewalt, Legitimation, Adoption.

Der Grundsatz des römischen Rechtes, daß das uneheliche Kind sui juris ist, hat durch das gemeine Recht keine Veränderung erfahren; wenn dasselbe auch im Gegensatz zum römischen Recht die uneheliche Vaterschaft als feststellbar und rechtlich bedeutsam erklärte, so hat es dem unehelichen Vater doch niemals die väterliche Gewalt eingeräumt.

Die Möglichkeit der Legitimation wurde durch die gemeinrechtliche Praxis erheblich erweitert. Während nämlich, wie erwähnt, nach römischem Recht die Legitimation durch nachfolgende Ehe und durch Reskript des Landesherrn nur bei Konkubinenkindern statthaft war und auch das kanonische Recht die Kinder ex damnato coitu von beiden Legitimationsarten ausdrücklich ausschloß, hat das gemeine Recht auch diese Ausnahme beseitigt, so daß nunmehr alle Arten von unehelichen Kindern auf jedem dieser beiden Wege legitimiert werden können.[102]) Die Wirkung beider Formen der Legiti-

---

[102]) Motive z. Entw. e. b. G.B. Bd. IV S. 920, Roth, b. Civilr. Bd. I S. 422, Urt. d. O.A.G. Darmstadt, des O.A.G. Cassel v. 28. Nov. 1847, d. O.A.G. Celle v. 30. Okt. 1850, d. O.A.G. Wiesbaden v. 10. Sept. 1852, v. 29. Juni 1853, d. O.Trib. Stuttgart v. 24. Dez. 1859, d. O.A.G. Dresden v. 27. März 1862, d. O.A.G. Oldenburg v. 1865, d. O.Trib. Stuttgart v. 5. Jan. 1869, d. O.A.G. Lübeck v. 29. Nov. 1867, d. Reichsg. v. 11. Nov. 1892 (S. A. Bd. 1 N. 352, Bd. 3 N. 65, Bd. 5 N. 188, Bd. 13 N. 42, 43, Bd. 14 N. 239, Bd. 15 N. 227, Bd. 18 N. 261, Bd. 22 N. 245, Bd. 25 N. 137, Bd. 49 N. 164), s. auch Urt. d. O.A.G. München v. 14. März 1843 Bl. f. R. A. Bd. 9 S. 43.

mation ist völlige Gleichstellung des legitimierten Kindes mit einem ehelichen:[103]) über einzelne Ausnahmen in erbrechtlicher Beziehung s. u.!

Die römischrechtlichen Vorschriften über Arrogation und Adoption haben durch die Praxis des gemeinen Rechts keine wesentliche Aenderung erfahren.[104]) Die Bestimmung, daß der Vater sein uneheliches Kind nicht arrogieren darf, wird für das römische Recht nur bezüglich der liberi naturales, für das gemeine Recht überhaupt nicht anerkannt in dem Urteil O.A.G. Rostock vom 24. Juli 1851 (S. A. Bd. 19 N. 159), dagegen auf alle unehelichen Kinder ausgedehnt von dem Urteil des O.L.G. Hamburg v. 21. April 1851 (S. A. Bd. 47 N. 276).[105])

6. Makel der unehelichen Geburt.

Während das römische Recht in öffentlich-rechtlicher Beziehung zwischen ehelichen und unehelichen Kindern keinen Unterschied machte und selbst Kinder ex damnato coitu zu den höchsten Ehrenstellen zuließ[106]),

[103]) Daher teilen legitimierte Kinder nach gemeinem Recht den Wohnsitz ihres Vaters (S. Seuffert, Comm. z. Civilprozeßordn. 4. Aufl. § 17 Note 4).

[104]) Roth, bayr. Civilr. Bd. III S. 530 ff., S. 601 ff., deutsches Privatr. Bd. II S. 289 ff.

[105]) Da arrogierte und plene adoptierte Kinder nach gemeinem Recht den ehelichen gleichstehen, teilen sie den Wohnsitz ihres Vaters (Seuffert, Comm. z. C.P.O. § 17 Note 4).

[106]) l. 6 pr. Dig. 50, 2: „spurii decuriones fiunt et ideo fieri poterit ex incesto quoque natus, non enim impedienda est dignitas ejus, qui nihil admisit“.

bildete sich im Mittelalter, wohl als Residuum der deutschrechtlichen Ansicht von der Rechtlosigkeit der unehelichen Kinder, die Auffassung aus, die außer der Ehe erfolgte Geburt sei als ein Makel, levis notae macula, zu betrachten. Diese durch die Feindseligkeit der Kirche gegenüber allen fleischlichen Vergehungen genährte Auffassung war natürlich von besonderer Bedeutung auf dem Gebiete des öffentlichen Rechts und führte dazu, die unehelichen Kinder von den meisten Ämtern und Ehrenstellen auszuschließen; [107]) besonders scrupulös waren in dieser Beziehung die Zünfte. [108])

Aber auch im Privatrecht erwies sich diese Anschauung als bedeutsam insofern, als man bei Einsetzung eines unehelichen Kindes den Geschwistern des Erblassers gemäß l. 27 Cod. III, 28 die querela inofficiosi testamenti einräumte, da das uneheliche Kind persona turpis sei. [109]) Man schuf sogar eine besondere Art

[107]) So bestimmte die Kammergerichtsordnung v. 1555 in Tl. 1 § 3, daß die Beisitzer ehelich geboren sein müssen. Wie Kreittmayr, Annot. z. bayr. Landr. Tl. I Kap. 5 § 8 Ziff. 4 berichtet, wollte man sogar den durch nachfolgende Ehe Legitimierten den Zutritt zu dieser Würde verschließen.

[108]) Weil das Handwerk „so rein sein soll, als hätten es die Tauben zusammen getragen“ (Kreittmayr, Annot. zu Tl. V Kap. 29 § 2 litt. b). Vgl. das Reichsgutachten von 1731 wegen der Handwerksmißbräuche Ziff. 11, ratifiziert am 4. Sept. 1731; s. ferner Roth, d. Privatr. Bd. I S. 390, Gett, Rechtsv. S. 225. Selbst Justus Möser (patriot. Phantasien, 1780 1. Teil S. 287) steht noch vollständig auf diesem engherzigen Standpunkt.

[109]) Gett, Ausf. S. 359 Note 3.

von Legitimation, die legitimatio minus plena, mit dem ausgesprochenen Zweck, die Tilgung dieses Makels zu bewirken.

Freilich hat es auch nicht an Stimmen gefehlt, die das Widersinnige dieser Ansicht empfunden und dagegen Protest erhoben haben, so der frühere Ingolstädter Professor Bassus[110]) in dem Appendix zu den controversiae (controv. V ad Art. 19 tit. 7 des Landrechts von 1616): „tam parum in potestate spurii est, legitimum nasci, quam parum in potestate gibbosi ant curvi, ut nascatur planus et rectus . . . iniquum videtur spurium luere, quod non admisit . . . . vitio spuriis non esse dandum quod illicito congressu fuerint procreati . .“, ferner J. J. Moser, (deutsches Staatsrecht 1746, 22. Teil 118. Kapitel § 58): „es ist nicht die Frage von der Moralität der Sache, da freilich die Eltern wert wären, daß das odium auf sie gelegt wird, das nun verkehrter Weise auf die Kinder fällt.“ Dagegen schrieb noch 1835 F. v. G. (Geisler, über Ehesachen S. 64 ff): „Mit der Achtung und Heilighaltung der Ehe und mit der im Volk verbreiteten Zucht und Sitte hängt es eng zusammen, daß die uneheliche Geburt als etwas Mangelhaftes, als ein Makel angesehen werde und es ist sehr heilsam, wenn diese Ansicht aufrecht erhalten und verstärkt wird. Deshalb ist es durchaus weise, dem Un-

---

[110]) Daß er und nicht Baron Schmid Verfasser der controversiae ist, ergibt sich aus Kreittmayrs Annot. zu Tl. I. Kap. 2 § 13 Ziff. 7 litt. h.

ehelichgebornen den Eintritt in Ehrengesellschaften zu versagen oder doch zu erschweren." Auch empfiehlt derselbe Ausschluß der Unehelichen von Staats- und Ehrenämtern (S. 97).

Neuerdings ist allgemein anerkannt, daß die Frage, wer als persona turpis zu gelten habe, nach der jeweiligen Volksanschauung zu beantworten ist und daß nach den gegenwärtig herrschenden Ansichten uneheliche Kinder nicht zu dieser Kategorie gerechnet werden können.[111])

7. Erbrecht.

An der vom römischen Recht statuierten Gleichstellung der unehelichen mit den ehelichen Kindern, soweit das Erbrecht gegenüber der Mutter und deren Verwandten in Frage kommt, hat die gemeinrechtliche Praxis nichts geändert. Die durch l. 5 Cod. VI, 57 bezüglich der mater illustris geschaffene Ausnahme ist mit dem Verschwinden der byzantinischen Rangordnung natürlich unanwendbar geworden.[112]) Selbst Kindern ex damnato coitu wurde bisweilen Erbrecht gegenüber

[111]) Gett, Rechtsv. S. 242 ff., Urt. d. O.A.G. Cassel v. 17. Okt. 1840 (Bl. f. R.A. Bd. 8 S. 304, S.A. Bd. 1 N. 91), d. O.A.G. München v. 11. Juli 1846 (Bl. f. R.A. Bd. 17 S. 32), vgl. Urt. d. O.L.G. Rostock v. 15. Febr. 1893 u. d. O.L.G. Celle v. 14. Dez. 1894 (S.A. Bd. 50 N. 27 u. 237).

[112]) Windscheid, Pand. Bd. II § 571 Note 14a. Über einige deutsche Partikularrechte, welche diese Bestimmung auf den Adel übertragen haben, s. Stobbe Privatr. Bd. V S. 149 Note 16.

der Mutter und den mütterlichen Verwandten zugesprochen, doch hat sich ein festes Gewohnheitsrecht in dieser Beziehung nicht gebildet[113]).

Der Reception der römischrechtlichen Bestimmungen über das Erbrecht der Konkubinenkinder stand, wie oben erwähnt, der Umstand entgegen, daß der Konkubinat in Deutschland nie gesetzlich anerkannt war und durch die Reichspolizeiordnungen v. 1530, 1548 und 1577 sogar ausdrücklich unter Strafe gestellt wurde. Es entstand daher für das gemeine Recht die Streitfrage: sind hiedurch die Vorschriften des römischen Rechts bezüglich der Konkubinenkinder unanwendbar geworden, oder müssen sie nunmehr auf alle unehelichen Kinder ausgedehnt werden?

Es leuchtet sofort ein, daß die Frage eine doppelte ist:

1) gelten die im römischen Recht zu Ungunsten der Konkubinenkinder getroffenen Bestimmungen über die Beschränkung ihrer testamenti factio passiva nunmehr für alle unehelichen Kinder?

2) ist das zu Gunsten der Konkubinenkinder von Justinian eingeführte Intestaterbrecht auf $1/6$ des väter-

---

[113]) Roth, d. Privatr. Bd. II S. 378, Urt. d. O.Trib. Stuttgart v. 24. Sept. 1824, d. O.Trib. Berlin (S. A. Bd. 1 Nr. 256 u. 257), d. O.A.G. München v. 9. April 1877 und Plenarentsch. dieses Gerichts v. 10. Okt. 1878 (Samml. Bd. VI S. 899, Bd. VII S. 740 ff.). Darüber, daß jedenfalls nach gemeinrechtlicher Praxis die adulterini den incestuosi gleichstehen, s. Stobbe, Privatr. Bd. V S. 154. Der Begriff der incestuosi wurde dem römischen Recht gegenüber später erweitert (Stobbe, Privatr. Bd. V S. 154 Note 29).

lichen Nachlasses nunmehr allen unehelichen Kindern zuzubilligen?

Zur Verneinung der ersten Frage führt folgende Erwägung: Wenn der Konkubinat (wie nicht zu bestreiten ist) dem heutigen Recht als Rechtsform geschlechtlicher Gemeinschaft überhaupt unbekannt ist, so ist das Objekt für die Anwendbarkeit der römischrechtlichen Bestimmungen weggefallen: „liberi naturales" im Sinne jener Vorschriften gibt es nicht mehr. Es bedürfte ausdrücklicher gesetzlicher Bestimmung, um das, was das römische Recht für liberi naturales festsetzte, auf alle unehelichen Kinder anwenden zu dürfen. Solche gesetzliche Bestimmung ist aber für das Gebiet des gemeinen Rechts nicht nachzuweisen.

Während die hier vertretene Anschauung in einem Urteil des O.A.G. Celle vom 21. März 1854 (Seuff. Archiv Bd. 8 N. 68, Bd. 11 N. 262) zum Ausdruck gekommen ist[114]), hat sich das Obertribunal Berlin mit Urteil vom 28. Nov. 1853 (Seuff. Arch. Bd. 10 N. 64) und neuerdings auch das Reichsgericht der gegenteiligen Ansicht angeschlossen in dem mit zahlreichen Literaturnachweisen versehenen Erkenntnis des 3. Civilsenats vom 1. Dez. 1882 (Seuff. Arch. Bd. 38 N. 235, Entsch. d. Reichsg. in Civils. Bd. 8 S. 119).

Das Urteil des Reichsgerichts wird damit motiviert, daß die römischrechtlichen Beschränkungen der testa-

---

[114]) Ebenso Gett, Rechtsv. S. 242, Stobbe, Privatrecht Bd. V S. 151 Note 21 und 21a.

menti factio passiva nur deswegen lediglich für Konkubinenkinder erlassen worden seien, weil der Konkubinat in den Augen des Gesetzgebers die einzige Form außerehelicher Geschlechtsverbindung war, die überhaupt hier in Frage kommen konnte; außerhalb des Konkubinats (für spurii und vulgo quaesiti) habe für das römische Recht ein nicht legitimes, blos natürliches Vaterschaftsverhältnis überhaupt nicht existiert, der außereheliche Vater habe abgesehen vom Konkubinat für absolut ungewiß gegolten, den die Kapacität beschränkenden Vorschriften hätte es daher nach römischem Recht rücksichtlich der sonstigen außerehelichen Kinder an den thatsächlichen Voraussetzungen gefehlt. Da nun aber heute die Möglichkeit der Feststellung der außerehelichen Paternität anerkannt sei und allen unehelichen Kindern ungefähr dieselbe rechtliche Stellung zukomme wie den Konkubinenkindern des römischen Rechts, so sei damit derjenige Grund weggefallen, aus dem der römische Gesetzgeber nur den Konkubinat ins Auge faßte, und der Schluß berechtigt, daß, wenn er die Konkubine und ihre Kinder für relativ erwerbsunfähig erklärte, dies heutzutage um so gewisser für alle unehelichen Kinder gelten müsse, sofern die Paternität außer Zweifel stehe.

Wir vermögen diese Gründe nicht für durchschlagend zu erachten.

Allerdings stehen nach römischem Recht uneheliche Kinder außer allen familienrechtlichen Beziehungen zu ihrem Erzeuger; dies galt aber auch für Konkubinenkinder. Wenn auch thatsächlich die Vaterschaft bei dem römischen Konkubinat in der Regel leichter als bei blos vorübergehenden Geschlechtsverbindungen nachweisbar gewesen sein mochte, so kam es bei der Leichtigkeit, mit der der Konkubinat eingegangen und gelöst werden konnte, doch gewiß nicht selten vor, daß die Vaterschaft eines im Konkubinat erzeugten Kindes sehr zweifelhaft war[115]), und umgekehrt konnte man sich in einzelnen Fällen wohl auch der Wahrnehmung nicht verschließen, daß die Paternität eines nicht im Konkubinat erzeugten unehelichen Kindes vollkommen sicher feststand[116]). Rechtlich aber hatten die Konkubinenkinder ebenso wenig einen Vater als die spurii und vulgo quaesiti[117]), denn die praesumtio patris quem justae nuptiae demonstrant versagte bei ihnen genau ebenso wie bei den Kindern einer meretrix.

Wenn nun der Gesetzgeber Bestimmungen trifft, welche beim Vorhandensein einer Ehefrau und rechtmäßiger Descendenz die Kinder einer Konkubine den ersteren gegenüber beschränken, so kann er das nicht gethan haben, weil die liberi naturales für ihn die einzige in Betracht kommende Erscheinungsform unehelicher Kinder waren, sondern lediglich deshalb, weil bei der Fremdheit, mit der der Erzeuger seinen anderweitigen unehelichen Sprößlingen regelmäßig gegenüberstand, die

---

[115]) Busch S. 331.

[116]) Vgl. Mayer, Intestaterbfolge der nat. lib. S. 30: „Diese Gewißheit (über den Vater) kann sich auch bei anderen außerehelich Gezeugten finden.“

[117]) Glück, Pand. Bd. 28 S. 69, 148, 381.

beim Konkubinat vorhandene Gefahr einer Benachteiligung der Ehefrau und der ehelichen Kinder auf Kosten der unehelichen Kinder und deren Mutter als eine verschwindend geringe erschien.

Es dürfte also auch den Ausführungen des Reichsgerichts gegenüber an der Ansicht festzuhalten sein, daß die römischrechtliche Beschränkung der testamenti factio passiva von Konkubinenkindern heute nicht mehr anwendbar ist.

Noch bestrittener war von jeher die zweite Frage, nämlich die nach der heutigen Anwendbarkeit des von Justinian statuierten Intestaterbrechts der liberi naturales auf $^1/_6$ des väterlichen Nachlasses beim Nichtvorhandensein einer Ehefrau und rechtmäßiger Kinder. Auch für die Beantwortung dieser Frage dürfte entscheidend sein, daß der Konkubinat als Rechtsform geschlechtlichen Zusammenlebens verschwunden ist und damit die römischrechtlichen Vorschriften unanwendbar geworden sind. Diese Ansicht darf jetzt wohl auch als die herrschende bezeichnet werden.

Während in den Erkenntnissen des O.A.G. Darmstadt vom 8. Jan. 1810 und 2. Mai 1829 (Seuff. Arch. Bd. 8 N. 67), des Obertrib. Stuttgart vom 31. Juli 1833 (S.A. Bd. 1 N. 87), des O.A.G. Wiesbaden vom 3. Juli 1844 (S.A. Bd. 1 N. 88) und des Obertrib. Berlin v. 24. April 1868 (S.A. Bd. 23 N. 236) die Anwendbarkeit dieser Bestimmung auf alle unehelichen Kinder (wenn auch teilweise mit gewissen Einschränkungen) anerkannt wurde, ist in den

Urteilen des O.A.G. München vom 29. Dez. 1849 (Blätter für Rechtsanw. Bd. 15 S. 348) und vom 14. Febr. 1861 (Bl. f. R.A. Bd. 26 S. 315), des O.A.G. Celle vom 6. November 1850 (S.A. Bd. 7 N. 202), des O.A.G. Lübeck vom 30. Mai 1852 (S.A. Bd. 6 N. 223), des O.A.G. Rostock vom 15. Dezember 1856, des Obertrib. Berlin vom 23. November 1857 (S.A. Bd. 12 N. 343), vom 18. Februar 1870 (S.A. Bd. 29 N. 42), des O.A.G. Berlin vom 30. Juni 1870 (S.A. Bd. 25 N. 40) und insbesondere auch in einem Urteil des Reichsgerichts (III. Civilsenat) vom 16. Januar 1885 (Entsch. des Reichsg. in Civils. Bd. XII S. 227, S.A. Bd. 40 N. 215, Bl. f. R.A. 5. Erg.-Bd. S. 59) gegen die heutige Geltung dieses Erbrechts entschieden worden.

Nur da darf nach dem zuletzt erwähnten reichsgerichtlichen Urteil den unehelichen Kindern Erbrecht auf $1/6$ des väterlichen Nachlasses zugesprochen werden, wo dieses Erbrecht partikularrechtlich durch Gesetz oder Gewohnheitsrecht anerkannt worden ist. Ein allgemeines Gewohnheitsrecht dieses Inhalts kann als bestehend nicht angenommen werden.[118])

---

[118]) Auf Grund eines solchen partikulären Gewohnheitsrechts hat das O.L.G. Darmstadt mit Urteil vom 6. März 1888 (S.A. Bd. 46 N. 104) das Fortbestehen dieses Erbrechts für Hessen anerkannt. Vgl. noch Windscheid, Pand. Bd. III § 574 Ziff. 3 Note 12–14, Arndts, Pand. § 482, § 492 Note 6, Gett, Rechtsv. S. 85, 256, 261, Ausf. S. 342 Note 2, 377, Busch S. 399 ff (ältere Literatur daselbst in Note 1 u. 2),

Die durch nachfolgende Ehe legitimierten Kinder stehen, wie allgemein anerkannt ist, auch in erbrechtlicher Beziehung den ehelichen völlig gleich; bestritten ist, ob dasselbe bezüglich der durch Rescript legitimierten Kinder anzunehmen ist, falls zur Zeit der Legitimation eheliche Kinder vorhanden waren; die Frage dürfte bejahend zu beantworten sein.

Ausnahmen bestehen jedoch für besondere Güterarten. Mit Rücksicht auf § 11 de feudis II, 26 [119]) war man von jeher darüber einig, daß die nur durch Rescript legitimierten gleich den übrigen unehelichen Kindern von der Erbfolge in Lehen ausgeschlossen seien; dagegen herrschte bis in die neueste Zeit lebhafter Streit darüber, ob das Gleiche für die durch nachfolgende Ehe legitimierten Kinder gelten müsse. [120]) Das bayrische Edikt über die Lehenverhältnisse im Königreich Bayern v. 7. Juli 1808 (Reg.Bl. 1808 S. 1893 ff) entschied diese Frage im § 55: „Die Lehenfolge beschränkt sich auf den Mannesstamm nach

---

Roth, b. Civilr. Bd. I S. 474, Bd. III S. 599, deutsch. Privatr. Bd. II S. 394, Stobbe, Privatr. Bd. V S. 152.

[119]) „Naturales filii, licet postea fiant legitimi, ad successionem feudi nec soli nec cum aliis admittuntur.“

[120]) Über diese gelegentlich des Bentink'schen Erbfolgestreits brennend gewordene Frage s. Stobbe, Privatr. Bd. V S. 339, Gett, Rechtsv. S. 222, Ausf. S. 377—385 und die daselbst citierte Literatur. Brautkinder sind, auch wo sie im übrigen das Erbrecht ehelicher Kinder haben, von der Lehensfolge ausgeschlossen (Stobbe, Privatr. Bd. V S. 339 Note 6, Roth, bayr. Civilr. Bd. II S. 533).

dem Rechte der Erstgeburt und der agnatisch linealen Erbfolge, dergestalt, daß der Lehenerbe von dem ersten Erwerber aus einer rechtmäßigen, ehelichen Geburt abstammen muß. Die durch nachfolgende Heirat Legitimierten werden den ehelich Gebornen gleichgehalten."

Über die gemeinrechtliche Controverse, ob die durch nachfolgende Ehe Legitimierten den ehelichen Kindern bezüglich der Erbfolge in Familienfideikommisse gleichstehen, vgl. Gett, Ausf. S. 385 N. 223, Stobbe, Privatr. Bd. V S. 367 Note 16, Roth, bayr. Civilr. Bd. II S. 582, Urt. d. O.A.G. München v. 27. Aug. 1841 (Bl. f. RA. Bd. 11 S. 282). Diese Gleichstellung ist ausgesprochen in dem bayrischen Fideikommißedikt (Beil. VII zu Tit. V § 4 d. bayr. Verfassung § 77: „Das Recht zur Erbfolge in Familienfideikommisse gründet sich in der Anordnung des Konstituenten und geht von ihm oder demjenigen, zu dessen Vorteil er das Fideikommiß errichtet hat, auf die ehelichen Nachkommen über. Die durch nachfolgende Ehe Legitimierten werden ehelich Gebornen gleichgeachtet") und ebenso im § 112 des Edikts vom 22. Dezember 1811, die bisherigen adeligen Fideikommisse und künftigen Majorate betr. (Reg.Bl. 1812 S. 49), soweit nicht Kinder ex damnato coitu in Frage kommen. Über die Erbfolge unehelicher Kinder bei Majorat, Seniorat und Primogenitur nach gemeinem Recht s. Gett, Rechtsverh. S. 222 ff.

8. Anspruch der außerehelich Geschwächten auf Entschädigung für Defloration und Ersatz der Kindbettkosten.

Die von der gemeinrechtlichen Praxis der außerehelich geschwächten Frauensperson gewährten Ansprüche sind doppelter Art. Einmal wurde das „duc et dota" des kanonischen Rechts umgewandelt zu dem sogen. Deflorationsanspruch. Man ersetzte die kumulative Verpflichtung durch die alternative („duc aut dota"), abstrahierte von dem gesetzlichen Erfordernis der Virginität, indem man die Klage auch Wittwen und geschiedenen Frauen einräumte, und präsumierte bis zum Beweis des Gegenteils, daß der Mann der Verführer gewesen sei. Demgemäß ist die sogen. Deflorationsklage eine Deliktsobligation, nämlich der Anspruch einer unbescholtenen Frauensperson gegenüber ihrem Verführer auf Ersatz des Schadens, der ihr durch die infolge der Verführung eintretende Minderung der Aussicht auf Verehelichung zugegangen ist. Über zahlreiche einzelne Punkte herrschen Meinungsverschiedenheiten, worauf jedoch an dieser Stelle nicht eingegangen werden kann.[121])

---

[121]) S. Bülow und Hagemann, prakt. Erörter. IV. Bd. 69. Erört., Urt d. O.A.G. München v. 22. Jan. 1875, 10. Dez. 1875, 21. Jan. 1880 (Samml. Bd. V S. 776, 778, Bd. VIII S. 192), Urt. d. O.A.G. München v. 5. Dez. 1825, d. O.A.G. Lübeck v. 1. Jan. 1848 u. 19. Apr. 1845, d. O.A.G. München v. 3. Febr. 1857, d. O.A.G. Celle v. 10. Nov. 1871, d. O.A.G. Lübeck v. 8. März 1870, d. OTrib. Berlin, d. O.L.G. Hamburg v. 19. Okt. 1889, d. Reichsg. v. 11. Jan. 1892 (S.A. Bd. 1

Des Weiteren wurde der Frauensperson, welche außerehelich geboren hat, das Recht zugesprochen, von dem Vater des Kindes Ersatz der für Niederkunft und Kindbett erwachsenen Auslagen zu fordern. Auch hier liegt eine der Klage aus aquilischem Verschulden nachgebildete Deliktsobligation vor, beruhend auf der Präsumtion, daß der Mann der verführende Teil gewesen sei. Der Beweis des Gegenteils ist zulässig und entkräftet die Klage, da, selbst wenn der außereheliche Beischlaf als solcher als Delikt betrachtet wird, sich die Frauensperson jedenfalls der Teilnahme an diesem Delikt schuldig gemacht hat und daher, falls nicht ein weiteres schuldhaftes Verhalten des Mannes hinzukommt, unmöglich Rechte hieraus ableiten kann.

Selbstverständlich wird der Anspruch auch hinfällig durch den Beweis der Einrede der mehreren Zuhälter, weil hiedurch der zur Begründung aller Deliktsobligationen erforderliche Kausalzusammenhang zerstört wird; mit Unrecht hat die Praxis bisweilen das Gegenteil angenommen.[122])

N. 230, Bd. 4 N. 51 u. 255, Bd. 14 N. 39, 40, Bd. 26 N. 133, Bd. 27 N. 261, Bd. 30 N. 33, Bd. 46 N. 99, Bd. 48 N. 37), ferner Bl. f. R.A. Bd. 3 S. 305, Urt. d. O.A.G. München v. 24. Okt. 1836, 6. Juni 1837, 30. Apr. 1842, 7. Dez. 1839 u. 20. Sept. 1843, 23. März 1842 (Bl. f. R.A. Bd. 5 S. 47, Bd. 8 S. 123 u. 156, Bd. 14 S. 61 u. 251), d. O.A.G. Lübeck v. 19. Mai 1851 (Bl. f. R.A. Bd. 19 S. 32), d. O.A.G. München v. 23. Okt. 1854, 9. Juni 1857, 25. April 1856, 7. Jan. 1873 (Bl. f. R.A. Bd. 20 S. 219, Bd. 22 S. 350, Bd. 24 S. 416, Bd. 38 S. 60).

[122]) Vgl. Motive z. Entw. e. b. G.B. Bd. IV S. 907 u. 908, Urt. d. O.A.G. München v. 25. April 1856 (Bl. f. R.A.

Bei der Deflorationsklage ist hievon natürlich keine Rede, da dieselbe überhaupt nicht voraussetzt, daß der Geschlechtsverkehr die Geburt eines Kindes zur Folge gehabt hat.

In Beziehung auf beide Ansprüche steht selbstverständlich Notzucht der Verführung gleich.

9. Statutenkollision, örtliche und sachliche Zuständigkeit.

Unter den zahlreichen gemeinrechtlichen Kontroversen ist der bestrittensten eine, welches Recht bei Beurteilung der Rechtsverhältnisse der unehelichen Kinder zu Grunde zu legen sei. Auf die zahlreichen Detailfragen einzugehen, verbietet die Begrenzung unseres Themas, es genüge die Verweisung auf L. v. Bar, Theorie und Praxis des internationalen Privatrechts Bd. I S. 556 ff., Stobbe, Privatr. Bd. I § 34, Roth, deutsches Privatrecht Bd. I § 51, sowie auf die Urteile des O.A.G. München v. 1. Dez. 1829, d. O.Trib. Stuttgart (ohne Datum und) v. 28. März 1846, Plenarbeschl. d. O.Trib. Berlin v. 1. Febr. 1858, Urt. d. O.Trib. Berlin v. 19. Juni 1860, 27. Sept. 1875, 24. Febr. 1864, d. O.L.G. München v. 22. Okt. 1883 (S. A. Bd. 1 N. 153, Bd. 2 N. 4, Bd. 3 N. 135, Bd. 12 N. 333, Bd. 22 N. 1, Bd. 31 N. 196, Bd. 32 N. 3, Bd. 39 N. 84), d. O.A.G. München

Bd. 24 S. 416), d. O.A.G. Lübeck v. 19. April 1845 u. 8. März 1870, d. O.Trib. Berlin (S.A. Bd. 4 N. 255, Bd. 27 N. 261, Bd. 30 N. 33).

v. 23. März 1842, 14. März 1857 u. 5. Mai 1874 (Bl. f. R.A. Bd. 7 S. 336, Bd. 24 S. 235, Bd. 39 S. 220), v. 15. Dez. 1873, 24. Nov. 1874 und 24. Febr. 1875 (Samml. Bd. IV S. 455, 458, Bd. V S. 46), sowie die verschiedenen Entscheidungen des O.A.G. München, cit. in den Bl. f. R.A. Bd. 18 S. 68 *.

Für den gemeinrechtlichen Teil Bayerns muß anerkannt werden, daß sich im Anschluß an den Plenarbeschluß vom 5. Juni 1855 ein Gewohnheitsrecht des Inhalts gebildet hat, daß für alle Ansprüche eines außerehelichen Kindes gegen seinen Vater bez. den Beihälter der Mutter das Recht des Ortes entscheidend ist, an welchem der (wirklich oder möglicherweise) kausale Beischlaf stattgefunden hat.

Wenn während der kritischen Zeit in verschiedenen Rechtsgebieten Geschlechtsverkehr gepflogen worden ist, so bleibt es dem Kläger unbenommen, sich auf das ihm günstigste Recht zu beziehen.

Über das Verhältnis des unehelichen Kindes zu seiner Mutter und deren Verwandten entscheiden unbestrittenermaßen die Gesetze des Domicils der Mutter (Roth, b. Privatr. Bd. I S. 291), über den Anspruch auf Defloration und Kindbettkostenentschädigung die Gesetze des Ortes, wo der Beischlaf vollzogen wurde, über die Successionsfähigkeit und die testamenti factio passiva die Gesetze des letzten Wohnorts des Erblassers (Roth, b. Privatr. Bd. I S. 294, 295, Urt. d. O.A.G. Oldenburg v. 5. März 1853 u. d.

O.A.G. Kiel v. 2. Febr. 1853, S. A. Bd. 6 N. 308, Bd. 7 N. 332, anders bezüglich der Erbfähigkeit Urt. d. O.L.G. München v. 17. Mai 1890, Samml. Bd. XIII S. 53). Über die Frage, welches Recht für die Legitimierbarkeit eines unehelichen Kindes in Betracht komme, s. Urt. d. O.A.G. München v. 14. März 1843 (Bl. f. R.A. Bd. 9 S. 43), über Statutenkollision bei Statusklagen Urt. d. O.L.G. München v. 27. Dez. 1893 (Bl. f. R.A. Bd. 59 S. 258).

Da, wie wir sahen, die gemeinrechtliche Alimentationsklage nicht auf Delikt beruht, so wäre auch der Gerichtsstand des § 32 der Civilprozeßordnung korrekterweise nicht als gegeben anzuerkennen; doch ist das Gegenteil als durch Gewohnheitsrecht festgestellt anzuerkennen[128]). Die Vaterschaftsklage als solche verfolgt keinen vermögensrechtlichen Anspruch; auf dieselbe kann daher § 24 C.P.O. keine Anwendung finden.

Was die sachliche Zuständigkeit anlangt, so ist hiefür § 23 des Gerichtsverfassungsgesetzes maßgebend, wonach für die Ansprüche aus einem außerehelichen Beischlaf ohne Rücksicht auf den Wert des Streitgegenstands die Amtsgerichte zuständig sind. Daß Rechtsgrund der gemeinrechtlichen Vaterschafts- und Alimentationsklage nicht der Beischlaf als solcher, sondern die durch denselben begründete Vaterschaft (bez. Möglichkeit derselben) ist, steht der Anwendbarkeit des § 23 natürlich nicht

[128]) Selbstverständlich fallen unter § 32 die Ansprüche auf Entschädigung für Defloration und Ersatz der Kindbettkosten.

im Wege, denn immer liegt ein Anspruch „aus" einem außerehelichen Beischlaf vor (vgl. Urt. d. Reichsg. v. 16. Mai 1882, Entsch. Bd. VII S. 338).

V. Bayrisches Recht vor 1756, insbesondere das alte Landrecht von 1616.

Die lex Bajuvariorum steht vollständig auf dem oben geschilderten deutschrechtlichen Standpunkt, indem sie die unehelichen Kinder von der väterlichen Erbschaft ausschließt und lediglich auf das Mitleid der erbberechtigten ehelichen Kinder verweist: „Si vero de ancilla habuerit filios, non accipiant portionem inter fratres, nisi tantum, quantum per misericordiam ei dare voluerint fratres ejus, quia in vetere lege scriptum est: non enim erit heres filius ancillae cum filio liberae, tamen debent misericordiam considerare, quia caro eorum est."[124])

Das Rechtsbuch Kaiser Ludwigs von

---

[124]) Monum. Germ. tom. III (Leges) lex Baj. ed. Merkel tit. 15 § 9 Abs. 2. Aus dieser Stelle schließt Büngner (S. 68, ebenso Seitz S. 2), daß der uneheliche Vater alimentationspflichtig war, während Wilda (Zeitschr. f. deutsches Recht u. d. Rechtsw. Bd. 15 S. 287) bemerkt, man könne dadurch auf die Vermutung geleitet werden, daß die unechten Söhne früher mit den echten an der väterlichen Erbschaft teilnahmen, und daß ihnen dieses Erbrecht nachmals in der Weise entzogen wurde, daß dem Vater nicht einmal die Befugniß geblieben sei, ihnen durch Gabe etwas zuzuwenden. (?)

1346[125]) übergeht die Rechtsverhältnisse der unehelichen Kinder mit Stillschweigen. Im Kap. 25 Art. 17 werden unter denen, die nicht Zeuge sein können, aufgeführt: „verächtig und meineidig Leut“. Ob zu den ersteren die unehelichen Kinder gezählt wurden, läßt sich wohl kaum mehr mit Sicherheit feststellen.

Die Landesordnung von 1516[126]) erwähnt die unehelichen Kinder nicht, dagegen ist der mit der unehelichen Geburt verknüpfte Makel schon ausdrücklich hervorgehoben in der Landsfreiheit von 1516[127]), indem dieselbe bestimmt, daß künftig die Gerichte, Kästen, Zöll- und Mauthämter nur mit Leuten besetzt werden sollen, die ehelicher Geburt sind. Man wird daher mit der Annahme nicht fehlgehen, daß auch die Reformation von 1518[128]) zu denen, die „offentlich verleumbt“ sind und deßhalb nicht Anwälte sein können (Tit. 5 Art. 2), die „erloß und nach Satzung der Recht verleumbt sind und dafür geacht werden“ und daher zur Zeugschaft unfähig sind (Tit. 9 Art. 8), endlich zu denen, die „schänntlich person“ sind und deren Erbein-

[125]) Das bairisch Landrechtsbuch durch den allerdurchlauchtigsten Kaiser Ludwig IV., Herzog in Bayern 2c. auffgericht.

[126]) Das Buch der gemeinen Landpot, Landsordnung, Satzung und Gebrauch des Fürstentumbs Ober- und Niederbayern. Im 1516. Jahr auffgericht.

[127]) Die new Erclärung der Landsfreiheit des loblichen Haus- und Fürstentums Ober- und Niderbayrn Anno 1516 24. April zu Ingolstadt aufgericht.

[128]) Reformation der bayrischen Landrecht nach Christi unsers heilmachers geburd im 1518. Jar aufgericht.

setzung die Geschwister zur Anfechtung des Testaments berechtigt (Tit. 50 Art. 1), die unehelichen Kinder gerechnet habe.

Da in den vom Erbrecht handelnden Stellen der Reformation von 1518 (Tit. 46: Von Erbschaften in ab- und aufsteigender Linie oder Syptzal; Tit. 47: Von Erbschaften auf die Seiten ꝛc.) ausdrücklich von ehelichen Kindern gesprochen wird (z. B. Tit. 46 Art. 1: „Wenn Vater und Mutter ohne geschäft mit Tod vergeen und hinder jne eeliche Kinder verlassen, dieselben Kinder erben alle ir hab und guet ...“), so ist wohl der Schluß gerechtfertigt, daß auch nach diesem Gesetz den unehelichen Kindern weder gegenüber dem väterlichen noch gegenüber dem mütterlichen Rücklaß Erbrecht zustand.

Auch die Gerichtsordnung von 1570[129]) fordert (1. Tit. 1. Gesatz) zum Richteramt eheliche Geburt und hat unter denen, die, weil „erlos und für verleumbt geachtet“, von der Anwaltschaft und Zeugschaft ausgeschlossen sind (4. Tit. 2. Gesatz, 7. Tit. 23. Gesatz) sicherlich die unehelichen Kinder mitverstanden.

Sehr eingehend beschäftigt sich mit den Rechtsverhältnissen der unehelichen Kinder, insbesondere was das Erbrecht anlangt, das alte Landrecht von 1616[130]),

---

[129]) Gerichtsordnung im Fürstenthum Ober- und Niderbayern Anno 1570 aufgericht.

[130]) Auf die ausführlichen, dem römischen Recht nachgebildeten Bestimmungen der churfürstlich Pfalz verneuerten Ehe- und Ehegerichtsordnung von 1657 über das Erbrecht der unehelichen Kinder (4. Teil 5. Titel) kann an dieser Stelle nicht eingegangen werden.

das schon dieselbe eigentümliche Verschmelzung von deutsch- und römischrechtlichen Grundsätzen wie das Landrecht von 1756 zeigt, und das wir wegen seiner grundlegenden Bedeutung für das geltende Recht[131]) in seinem ziemlich komplizierten Detail betrachten müssen.

Im Artikel 1 des dem Erbrecht der unehelichen Kinder gewidmeten 39. Titels wird zunächst die, wie wir sehen werden, für künftig maßgebende Einteilung der unehelichen Kinder in drei Klassen abweichend vom römischen Recht getroffen. Das Gesetz unterscheidet:

1. solche, deren Eltern sich zur Zeit des Beischlafs hätten heiraten können, und deren Mutter nicht in offener Unzucht gelebt „oder sonsten gemein gewesen": „natürliche uneheliche Kinder";

2. solche, deren Eltern sich zur Zeit des Beischlafs hätten heiraten können, deren Mutter aber in offen und gemeiner Unzucht gelebt, „also man nit aigentlich wissen kann, welcher der Kinder rechter Vatter ist";

3. Kinder aus verdammter Geburt, d. h. solche, deren Eltern sich zur Zeit des Beischlafs nicht hätten heiraten können; hiezu werden gerechnet die Kinder von Priestern und Klosterleuten, die im Ehebruch (gleichviel, ob beide Eltern oder nur ein Elternteil verheiratet war)[132]) oder in Blutschande (gleichviel, ob incestuose Ehe oder incestuose außereheliche Verbindung vorlag)[133])

---

[131]) S. hierüber auch Gett, Rechtsv. S. 311 Note 579.

[132]) Baron C. Schmid, Comment. ad jus Bavar. tom. III. München 1695 Note 11 zu Tit. 39 Art. 7.

[133]) Schmid, Komment. Note 4 zu Tit. 39 Art. 7.

erzeugten Kinder, endlich solche, deren Eltern vermöge der geistlichen Rechte sich nicht hätten heiraten können.

Der Art. 2 handelt von der testamenti factio passiva der unehelichen Kinder der 1. und 2. Klasse und bestimmt hierüber Folgendes:

1. Der Vater kann

a) bei Vorhandensein ehelicher Descendenten (oder einer rechtmäßigen Ehefrau, s. Schmid Note 12) seinen unehelichen Kindern, wenn sie

α) nicht legitimiert sind, nur den Unterhalt, bis sie ihr Brot und Nahrung selbst gewinnen mögen,

β) wenn sie legitimiert sind, zusammen mit ihrer Mutter höchstens $^1/_{12}$ seines Vermögens inter vivos oder mortis causa zuwenden; sollte dieses Zwölftel zum Unterhalt der Kinder bis zu ihrer Erwerbsfähigkeit nicht ausreichen, so darf der Richter anordnen, daß solche Kinder, bis sie zur Arbeit tauglich, „ihren Qualitäten nach unterhalten werden".

b) Bei Nichtvorhandensein ehelicher Descendenz oder einer rechtmäßigen Ehefrau muß der Vater unter allen Umständen den Pflichtteil etwa vorhandener Ascendenten wahren, im Übrigen ist er

α) gegenüber nicht legitimierten unehelichen Kindern auf die Zuwendung des bloßen Unterhalts beschränkt, es sei denn, daß gar keine Freunde von ihm, die erben möchten, am Leben sind; in diesem Fall darf er ihnen Alles zuwenden (und zwar auch wenn eine rechtmäßige Ehefrau vorhanden ist: „quod aliquid patris naturali affectioni erga liberos indulgendum sit", Schmid Note 12 zu Art. 3);

β) legitimierten unehelichen Kindern kann er in diesem Fall sein ganzes Vermögen zuwenden.

2. Die Mutter kann ihren unehelichen Kindern, gleichviel, ob sie legitimiert sind oder nicht,

a) wenn eheliche Descendenten oder Ascendenten vorhanden sind, nur den Unterhalt,[134])

b) außerdem aber Alles zuwenden.

Der 3. Artikel regelt das Intestaterbrecht der unehelichen Kinder der 1. u. 2. Klasse gegenüber ihrem Vater, indem er bestimmt, daß sie diesem gegenüber, mögen sie legitimiert sein oder nicht, kein Erbrecht, sondern nur Anspruch auf Unterhalt (im Sinne des Art. 2) haben; nur in dem einzigen Fall, wenn der Vater weder einen Blutsfreund, noch eine Ehefrau, die ihn beerben könnte, hinterlassen hat, gelten sie als erbberechtigt und zwar wiederum gleichviel, ob sie legitimiert sind oder nicht.

Die Versagung des Erbrechts motiviert Schmid mit dem Mangel jeder agnatio und cognatio zwischen

---

[134]) Die Vorschrift, daß zwar der Vater salva legitima seiner Eltern den legitimierten unehelichen Kindern das Übrige hinterlassen kann, wenn er keine ehelichen Kinder hat, nicht aber die Mutter, falls Ascendenten von ihr am Leben sind, versucht Schmid (Note 17 a. E.) zwar vermittelst gewaltsamer Interpretation zu rechtfertigen, erklärt aber selbst, daß diese Auslegung ungenügend sei und tröstet sich mit den charakteristischen Worten: „quod multa saepe statuantur, quae ratione carent, prout in hac ipsa materia successionis bastardorum."

Vater und Kind, die Gewährung des Anspruchs auf Unterhalt mit dem Hinweis auf die natürliche Billigkeit, die Unwirksamkeit der Legitimation mit dem interessanten Gleichnis, daß die Legitimation der Alchymie ähnlich sei, „quae facit apparere, quod non est, transmutare autem speciem in aliam non potest“.

Zugleich wird von Schmid hervorgehoben, daß hier selbstverständlich immer die legitimatio per rescriptum principis gemeint sei; denn die per subsequens matrimonium Legitimierten stünden nach gemeinem Recht den ehelichen Kindern in jeder Beziehung, auch in bonis feudalibus, primogeniturae vel majoratui subjectis völlig gleich; diese in honorem matrimonii getroffene Bestimmung habe aber „religiosus Princeps noster Legislator“ gewiß nicht abändern wollen.

Daß beim Mangel aller erbberechtigten Personen doch die Erbschaft nicht an den Fiskus, sondern an das uneheliche Kind falle, wird damit erklärt, daß, wenn auch keinerlei Verwandtschaftsverhältnis zwischen Vater und Kind vorliege, die unehelichen Kinder doch „commiseratione magis digni sunt quam ipse fiscus“, und daß durch Statuierung der Alimentationspflicht des Vaters ausdrücklich anerkannt sei, daß auch einer solchen „generatio illicita naturalem radicem inesse, quae vacantiam bonorum excludat“ (Note 11).

Der Artikel 4 schließt die Enkel, und zwar nicht nur die ehelichen und unehelichen Kinder eines unehelichen Sohnes, sondern auch die unehelichen Kinder eines ehelichen Sohnes von jedem Erbanspruch gegenüber dem

Nachlaß des väterlichen Großvaters aus und entzieht ihnen sogar den Anspruch auf Alimentation gegen die Erben des Großvaters, eine Bestimmung, deren Härte Schmid für den Fall, daß der Vater tot ist und der Großvater vermögend war, ausdrücklich anerkennt. Bezüglich der Gültigkeit der Erbeinsetzung eines von dem unehelichen Sohn ehelich erzeugten Kindes durch den Großvater wurde, wie Schmid berichtet, meist unterschieden, ob die Einsetzung aus Liebe zu dem natürlichen Sohn des Erblassers oder aber wegen der persönlichen Verdienste des Eingesetzten erfolgte; im letzteren Fall wurde die Einsetzung für gültig erachtet. Schmid schließt sich dieser Auffassung an und will im Zweifel die Erbeinsetzung als mit Rücksicht auf die Person des Eingesetzten geschehen und daher gültig betrachtet wissen.

Ob die väterliche Großmutter in all diesen Beziehungen dem väterlichen Großvater gleichstehe, darüber beobachtet sowohl das Gesetz als der Kommentator vollkommenes Stillschweigen.

Im Artikel 5 wird die Intestaterbfolge der unehelichen Kinder der 1. und 2. Klasse gegenüber ihrer Mutter und deren Verwandten in nachstehender Weise geregelt:

1. Bei Vorhandensein ehelicher Descendenten haben die unehelichen Kinder gegenüber ihrer Mutter und deren Ascendenten kein Erbrecht, sondern nur Anspruch auf Unterhalt gegen die Erben.

2. Bei Nichtvorhandensein ehelicher Descendenten beerben die unehelichen Kinder, auch wenn sie nicht legitimiert sind,

a) ihre Mutter, ihre mütterliche Großmutter (gleichviel, ob ihre Mutter ein eheliches Kind war oder nicht), ihre Geschwister (d. h. die Kinder derselben Mutter) und deren Kinder unbedingt,

b) den Vater ihrer Mutter aber nur, wenn

α) die Mutter dessen eheliches Kind war,

oder

β) die Mutter zwar uneheliches Kind desselben war, der Erblasser aber gar keinen anderen erbberechtigten Verwandten hinterlassen hat.

Diese Regelung des Erbrechts gegenüber den mütterlichen Großeltern beruht nach Schmid auf dem Grundsatz, daß der Enkel jure repraesentationis an die Stelle seiner ehelichen Eltern und seiner unehelichen Mutter trete und dann Erbrecht habe, wenn diese Personen erbberechtigt gewesen wären. Bezüglich der Möglichkeit testamentarischer Zuwendungen an ein uneheliches Kind durch seine mütterlichen Großeltern wird im Art. 5 auf Art. 2 verwiesen; ob sich diese Gleichstellung nur auf die ehelichen Eltern der unehelichen Mutter oder auch auf die unehelichen Eltern der unehelichen Mutter oder endlich auch auf die unehelichen Eltern der ehelichen Mutter bezieht, ist weder aus dem Text des Gesetzes noch aus den Anmerkungen zu entnehmen.

Den Ausschluß der unehelichen Kinder von der mütterlichen Erbschaft bei Vorhandensein ehelicher Descendenz erklärt Schmid damit, daß der Gesetzgeber das Motiv, welches Justinian zur Erlassung der l. 5 Cod. VI, 57 (welche den unehelichen Kindern einer mater illustris, die eheliche Descendenz hat, das Erbrecht abspricht) bestimmt hat, nämlich, daß die Heilighaltung der Keuschheit besondere Pflicht so hochstehender Frauen sei, den Grundsätzen des Christentums zufolge nunmehr als für alle Frauen zutreffend erachtet habe.

Artikel 6 versagt allen den obigen Vorschriften zuwider von geistlichen oder weltlichen Obrigkeiten erteilten Privilegien die Gültigkeit.

Artikel 7 endlich befaßt sich mit der 3. Klasse der unehelichen Kinder, den liberi ex damnato coitu. Sie sollen weder ab intestato, noch durch Testament, weder vom Vater noch von der Mutter, mehr erhalten können als den bloßen Unterhalt bis zu ihrer Erwerbsfähigkeit; hiegegen soll auch keine Legitimation wirksam sein. Nur wenn Vater oder Mutter gar keine Verwandten und auch keinen Ehegatten hinterließen, so daß die Erbschaft an den Fiskus fiele und der Landesherr das Testament, in dem ein solches Kind eingesetzt sei, ausdrücklich bestätigt habe, solle ihnen der elterliche Rücklaß überwiesen werden dürfen.

Intestaterbrecht also wurde ihnen unter keinen Umständen zugebilligt.

Aus den Anmerkungen des Baron Schmid verdient noch folgendes hervorgehoben zu werden. In Note 6 zu Tit. 3 Art. 1 wird erwähnt, daß uneheliche Kinder der väterlichen Gewalt ihres Erzeugers nicht unterliegen; ob in dieser Beziehung die durch Reskript Legitimierten gleichwie die durch nachfolgende Ehe Legitimierten den ehelichen Kindern gleichstehen, erklärt Schmid als zweifelhaft (Note 8).

Die Befugnis, die Übernahme der Vormundschaft wegen Vorhandenseins von 5 Kindern abzulehnen, setzt den Besitz ehelicher Kinder voraus, „ne ex suo delicto[135]) pater praemium accipiat.“ (Note 44 zu Tit. 5 Art. 1).

Die Ausschließung der unehelichen Kinder vom jus retractus wird (Note 10 zu Tit. 10 Art. 16) damit motiviert, daß sie „non sunt de domo aut familia nec possunt dici cognati vel agnati“.

In Note 10 zu Tit. 34 Art. 8 diskutiert Schmid die Frage, ob sich das Privileg der divisio parentum inter liberos auch auf uneheliche Kinder erstrecke, und verneint dies, weil deren Erbfolge überhaupt „in nostris statutis odiosa“ sei; nach Note 11 sind sogar die (nicht durch nachfolgende Ehe) Legitimierten dem Gesetze „satis odiosi“.

Daß zur Zeit des alten Landrechts die Ansicht, die uneheliche Geburt begründe einen Makel, allgemein anerkannt war, ergibt sich aus Tit. 36 Art. 8, woselbst als solche, deren Erbeinsetzung zur Anstellung der querela inofficiosi testamenti berechtigt, in Gemeinschaft mit „Schalksnarren, Gauklern, Lottersbuben“ ꝛc. auch uneheliche Kinder bezeichnet sind. Schmid (Note 5 zu dieser Stelle) findet dies zwar auffallend, „cum hujusmodi

---

[135]) Vgl. controversiae semicent. I controv. 44 Nr. 2 Ziff. 4. Trotz dieser strengen Auffassung scheint auch zu Schmids Zeiten der außereheliche Geschlechtsverkehr in üppigster Blüte gestanden zu sein; er klagt nämlich (Note 90 zu Tit. 1 Art. 1), daß auf seinem Landgut seit 12 Jahren kaum eine Ehe geschlossen worden sei, ohne daß die Braut bereits ihre jungfräuliche Ehre verloren gehabt hätte.

homines patiantur ex aliena et non ex propria culpa", beruhigt sich aber damit, daß die Anrüchigkeit dieser Personen außer Zweifel stehe [136]).

Bezüglich der Alimentationsansprüche des unehelichen Kindes enthält das Gesetz keine ausdrückliche Vorschrift; aus den erwähnten Bestimmungen des Tit. 39 und Schmid, Note 2 zu Tit. 39 Art. 2 ergibt sich aber, daß in dieser Beziehung die Grundsätze des gemeinen Rechts maßgebend sein sollten, das ja in Tit. 49 Art. 4 überhaupt als subsidiär zur Anwendung zu bringendes Recht erklärt ist.

---

[136]) Vgl. controv. semicent. I controv. 44 Nr. 2 Ziff. 8, ferner Schmid Comm. zum summarisch und Gandt-Prozeß Tit. 7 Art. 19 und Appendix controv. V zu dieser Stelle, woselbst der Uneheliche auch für unfähig zur Leistung des jusjurandum suppletorium erklärt wird.

II. Teil.

Das bayrische Landrecht von 1756.

1. Eheliche und uneheliche Vaterschaft, Begriff des unehelichen Kindes, Vaterschaftsklage und Einwendungen gegen dieselbe.

Auch das bayrische Landrecht erleichtert den Beweis der Vaterschaft[137]) durch verschiedene Präsumtionen. Es bestimmt nämlich im Teil I Kap. 3 § 2 Ziff. 6: „Eheliche Geburten werden allein für echt und rechtmäßig, alle übrigen aber für unecht geachtet.“ Nach Ziff. 9 zählt man den Unehelichen bei, „welche die Frau nicht in rechter Zeit, sondern von dem Tag an, da ihr

[137]) Über den Beweis der Mutterschaft s. Tl. 1 Kap. 4 § 9 Z. 6: „obwohl die Mutter an sich selbst den Rechten nach für gewiß geachtet wird, so muß doch auf allenfallsigen Widerspruch die Geburt und wirkliche Niederkunft bewiesen sein, sofern man nicht durch die possessionem filiationis von dieser Probe befreit ist, denn in diesem Fall liegt demjenigen, welcher die Geburt widerspricht, der rechtliche Beweis ob, daß das angegebene Kind unterschoben, oder von einer anderen Mutter sei.“ (Vgl. Kreittmayrs Annot. zu dieser Stelle.)

Mann stirbt, oder derselben sonst nachweislichermaßen nicht mehr beiwohnt, erst über den Anfang des 11. Monats, das ist nach dem 302. Tag gebärt, und die nämliche Beschaffenheit hat es mit der Geburt, welche vor rechter Zeit und zwar vor Anfang des siebenten Monats, das ist vor dem 182. Tag, von Zeit der Copulation an gerechnet, zur Welt kommt, welches alles sich jedoch nur von ordinari[138]) und solchen Geburten versteht, die nichts außerordentliches gegen den Lauf der Natur an sich haben, denn bei diesen wird eben auf keine gewisse Zeit gesehen."

Hieraus folgt, daß das bayrische Landrecht wie das gemeine Recht nicht nur Geschlechtsverkehr unter den Ehegatten während der ganzen Dauer der Ehe, sondern auch Ausschließlichkeit desselben seitens der Ehefrau präsumiert, daß also, um darzuthun, daß jemand der eheliche Vater eines bestimmten Kindes sei, der Nachweis genügt, daß die Mutter mit diesem Manne innerhalb des Zeitraums vom 302.—182. Tag vor der Geburt des Kindes verheiratet war. Es ist zwar „ad legitimitatem nicht genug" (Kreittmayr, Annot. zu Tl. 1 Kap. 3 § 2 Ziff. 9 u. 10), „in der Ehe geboren zu sein, sondern es muß solches auch in rechter Zeit geschehen", aber „sobald die Ehe einmal dargethan ist,

---

[138]) Über den Begriff der ordinari Geburt s. Bl. f. R.A. Bd. 59 S. 130; über die Berechnung der kritischen Zeit und die Gründe der Abweichung vom gemeinen Recht s. Bl. f. R.A. Bd. 30 S. 257 ff., 273 ff., Urt. d. O.A.G. München v. 27. Jan. 1872 (Samml. Bd. I S. 478, Bl. f. R.A. Bd. 37 S. 80).

wird die Rechtmäßigkeit der hierin erzeugten Kinder ohne weitere Probe präsumiert" (Annot. zu Tl. I Kap. 4 § 9 Ziff. 2). Unehelich ist daher nach bayrischem Landrecht ein Kind, dessen Mutter während der Zeit vom 302.—182. Tag vor seiner Geburt unverehelicht war oder in ungültiger Ehe lebte.

Findelkinder werden nach Ziff. 7 im Zweifel für ehelich gehalten, ebenso (Ziff. 8) Kinder aus Putativehen, d. h. aus ungültigen Ehen, bei deren Eingehung wenigstens einer der Gatten in gutem Glauben war; doch gilt dies nur, soweit der Vorteil der Kinder und des unschuldigen Teils in Frage kommt[139]).

An anderer Stelle (Teil I Kap. 4 § 9 Ziff. 2) wiederholt der Gesetzgeber, daß die von einer Ehefrau in rechter Zeit gebornen Kinder allemal dem Ehemann beigemessen werden, außer wenn das Widerspiel durch augenscheinliche Proben vollkommen dargelegt ist[140]).

---

[139]) Daher sind Kinder aus Putativehen auch nicht von der Lehensfolge ausgeschlossen (Kreittmayr, Annot. Bd. V Kap. 18 § 46 Ziff. 4 litt. e). In der gleichen Begrenzung stehen nach Kreittmayr (Annot. zu Teil I Kap. 3 § 2 Ziff. 8) Kinder, die aus einem gewaltsamen Beischlaf stammen, den ehelichen gleich. Dagegen sind Brautkinder nicht als echt anzusehen (Kreittmayr, Annot. zu Tl. I Kap. 3 § 2 Ziff. 6, Urt. d. O.A.G. München v. 21. Juni 1875, Samml. Bd. V S. 564, Bl. f. R.A. Bd. 40 S. 320). Über Kinder aus Mißheiraten s. Kreittmayr, Annot. zu Tl. I Kap. 6 § 45 Ziff. 3.

[140]) Es kann also auch von einem in der Ehe concipierten Kinde gegen einen Dritten die Vaterschaftsklage erhoben werden, falls durch augenscheinliche Proben dargethan wird, daß dieser

In Ziff. 3 wird die Präsumtion der Kausalität des ehelichen Beischlafs aufgestellt, indem Ehebruch der Mutter als für die Frage der Legitimität des Kindes unerheblich bezeichnet wird. Sodann wird unter Ziffer 4 der Beweis der unehelichen Vaterschaft dahin geregelt, daß derjenige als Vater erklärt wird, von dem auf Grund Geständnisses oder Beweises feststeht, daß er mit der Mutter geschlechtlich verkehrt hat. Wie sich aus dem ganzen Zusammenhang ergibt, ist auch hier „in rechter Zeit" zu ergänzen; es ist daher nicht Gesetzesinterpretation, sondern Wortklauberei, wenn Hofinger (Ansichten über das Rechtliche bei außerehelichen Schwängerungen S. 8 ff.) aus dem Fehlen dieser Worte im Text des Gesetzes den Schluß zieht, es müsse auch der als Kindsvater erklärt werden, der zwanzig Jahre oder drei Wochen vor der Geburt des Kindes mit der Mutter geschlechtlich verkehrt habe.

Die Bemerkung Kreittmayrs (Annot. zu Tl. I Kap. 4 § 9 Z. 4), es sei nicht nötig, daß die Niederkunft mit der Zeit des Beischlafs „gar genau zusammentreffe", ist wohl nichts als ein (allerdings höchst überflüssiger) Hinweis auf den ziemlich erheblichen Umfang der kritischen Zeit [141]).

---

und nicht der Ehemann der Vater ist. Über die Art dieses Beweises s. Bl. f. R.A. Bd. 59 S. 98 ff.

[141]) Der Beweis, daß ein uneheliches Kind einem außerhalb der Grenze der kritischen Zeit vollzogenen Beischlaf entstamme, wird aus den gleichen Gründen wie bezüglich der ehelichen Kinder für zulässig erklärt werden müssen, vergl. Bl. f. R.A. Bd. 59 S. 103 und oben S. 29ff.

Gleich dem gemeinen Recht fordert also auch das bayrische Landrecht zur Feststellung der unehelichen Vaterschaft nicht den Nachweis, daß der Kindsmutter innerhalb der kritischen Zeit andere Männer nicht beigewohnt haben, sondern ersetzt den Beweis dieser Thatsache durch Präsumtion [142]). Die Vaterschaftsklage kann auch nach bayrischem Landrecht getrennt von der Alimentationsklage erhoben werden; zur Anstellung derselben ist natürlich auch der Vater berechtigt; beiderseits ist sie in positiver und negativer Form möglich [143]). In allen diesen Formen erscheint sie als quaestio de statu familiae gemäß Teil I Kap. 4 § 9 und unterliegt daher den Vorschriften von Teil I Kap. 3 § 4, wonach die Klage nicht länger als fünf Jahre nach dem Tod dessen, dem quaestio status gemacht wird, angestellt werden kann, außer wenn sie schon vor dessen Tod angebracht worden, oder wenn es sich mehr um Verbesserung als Verschlimmerung des in Lebzeiten geführten Standes handelt, und daß der angebliche Stand von dem, der sich darauf beruft, erwiesen werden muß, falls er nicht eine Präsumtion für sich hat, oder in possessione prae-

---

[142]) Die Vorschriften in Teil I Kap. 4 § 9 Z. 5 und 7 sind durch § 259 der Civilprozeßordnung und § 14 des Einführungsgesetzes zur C.P.O. außer Kraft gesetzt. Auch die Bestimmung in Ziff. 8, daß bei Verbindung der Status- und Alimentationsklage einstweilen provisorio modo auf die Alimente gesprochen werden solle, muß wohl als antiquiert bezeichnet werden.

[143]) Auch der Mutter wird sie ausdrücklich eingeräumt durch die Urteile des O.A.G. München vom 13. April 1824 und vom 5. Mai 1855 (Bl. f. R.A. Bd. 21 S. 29).

tensi status ist. Als Feststellungsklage erfordert sie natürlich die Voraussetzungen des § 231 der C.P.O.

Wie nach gemeinem Recht, so kann auch nach bayrischem Landrecht der Vaterschaftsklage auf doppeltem Wege begegnet werden, einmal durch den Nachweis, daß der zugestandene oder bewiesene Beischlafsakt des angeblichen Vaters für die Geburt des Kindes nicht kausal gewesen sein konnte, sodann durch die Widerlegung der Präsumtion der Ausschließlichkeit des Geschlechtsverkehrs der Mutter während der kritischen Zeit, d. h. durch die Einrede der mehreren Beihälter. Das Gesetz erklärt nämlich (Teil I Kap. 4 § 9 Z. 4), daß, wer mit der Kindsmutter innerhalb der kritischen Zeit den Beischlaf vollzogen hat, so lange für den Vater geachtet wird, „bis er das Gegenteil darthun oder wenigstens so viel zeigen kann, daß die Mutter auch Anderen in Unehren fleischlich beigehalten habe, welch letzterenfalls derselbe .... von der Paternität losgesprochen wird.“

Da sich der Gesetzgeber über die Arten des Gegenbeweises in der ersteren Richtung nicht äußert, so muß jeder Weg, auf dem vollkommene richterliche Überzeugung hergestellt werden kann, als zulässig erachtet werden [144]. Nur die Argumentation aus dem Reifegrad des Kindes muß aus den gleichen Gründen wie bezüglich der ehe-

---

[144]) Über die einzelnen Formen dieses Beweises s. Bl. f. R.A. Bd. 59 S. 128 ff. und oben S. 31. Auf dem Wege der Buchstabeninterpretation kommt zu gegenteiligem Resultat Hofinger (l. c. S. 21 ff.).

lichen Kinder auch hier als ausgeschlossen gelten[145]). Daß die Einrede der mehreren Beihälter die Klage auf Anerkennung der Vaterschaft zerstört, ist auch für das Gebiet des bayrischen Landrechts anerkannt. Für die Entscheidung der Frage nach der Wirksamkeit der Einwendung, ein Anderer habe die Vaterschaft bereits anerkannt oder sei hiezu rechtskräftig verurteilt worden, oder der angebliche Vater sei zur Zeit des kausalen Beischlafs unzurechnungsfähig gewesen, gilt das oben bezüglich des gemeinen Rechts Bemerkte.

2. Arten der unehelichen Kinder.

In genauem, fast wörtlichem Anschluß an das Landrecht von 1616 unterscheidet das bayrische Landrecht drei Arten von unehelichen Kindern, nämlich:

1. naturales illegitimi, welche von zwei ledigen Personen erzeugt sind, die zur Zeit der Erzeugung einander hätten heiraten können,

2. spurii und vulgo quaesiti, welche zwar von zwei ledigen und solchen Personen, die damals einander hätten heiraten mögen, jedoch von einer in offener und gemeiner Unzucht lebenden Mutter erzeugt sind,

3. illegitimi ex damnato coitu, das ist von solchen Personen erzeugte Kinder, welche zur Zeit verübter Leichtfertigkeit nicht einander heiraten können (Tl. I Kap. 3 § 2 Z. 6).

Bezüglich der ersten Klasse bemerkt Kreittmayr,

---

[145]) S. Bl. f. R.A. Bd. 59 S. 36, 84, 130 u. oben S. 32.

die Worte „zur Zeit der Erzeugung“ würden hier „in einer gewissen latitudine“ genommen, so daß man bald tempus conceptionis, bald nativitatis, bald auch intermedium darunter verstehe, worinfalls man sich nach dem reguliere, was dem Kind am gedeihlichsten sein mag.

Dem klaren Wortlaut des Textes gegenüber, wonach für die Frage, ob sich die Eltern hätten heiraten können, lediglich der Zeitpunkt des Beischlafs entscheidend sein soll, kann aber diese Ansicht des Comentators nicht in Betracht kommen, umsoweniger, als die von ihm zur Unterstützung citierten Stellen des römischen Rechts keineswegs für seine Anschauung beweisen und auch das alte Landrecht, dem der Gesetzgeber sich hier völlig angeschlossen hat, den Zeitpunkt der „verübten Leichtfertigkeit“ für maßgebend erklärt.

Für die Frage, ob sich die Eltern hätten heiraten können, ist gegenwärtig das Reichsgesetz v. 6. Febr. 1875 § 33 ff. maßgebend.

Zwischen den unehelichen Kindern der 1. und 2. Klasse besteht nach Kreittmayr (der in diesem Punkte Stryk beipflichtet), seitdem der Konkubinat und alle leichtfertigen Beiwohnungen verboten sind, kein rechter Unterschied mehr, „außer daß bei naturalibus obschon nicht legaliter, doch wenigstens naturaliter de patre constiert“ [146]). Zur Kategorie der Kinder ex damnato

---

[146]) Kreittmayr, Annot. zu Tl. III Kap. 3 § 13 Ziff. 1 litt. c, Kap. 12 § 2 Ziff. 6 litt. e; doch ist die legitimatio per subsequens matrimonium nur bei naturales, nicht bei spurii zulässig. (Vgl. Michael v. Gäßler, Frauenrecht, Passau 1846 S. 23).

coitu gehören nach Kreittmayr solche, die in Ehebruch, Blutschande, von einer geistlichen Person oder ex coitu Christianorum cum Judaeis vel infidelibus erzeugt sind. Die Letzteren sind mit dem bayr. Gesetz vom 29. Juni 1851 (die bürgerl. Rechte der israel. Glaubensgenossen betr.), jedenfalls aber mit dem Reichsgesetz vom 3. Juli 1869 aus der Klasse der Kinder ex damnato coitu zweifellos ausgeschieden.

3. Terminologie des Gesetzes.

Die offenbar dem Naturrecht entlehnte Anschauung, daß eigentlich zwischen ehelichen und unehelichen Kindern gar kein Unterschied sei[147]), deren Anklänge uns schon in den Anmerkungen des Baron Schmid zum alten Landrecht begegnet sind, kehrt auch bei Kreittmayr wieder. So citiert er (Annot. zu Tl. I Kap. 3 § 2 Ziff. 6) ohne Widerspruch die Meinung des Titius, daß „nach der Moralität und dem Recht der Natur" zwischen legitimis und illegitimis kein Unterschied bestehe, denn „obschon jus naturae eben nicht jede Gattung von Propagation zu billigen scheine, so sehe man doch nicht, was die unschuldigen Kinder hierum zu entgelten haben sollten." Auch in Note 1 zu Tl. I Kap. 5 § 8 hebt er hervor, daß das jus naturae zwischen ehelichen und unehelichen Kindern keinen Unterschied kenne.

---

[147]) Vgl. z. B. Chr. de Wolff, instit. juris naturae et gentium, Halle 1750, § 883: „naturalis cognatio eadem est, sive quis ex matrimonis fuerit natus, sive ex concubitu quocunque illicito."

Dieser naturrechtlichen Auffassung entspricht die Bestimmung in Tl. I Kap. 4 § 3 Ziff. 4, daß unter den Kindern nach der Ausdrucksweise des Gesetzes sowohl solche von ehelicher als unehelicher Geburt gemeiniglich verstanden seien, soweit nicht etwa durch Spezialverordnungen ein gewisses Ziel hierin gesetzt sei [148]).

Eine derartige Spezialverordnung enthält z. B. Tl. III Kap. 8 § 16 Ziff. 3, wonach die Vorschrift, daß Schenkungen wieder aufgehoben werden, wenn der Schenker später Kinder bekommt, sich nur auf eheliche oder durch nachfolgende Ehe legitimierte Kinder bezieht, ferner Tl. III Kap. 4 § 8 und 9, welchen Stellen zufolge das testamentum und die divisio parentum inter liberos nur „eheleiblichen" Kindern und Descendenten gegenüber statthaft ist, endlich Tl. IV Kap. 5 § 3 Ziff. 8, wonach der retractus consanguinitatis nur auf die „Freundschaft aus ehelicher Geburt" Anwendung findet, welche letztere Bestimmung mit der Aufhebung des gesetzlichen Retracts durch den Landtagsabschied vom 10. November 1861 (G.Bl. 1861 S. 77) ihre praktische Bedeutung verloren hat.

---

[148]) Dem widerspricht freilich einigermaßen die Bemerkung Kreittmayrs (Annot. z. Tl. III Kap. 3 § 10 Z. 12 litt. f), daß die Bedingung: „wenn Titius keine Kinder hinterläßt", auch erfüllt sei, wenn er nur uneheliche hinterlassen habe. Ein in der Sammlung von Duprel Bd. III S. 129 ff. erwähntes Urteil des O.A.G. München v. 5. Juni 1828 hat dagegen ausgesprochen, daß der Ausdruck „Leibeserben" eheliche und uneheliche Kinder umfasse, wenn auch in der Regel nur die ersteren damit gemeint seien.

Indessen kann auch ohne eine solche Spezialverordnung der vom Gesetz gebrauchte Ausdruck „Kinder" mehrfach nur von ehelichen Kindern verstanden werden. So unterliegt es keinem Zweifel, daß die in Tl. I Kap. 6 § 47 zu Gunsten der Kinder eines parens binubus getroffenen Anordnungen nur für eheliche Kinder gelten [149]), daß mit der Vielheit der Kinder, die nach Tl. I Kap. 7 § 21 zur Ablehnung der Vormundschaft berechtigt, nur eine Vielheit ehelicher Kinder gemeint ist, [150]) und daß nur ehelichen Kindern die für Heirat ohne Zustimmung der Eltern festgesetzten Nachteile angedroht sind [151]).

4. Verwandtschaft, Name, Stand, Religion.

Eine weitere Folge der soeben erwähnten naturrechtlichen Anschauung ist die Thatsache, daß das bayrische Landrecht auch zwischen unehelichen Kindern und Eltern, und zwar auch zwischen Kind und Vater, Verwandtschaft als vorhanden anerkennt. Kreittmayr bemerkt in dieser Beziehung (Annot. zu Tl. I Kap. 4 § 5

---

[149]) Gäßler, Frauenrecht § 158.

[150]) Kreittmayr, Annot. zu Tl. I Kap. 7 § 21 Ziff. 2 vgl. o. S. 93.

[151]) In dieser Beziehung sind jetzt die §§ 29, 30, 36 Abs. 1 des Reichsges. v. 6. Febr. 1875 maßgebend, wonach uneheliche Kinder zur Eheschließung bis zum 21. Lebensjahr der Einwilligung des Vormunds, und außerdem uneheliche Söhne bis zum 25., uneheliche Töchter bis zum 24. Lebensjahr der Zustimmung der Mutter bedürfen. Vgl. Sicherer, Personenstand und Eheschließung S. 153ff.

Ziff. 1): „Die Sipp- oder Blutsverwandtschaft wird in die natürliche, geistliche und bürgerliche geteilt. Die erstere . . subdividiert man in legitimam und illegitimam und verstehet unter der letzteren jene, welche aus unehelichem Beischlaf kommt. Bei Beiden kann stipes communis sowohl in Weibs- als Mannsleuten bestehen". (Die cognatio spiritualis entspringt nach Ziff. 14 aus der Taufe oder Firmung, die cognatio civilis aus der Arrogation) Bezüglich der Schwägerschaft wird im Gesetz selbst (Tl. I Kap. 4 § 6 Ziff. 9) erwähnt, daß dieselbe sich auf jene bezieht, welche entweder in Ehren oder Unehren fleischlich einander beigewohnt haben.

Die Vorschrift in Tl. I Kap. 6 § 9, wonach die Ehe verboten ist zwischen Blutsverwandten in auf- und absteigender Linie unbeschränkt, in der Seitenlinie bis zum vierten Grad („ohne Unterschied, ob die Verwandtschaft ex copula licita vel illicita herrührt", Kreittmayr Ziff. 1), zwischen Verschwägerten bis zum vierten Grad, wenn aber die Schwägerschaft auf unehelichen Beischlaf beruht, bis zum zweiten Grad, ist ersetzt durch § 33 des Reichsges. v. 6. Febr. 1875, wonach die Ehe verboten ist zwischen Verwandten in auf- und absteigender Linie, zwischen voll- und halbbürtigen Geschwistern, zwischen Stiefeltern und Stiefkindern, Schwiegereltern und Schwiegerkindern jeden Grades, ohne Unterschied, ob das Verwandtschafts- oder Schwägerschaftsverhältnis auf ehelicher oder unehelicher Geburt beruht[152]).

---

[152]) Vgl. hiezu § 173 Reichsstrafgesetzb., J. Olshausen, Commentar 2. Aufl. Note 2 zu § 173 und die dort citierten Er-

Eine ausdrückliche Norm darüber, wie es mit Name, Stand und Religion des unehelichen Kindes zu halten sei, ist aus dem Gesetz selbst nicht zu entnehmen; aus den Annotationen Kreittmayrs aber (zu Tl. I Kap. 4 § 3 Ziff. 5: „Soviel den Titul, Namen, Wappen und Geschlechtswürde anlangt, folgen die ehelichen Kinder hierin allzeit dem Vater, nicht aber der Mutter“ und zu Tl. V Kap. 22 § 6 litt. a: „auf uneheliche Kinder wird der Adelstand der Eltern nicht fortgepflanzt, denn man rechnet sie nicht mehr zum Geschlecht derselben und es dürfen dergleichen Kinder weder den Namen noch das Wappen ihrer Eltern führen;

---

kenntnisse, insbesondere Urt. d. Reichsg. v. 21. Sept. 1880 (Entsch. in Straff. Bd. II S. 239), welches aus § 33 d. Reichsges. v. 6. Febr. 1875 für die Terminologie der Reichsgesetze folgert, daß unter Verwandtschaft auch die außereheliche Blutsverwandtschaft zu verstehen sei (vgl. E. Löwe, Commentar zur Reichsstrafprozeßordnung Note 7 zu § 51 und die dort aufgeführten Urteile des Reichsgerichts, L. Seuffert, Commentar zur Reichscivilprozeßordnung Note 4 zu § 348; dieß gilt wohl auch für § 37 des Reichsges. v. 6. Febr. 1875). In einem ausführlich begründeten Urteil (v. 7. Dez. 1885, Entsch. in Straff. Bd. XIII S. 129) hat das Reichsgericht die Existenz eines „familienrechtlichen Verhältnisses“ zwischen dem unehelichen Kind und seinem Erzeuger nach bayrischem Landrecht anerkannt, während ein Urteil d. O.A.G. München v. 29. Okt. 1872 (Samml. Bd. II S. 555) es dahingestellt läßt, ob vom Vater anerkannte uneheliche Kinder zur Familie desselben gehören. Für das preußische Landrecht hat ein Urt. d. O.A.G. München v. 16. März 1874 (Samml. Bd. IV S. 677) das Bestehen von Verwandtschaft zwischen unehelichen Eltern und Kindern trotz des in § 639 II, 2 preuß. Landr. statuierten Ausschlusses der letzteren aus der elterlichen Familie angenommen.

was man ihnen auch immer davon gestattet, das geschieht auf unvollkommene oder verkehrte Art, z. B. das Wappen mit einem Querbalken“ s. auch litt. c. e. f.) ergibt sich, daß man es in dieser Beziehung bei den gemeinrechtlichen Sätzen belassen wollte. Wir können daher bezüglich dieser Punkte, insbesondere auch, was die spätere Rechtsentwicklung anlangt, auf das oben S. 62 ff. Bemerkte verweisen[153]).

5. Patria potestas naturalis und civilis, Erziehungsrecht, Vormundschaft.

Das fünfte Kapitel des 1. Teils des bayrischen Landrechts handelt von der väterlichen Gewalt. Im § 1 wird dieselbe definiert als eine Herrschaft, welche der Vater über die Kinder den Rechten gemäß auszuüben hat“; weiter wird ausgeführt, daß sie nur dem Vater, nicht aber der Mutter oder anderen gebühre, und daß sie nicht nur durch die Ehe, sondern auch in gewissem Maß durch die Legitimation oder Adoption erlangt werde. Hiezu bemerkt Kreittmayr, daß die väterliche Gewalt nach dem natürlichen Recht ganz anders als nach dem bürgerlichen aussehe und sich daher füglich in potestatem naturalem und civilem abteilen lasse. (Gegen die Vermischung dieser beiden Formen protestiert er auch in Annot. zu Tl. I Kap. 4 § 3 Ziff. 5). Die erstere, welche nur aus den in Kap. 4 § 3 erwähnten officiis parentum communibus bestehe,

[153]) Über die Wirkung der Legitimation in dieser Beziehung s. u.

gebühre vorzüglich dem Vater, nach ihm der Mutter und endlich auch den übrigen Ascendenten sowohl väterlicher als mütterlicher Seite, die letztere dagegen nur dem Vater.

Da nun in Ziff. 4 dieses § 3 ausdrücklich gesagt ist, daß mangels gegenteiliger Spezialverordnung unter den Kindern auch die unehelichen verstanden sein sollen, da ferner Kreittmayr in Annot. zu Tl. I Kap. 5 § 1 sich dahin äußert, daß die potestas patria naturalis durch die Generation, civilis dagegen durch Ehe, Legitimation oder Adoption erlangt werde, weßhalb die uneheliche Erzeugung kein modus aequirendi patriam potestatem civilem sei, so folgt, daß die patria potestas naturalis mit ihren Rechtswirkungen auch unehelichen Kindern gegenüber Platz greift[154]), freilich mit gewissen aus der Natur der Sache sich ergebenden Einschränkungen.

Der Inhalt dieser patria potestas naturalis ist nach dem erwähnten § 3 folgender: Die Eltern sollen ihre Kinder christlich und ehrlich zum Dienste Gottes und des gemeinen Wesens erziehen, haben zu diesem Zweck das Recht, Zwang und Züchtigung mit

[154]) Ebenso Kreittmayr, Annot. zu Tl. I Kap. 4 § 9 Ziff. 4 („bei Unehelichen kann die Agnition mehr nicht als die im § 3 bemerkten officia parentum vel liberorum communia et naturalia, nicht aber die im Kap. 5 vorkommenden jura potestatis patriae civilis bewirken"). Ausdrücklich anerkannt ist dies durch Urt. d. O.A.G. München v. 10. Okt. 1861 (Bl. f. R.A. Bd. 28 S. 303), mit Unrecht dagegen Roth, bayr. Civilr. Bd. I S. 470 Note 1.

Vernunft und Mäßigkeit zu gebrauchen, dürfen sie, wenn sie entlaufen oder widerrechtlich zurückbehalten werden, zurückfordern und haben Anspruch auf Schadensersatz gegen die boshaften Verführer. Hingegen sind die Kinder ihren Eltern Gehorsam, Ehrfurcht und Dankbarkeit schuldig, und, solange sie von ihnen unterhalten werden, auch zu gewöhnlicher und anständiger Dienstleistung verbunden, ohne dafür (abgesehen von besonderer Vereinbarung) eine Belohnung beanspruchen zu können.

All dies findet prinzipiell auch auf uneheliche Kinder Anwendung. Das mit der Erziehungspflicht korrespondierende Recht auf Erziehung findet aber minderjährigen unehelichen Kindern gegenüber seine Grenze in den Befugnissen der Vormundschaft. Da nämlich das Recht, über die Erziehung ehelicher unter Kuratel stehender Kinder Bestimmung zu treffen, nach Tl. I Kap. 7 § 11 Ziff. 3 zweifellos dem Vormund zusteht, der es nur der Mutter überlassen kann[155]), so muß in analoger Anwendung dieser Stelle behauptet werden, daß auch über die Erziehung unehelicher Kinder der Vormund (unter Oberaufsicht der Obervormundschaftsbehörde) das entscheidende Wort zu sprechen hat[156]).

Außer Zweifel steht, daß, wie nach gemeinem

[155]) Vgl. Kreittmayr zu dieser Stelle, woselbst das jus educationis als „Ausfluß des Vormundschaftsrechts" bezeichnet wird.

[156]) So auch die konstante Praxis des höchsten bayrischen Gerichtshofs, s. Entsch. v. 31. Jan. 1871, 5. Juli 1886, 9. Aug. 1893, 3. u. 20. März 1894 (Bl. f. R.A. Bd. 36 S. 255, Bd. 52 S. 49, Bd. 58 S. 378, Bd. 59 S. 349 u. 350).

Recht, so auch nach bayrischem Landrecht der Vormund und nur er gesetzlicher Vertreter des unehelichen Kindes (insbesondere im Sinne des § 50 der Reichscivilprozeßordnung und des § 65 der Reichsstrafprozeßordnung) ist. Entgegen dieser Anschauung hat das Reichsgericht mit Urteil vom 5. Februar 1891 (Entschl. in Straff. Bd. XXI S. 314) ausgesprochen, daß nach bayrischem Landrecht auch die Mutter befugt sei, für ihr uneheliches Kind als dessen gesetzliche Vertreterin Strafantrag zu stellen; das Landrecht gehöre zu den Statuten, die eine mütterliche Gewalt kennen, welche neben den Rechten des Vormunds fortbestehe und rechtliche Folgen nach sich ziehe, insbesondere die, daß, wo es sich um das geistige oder leibliche Wohl des Kindes handle, auch die Mutter, zumal in Ermangelung eines Vaters, als gesetzliche Vertreterin des Kindes erscheine, während dem Vormund mehr (?) die vermögensrechtliche Vertretung des Minderjährigen obliege, ohne daß er durch die Mutter von der persönlichen Obsorge und gesetzlichen Vertretung ausgeschlossen wäre; nachdem nun die uneheliche Mutter einer Beschränkung durch die väterliche Gewalt nicht unterliege, der ehelichen aber in ihren Rechten völlig gleichstehe (??), könne ihr auch das Recht der gesetzlichen Vertretung in Beziehung auf persönliche Angelegenheiten ihres Descendenten nicht abgesprochen werden.

Die Konsequenz dieser unhaltbaren offenbar auf mißverständlicher Auffassung der patria potestas naturalis beruhenden Ansicht wäre, daß auch der uneheliche Vater (dem ja auch die patria potestas naturalis zusteht,) als zur Strafantragstellung für das Kind legitimiert erachtet werden mußte.[157])

Die patria potestas civilis wird, wie erwähnt, nur durch Ehe, Legitimation oder Adoption erlangt, findet also auf nicht legitimierte uneheliche Kinder keine Anwendung. Demgemäß sind dieselben von Geburt ab sui juris und stehen von diesem Zeitpunkt an bis zur Großjährigkeit unter Vormundschaft (Wagner, Handb. d. freiw. Rechtspfl. S. 194 Note 9). Unanwendbar auf uneheliche Kinder sind aus dem gleichen Grunde die gesetzlichen Bestimmungen über Pekulien (Tl. I Kap. 5 § 3—6), Emanzipation (§ 7), Pupillarsubstitution (Tl. III Kap. 3 § 20 pr.)[158]), über die exceptio Senatusconsulti Macedoniani (Tl. IV Kap. 2 § 4 pr.), über die Dotationspflicht des Vaters (Tl. I Kap. 6 § 13 Ziff. 4)[159]), sowie die Vorschrift, daß der Vater

[157]) Im Gegensatz zu dem erwähnten Urteil erklärt das Urt. d. Reichsger. v. 5. Jan. 1882 (Rechtspr. Bd. IV S. 17) den Vormund auch in Beziehung auf Strafantragstellung als gesetzlichen Vertreter des unehelichen Kindes nach bayrischem Landrecht.

[158]) „Eltern unehelicher Kinder können sich mit der clausula codicillari soweit helfen, daß die Pupillarsubstitution wenigstens in vim fidelcommissi quo ad bona a testatore profecta gelten mag" (Kreittmayr, Annot. zu dieser Stelle).

[159]) Vgl. Kreittmayr, Annot. zu § 13 Ziff. 2: Uneheliche Kinder stehen nicht sub patria potestate und können also keine dotem fordern, außer soweit sie loco alimentorum ist, denn diese letzteren ist man auch unehelichen Kindern schuldig", vgl. Annot. zu Tl. III Kap. 3 § 13 Ziff. 2: „wie nun dos loco alimentorum ist, so folgt von selbst, daß auch die Töchter ex damnato coitu saltem modice vom Vater dotiert werden müssen."

dem Kinde letztwillig Vormünder verordnen kann (Tl. I Kap. 7 § 5 Ziff. 2, außer, wenn er ihm etwas hinterläßt, § 2 a. a. O.); endlich sind gemäß Tl. III Kap. 3 § 3 Ziff. 3 uneheliche Kinder, sobald sie 14 Jahre alt sind, weil nicht unter väterlicher Gewalt stehend, testierfähig.

Die Frage, wer zur Vormundschaft über ein uneheliches Kind berufen ist, findet im Gesetz keine Beantwortung. Nach Tl. I Kap. 7 § 6 fällt die Vormundschaft auf des Pupillen nächste Verwandte, und zwar vorzüglich auf den Vater, soweit die Kinder nicht mehr unter seiner väterlichen Gewalt stehen, sodann auf die Mutter, hernach auf die Großeltern, endlich auf die Seitenverwandten nach der Successionsordnung. Die anologe Anwendung dieser zweifellos zunächst für eheliche Kinder gegebenen Vorschrift auf uneheliche verbreitet sich schon im Hinblick auf die zwischen dem unehelichen Vater und Kind in der Regel bestehende Interessenkollision. Eines offenbaren Widerspruchs macht sich Kreittmayr schuldig, wenn er (Annot. zu Tl. I Kap. 7 § 6 Ziff. 1) sagt: „Blutsverwandte ex copula illicita haben nur soweit ein Recht zur Vormundschaft, als sie successionsfähig sind“ (wonach der uneheliche Vater ausgeschlossen wäre), während er wenige Zeilen später als Voraussetzung der väterlichen Vormundschaft bezeichnet, daß die Kinder entweder propter illegitimitatem oder emancipationem nicht sub potestate patria stehen (wonach die Vormundschaft des unehelichen Vaters die Regel bilden würde).

Die uneheliche Mutter und deren (eheliche oder uneheliche) Mutter muß prinzipiell als zur Übernahme der Vormundschaft geeignet erachtet werden. Freilich gilt auch für sie die Einschränkung des § 6 Ziff. 7, daß der Mutter und Großmutter, wenn sie durch väterliche Disposition zur Vormundschaft bestimmt ist, zwei Beiständer, außerdem aber zwei Mitvormünder beizugeben sind. Wegen der hiemit verknüpften Weitwendigkeiten pflegt die Praxis von der Aufstellung der Mutter als Vormünderin Umgang zu nehmen und, wenn möglich, einen tauglichen Mann aus der mütterlichen Familie mit dieser Funktion zu betrauen (vgl. Wagner, Handb. d. freiw. Rechtspfl. S. 203 Note 2).

6. Legitimation.

Auch das bayrische Landrecht kennt zwei Wege zur Verschaffung der väterlichen Gewalt über uneheliche Kinder, Legitimation und Adoption. Es unterscheidet wie das römische Recht die Legitimation durch landesherrliche Verordnung und durch die von dem Vater mit des unehelichen Kindes leiblicher Mutter beschehene Verehelichung (Tl. I Kap. 5 § 8). Zu der letzteren wird erfordert eine gültige und rechtsbeständige Ehe und Einwilligung des zu legitimierenden Kindes, die aber bis zum Beweis des Gegenteils vermutet wird. Im Gegensatz zum gemeinen Recht, welches, wie erwähnt, diese Form der Legitimation bei allen unehelichen Kindern zuläßt, gestattet sie aber das Landrecht nur bei liberi naturales, nicht bei spurii und Kindern ex damnato coitu.[160])

Die Wirkung dieser Art der Legitimation besteht darin, daß das uneheliche Kind in jeder Beziehung die rechtliche Stellung eines ehelichen erhält und zwar mit rückwirkender Kraft von der Zeit seiner Geburt an (§ 8 Ziff. 4 u. 5).[161]) Diese Gleichstellung ist wiederholt im Text des Gesetzes ausgesprochen (Tl. III Kap. 3 § 13 Z. 4, § 14 Z. 2, § 25 Z. 2, Kap. 8 § 16 Z. 3, Kap. 11 § 8 Z. 10, Kap. 12 § 2 Z. 9, § 4 Z. 9), gilt aber überhaupt, wo keine besondere Ausnahme gemacht ist. Eine solche Ausnahme — die einzige des Gesetzes — findet sich im Tl. III Kap. 10 § 9 Ziff. 7, wonach legitimati per subsequens matrimonium den ex matrimonio intermedio gebornen in primogenitura vel majoratu ausweichen müssen, und zwar, weil

---

[160]) Auch hier behauptet Kreittmayr im Widerspruch mit dem unzweideutigen Wortlaut des Gesetzes, daß man bezüglich der Frage, ob sich die Eltern hätten heirathen können, auf die Zeit der Konzeption, Geburt oder die dazwischen liegende Zeit sehe, je nachdem das eine oder das andere dem Kinde vorteilhafter sei (s. o. S. 101 u. 102). Wenn zur Zeit der Erzeugung ein dispensables Ehehindernis bestand und später nach Wegfall desselben (z. B. des Ehehindernisses der Eheunmündigkeit) oder erlangter Dispensation die Ehe geschlossen wird, so wird hiedurch wohl zweifellos Legitimation bewirkt.

[161]) Das Kind erhält also ipso jure den Namen seines Vaters, kommt unter dessen väterliche Gewalt, teilt seinen Wohnsitz (Seuffert, Comment. zu § 17 C.P.O. Note 4), hört auf, unter Kuratel zu stehen und gilt auch in erbrechtlicher Beziehung als eheliches Kind.

die letzteren „mittels ihrer rechtmäßigen Geburt allschon ex institutione majorum ein jus radicatum antiquius erlangt haben, welches ihuen durch die nachgefolgte Legitimation der zwar älter aber unehelich, mithin unfähig gewester Kinder nicht mehr hat benommen werden können" (Kreittmayr litt. g). Die gegenteilige Bestimmung des bayrischen Edikts vom 22. Dezember 1811 ist schon oben erwähnt worden.

Im § 8 Ziff. 6 ist die (übrigens selbstverständliche) Vorschrift enthalten, daß das außereheliche Kind eines verstorbenen außerehelichen Kindes durch die Heirat seiner Großeltern nicht legitimiert wird.

Die Legitimation durch landesherrliche Verordnung (§ 9) ist bei allen Arten von unehelichen Kindern, insbesondere auch bei Kindern ex damnato coitu zulässig. Bezüglich ihrer Wirkung ist zu unterscheiden: unter allen Umständen hat sie zur Folge, daß der Geburtsflecken dadurch getilgt wird, „folglich dem legitimato weder ein Vorwurf deßhalb gemacht, noch derselbe von Ehrenämtern, Zünften und Handwerken ausgeschlossen werden mag (§ 9 Ziff. 2).[162])

Dagegen verleiht sie väterliche Gewalt nur bei Vorhandensein der vier Voraussetzungen, daß der Vater selbst um die Legitimation ansucht, daß er kein eheliches Kind hat, sich mit der Mutter des Kindes wegen eines

[162]) „Hingegen darf er sich des väterlichen Namens, Titels, Wappens und Adels weiter nicht anmaßen als ihm in rescripto legitimationis oder sonst ex gratia Principis speciali mitgeteilt ist (Kreittmayr, Anm. zu § 9).

rechtlichen Hindernisses oder weil sie schon tot ist, nicht verheiraten kann und daß der zu Legitimierende zustimmt, was jedoch auch hier bis zum Beweis des Gegenteils vermutet wird. Selbstverständlich kann aber der Landesherr auch bei Mangel einer oder mehrerer dieser Voraussetzungen zugleich mit der Legitimation die väterliche Gewalt verleihen.[163])

Für das Erbrecht gilt im allgemeinen das Prinzip, daß die durch landesherrliches Reskript legitimierten Kinder den übrigen unehelichen Kindern gleichstehen,[164]) und zwar auch dann, wenn die Voraussetzungen zur Erlangung der väterlichen Gewalt gegeben sind (s. u.). Soll daher ein uneheliches Kind auch in dieser Beziehung einem ehelichen gleichgestellt werden, so wird ein besonderes an den Landesherrn gerichtetes Gesuch um Verleihung der Erbrechte ehelicher Kinder erfordert.

---

[163]) Kreittmayr, Annot. zu § 9, vgl. Roth b. Civilr. Bd. I S. 423 Note 19, Jahresbericht des Justizminist. für das Jahr 1817 in den Jahrb. der Gesetzgeb. und Rechtspflege in Bayern Bd. III S. 52.

[164]) Mit Rücksicht auf den Umstand, daß das bayrische Landrecht die durch Reskript legitimierten den ehelichen Kindern nicht gleichstellt, hat das Urt. d. O.A.G. München v. 12. Juli 1875 (Samml. Bd. V S. 385) die Anwendbarkeit des § 42 d. Reichsges. v. 27. Juni 1871 (betr. die Pensionierung und Versorgung d. Militärpers.) auf derartig legitimierte Kinder verneint. Aus dem gleichen Grund muß behauptet werden, daß dieselben den Wohnsitz der Mutter, nicht des Vaters teilen (Seuffert, Comm. z. C.P.O. § 17 Note 4).

Die Gewährung desselben ist reine Gnadensache und als solche an keinerlei Voraussetzungen gebunden.

Auch für die Erbfolge in Familienfideikommisse galt nach bayrischem Landrecht der Satz, daß zwar die Legitimation durch nachfolgende Ehe, nicht aber die Legitimation durch landesherrliches Reskript das uneheliche Kind einem ehelichen gleichstellt (Tl. III Kap. 10 § 10 Ziff. 2, Kreittmayr, Annot. hiezu Note 1 und zu Tl. III Kap. 12 § 7 Ziff. 7 litt. d); bezüglich der Lehenserbfolge unterscheidet Kreittmayr (Annot. z. Tl. V Kap. 18 § 40 Ziff. 4 litt. c.) zwischen feudum antiquum und novum und läßt zur Erbfolge in ein Lehen der letzteren Art auch die durch Reskript Legitimierten zu.

Die späteren Bestimmungen des Fideikommißedikts und des Lehenedikts sind schon oben wiedergegeben worden.

Die Vorschriften über den Ausschluß der Töchter edelmannsfreiheitsfähiger Personen durch Mannserben (Tl. III Kap. 11 § 8), zu welch letzteren aber (Ziff. 10) die Unehelichen, sofern sie nicht durch nachfolgende Ehe legitimiert sind, nicht gerechnet werden, (vgl. Kreittmayr Ziff. 6 litt. d.), sind mit der Aufhebung der Edelmannsfreiheit durch das organische Edikt vom 20. April 1808 (Reg.Bl. 1809 S. 113) gegenstandslos geworden.

Was Kreittmayr in Annot. zu Tl. III Kap. 12 § 7 Ziff. 7 u. 8 (vgl. Annot. zu Tl. I Kap. 2 § 6 Ziff. 4 litt. g) über die Gleichstellung der Legitimierten circa successionem in regnis vel principatibus ausführt, muß als rein staatsrechtlicher Natur hier außer Betracht bleiben (vgl. jetzt bayr. Verfassung Tit II § 3 und M. Seydel, bayr. Staatsrecht Bd. I S. 391).

Wem des jus legitimandi zukomme, war zu Kreittmayrs Zeiten „eine große Frag" (Annot. zu § 9); gegenwärtig entscheidet hierüber die Verfassung des Staates, dem der zu Legitimierende angehört. In Bayern steht dieses Recht dem Landesherrn und während der Reichsverwesung dem Regenten zu (Verf.Urk. Tit. II § 1). Über die formelle Behandlung von Legitimationsgesuchen s. oben Note 97.

7. Adoption.

Die landrechtliche Regelung der Adoption entspricht im Wesentlichen dem gemeinen Recht. Nach Tl. I Kap. 5 § 10 wird unterschieden arrogatio (gegenüber einer persona sui juris) und adoptio in specie (gegenüber einer persona alieni juris); nur die erstere findet daher bei unehelichen Kindern statt. Das Fortbestehen dieses Unterschiedes wurde vom O.L.G. München durch Beschluß vom 26. Juni 1893 (Samml. Bd. XIV S. 651) ausdrücklich anerkannt.

Zur Arrogation ist nach § 10 erforderlich, daß der Wahlvater von Natur zum Heiraten zwar nicht untüchtig, jedoch ohne Kind und männlichen Geschlechts[165],

[165]) Daß Frauen nicht fähig sind zu arrogieren (Kreittmayr, Annot. zu § 10) folgt daraus, daß sie patria potestas civilis nicht haben können.

auch bereits im 60. Jahr seines Alters, oder, da die Obrigkeit hierinfalls dispensiert, wenigstens über 18 Jahre und zwar allemal älter als das Wahlkind sei.[166])

Des Weiteren ist zur Arrogation erforderlich die ausdrückliche Einwilligung des Wahlkinds (oder, wenn dasselbe minderjährig ist, seines gesetzlichen Vertreters) und die Konfirmation der Obrigkeit, worunter „entweder der Wahlvater oder das Wahlkind seiner Person halber zu stehen hat", d. h. des Amtsgerichts, in dessen Bezirk der Wohnsitz des Wahlvaters oder Wahlkindes liegt (bayr. Ausf.Ges. z. Ger.Verf.G. v. 23. Febr. 1879 Art. 15 Abs. 3 Ziff. 4).

Das letztere Erfordernis ist durch das bayrische Gesetz v. 5. Mai 1890, die Formen einiger Rechtsgeschäfte betr., nicht beseitigt worden (Wagner, Handb. d. freiw. Rechtspfl. S. 243).

Bei der Arrogation von Minderjährigen bedarf es außerdem einer „vorläufigen obrigkeitlichen Untersuchung über die Nutzbarkeit sothaner Handlung" (die mit der kuratelamtlichen Würdigung der Zustimmungs-

---

[166]) Auf Grund der Annot. Kreittmayrs zu § 10, woselbst im Anschluß an das römische Recht ausgeführt ist, daß adoptans wenigstens 18 Jahre älter sein müsse als adoptatus, hat M. Danzer in seiner neuen Ausgabe des bayrischen Landrechts (München 1894) den Text dahin abgeändert: „Der Wahlvater muß .. wenigstens 18 Jahre älter als das Wahlkind .. sein.' Mit Recht wendet sich gegen eine derartige Korrektur des Gesetzes die Redaktion der Bl. f. R.A. Bd. 59 S. 180. Richtig Roth, b. Civilr. Bd. I S. 425, d. Privatr. Bd. II S. 291, unrichtig Stobbe, Privatr. Bd. IV S. 380 Note 30.

erklärung des Vormunds nicht zusammenfällt, sondern der mit der Konfirmation befaßten Behörde obliegt), sowie einer hinlänglichen Versicherung des Wahlvaters, daß die Verlassenschaft des Wahlkindes, falls dasselbe vor erreichter Großjährigkeit ohne Testament versterben sollte[167]), an dessen Intestaterben ausgefolgt werde.

Das Vorhandensein all dieser Voraussetzungen hat die zur Konfirmation zuständige Obrigkeit zu prüfen; ihr Ermessen entscheidet, welche Art von Versicherung seitens des Wahlvaters „hinlänglich" sei; sie ist es auch, welche von dem Erfordernis des 60. Lebensjahres auf Seite des Wahlvaters zu dispensieren befugt ist.

Dem römischen Recht entnommen ist die Vorschrift (Ziff. 5 und 6), daß der Vater sein uneheliches Kind nicht arrogieren darf, so lange er die väterliche Gewalt auf andere Art (d. h. durch Legitimation) erlangen kann, und daß dem Vormund die Arrogation des Mündels vor Ablegung der Rechnung und Bestellung anderer Vormünder untersagt ist.

Die Wirkung der Arrogation besteht darin, daß das Wahlkind unter die väterliche Gewalt des Wahlvaters kommt und aller Rechte und Pflichten wie andere rechtmäßig = natürlichen Kinder teilhaftig wird, außer soviel die von natürlicher Blutsverwandtschaft allein

[167]) Stirbt der Arrogierte nach erreichter Vogtbarkeit, so wird er von seinem Wahlvater beerbt (Tl. III Kap. 12 § 3 Ziff. 6 und Kreittmayr, Annot. Ziff. 4 lit. b), der in diesem Fall wohl auch als Noterbe betrachtet werden muß (Kreittmayr, Annot. zu Tl. III Kap. 3 § 14 Ziff. 3 lit. b und Ziff. 4).

abhängenden Rechte (jura sanguinis) betrifft (Ziff. 7). Demgemäß ist der Wahlvater verpflichtet zur Dotierung der arrogierten Tochter (Tl. I Kap. 6 § 13 Ziff. 5), das Wahlkind gilt gegenüber der Verlassenschaft des Wahlvaters (auch in Konkurrenz mit ehelichen Kindern) als Intestaterbe und zwar als Noterbe (Tl. III Kap. 3 § 14 Ziff. 2 und Kreittmayr, Annot. Ziff. 3 litt. b, Tl. III Kap. 3 § 25 Ziff. 2, Kreittmayr, Annot. zu Tl. III Kap. 12 § 2 Ziff. 4 litt. b)[168]), bei der Erbschaft in der Seitenlinie stehen arrogati andern rechtmäßigen Kindern gleich (Tl. III Kap. 12 § 4 Ziff. 9); außerdem begründet die Arrogation die sogenannte cognatio civilis und zwar (Tl. I Kap. 4 § 5 Ziff. 14) zwischen Wahlvater, Wahlkind und dessen Descendenten, zwischen Wahlvater und Ehefrau des Wahlkinds, Wahlkind und Ehefrau des Wahlvaters, endlich zwischen Wahlkind und den der väterlichen Gewalt des Wahlvaters unterworfenen Personen auf die Dauer dieses Verhältnisses.

Kreittmayr (Ziff. 7 u. 8) bezeichnet als Wirkung der Arrogation (außer der Begründung der väterlichen Gewalt), daß der Wahlvater in alle jura activa et passiva eintrete, welche das Wahlkind vor der Arrogation gehabt habe, weil die letztere eine species successionis universalis sei (ebenso Landrecht Tl. II Kap. 2

---

[168]) Durch Urteil d. O.A.G. München v. 31. Okt. 1835 (Duprel, Bd. III S. 301) wurde ausgesprochen, daß auch Kinder ex damnato coitu, welche gültig arrogiert sind, ihren Wahlvater beerben.

§ 5 und Annot. zu Tl. III Kap. 1 § 1), dahingegen werde das Wahlkind mit seinen eventuellen Kindern zwar aller Pflichten und Rechte wie andere rechtmäßige Kinder teilhaftig, dies beziehe sich aber nur auf die Rechte, über welche der Wahlvater frei disponieren könne.

Demnach müsse das Wahlkind zwar vom Wahlvater unterhalten werden[169]) und succediere ex testamento sowohl als ab intestato wie andere eheliche Kinder, jedoch nur in bonis allodialibus, nicht aber in feudis et fideicommissis. An den jura sanguinis participiere das Wahlkind nicht, daher succediere es weder der Ehefrau noch den Blutsverwandten des Wahlvaters[170]) und habe (abgesehen von besonderer landesherrlicher Konzession) nicht das Recht, den Geschlechtsnamen, Titel, Wappen oder Adelsstand des Wahlvaters für sich in Anspruch zu nehmen[171]).

Daraus erhellt, daß die durch die Arrogation begründete cognatio civilis nicht nur ihrem Umfang,

---

[169]) Diese Bemerkung Kreittmayrs ist offenbar irrig, s. u.!

[170]) Mit Recht wurde daher auch umgekehrt den Geschwistern des Wahlvaters Erbrecht gegenüber dem Wahlkind versagt durch Urt. d. O.A.G. München v. 5 Febr. 1880 (Samml. Bd. VIII S. 224, Bl. f. R.A. Bd. 45 S. 119).

[171]) Die Vorschrift von Tl. I Kap. 6 § 9 Ziff. 3 über die durch Arrogation begründeten Ehehindernisse ist ersetzt durch § 33 Ziff. 4 d. Reichsg. v. 6 Febr. 1875, wonach die Ehe verboten ist zwischen Personen, von denen eine die andere an Kindesstatt angenommen hat, auf die Dauer dieses Verhältnisses.

sondern auch ihrem Inhalt nach gegenüber der natürlichen Blutsverwandtschaft wesentlich beschränkt ist [172]).

Schließlich ist noch zu erwähnen, daß nach Ziff. 8 die Emancipation des Wahlkindes gegen Herausgabe des von demselben eingebrachten Vermögens zwar zulässig ist, wenn sie aber ohne genügenden Grund erfolgt, so muß der Wahlvater außerdem noch den vierten Teil seines eigenen Vermögens an das Wahlkind herausgeben [173]).

Die Form der Arrogation ist Vertrag zwischen Wahlkind und Wahlvater; ist das Wahlkind noch minderjährig, so kontrahiert an seiner Stelle der Vormund, der hiezu, wie erwähnt, der obervormundschaftlichen Genehmigung bedarf.

Nach Kreittmayr (Z. 3 u. 4) ist die Arrogation auch in der Form letztwilliger Verfügung zulässig. Eine derartige Arrogation, die übrigens in der Praxis äußerst selten vorkommen dürfte, erzeugt die regelmäßigen Rechtswirkungen, abgesehen natürlich von der Begründung der väterlichen Gewalt, da sie ja erst mit dem Tode des Wahlvaters in Kraft tritt.

Die adoptio in specie erfordert nach § 11 Zustimmung des Wahlkindes und seines Vaters und ist

---

[172]) Da demgemäß eine völlige Gleichstellung der arrogierten Kinder mit ehelichen im Gesetz nicht enthalten ist, teilen die ersteren (und natürlich auch adoptierte) den Wohnsitz ihrer Mutter (Seuffert, Comm. zur C.P.O. § 17 Note 4).

[173]) Nach römischem Recht stand dieser Anspruch auf die sogen. quarta divi Pii nur dem impubes **arrogatus** zu (s. o. S. 20, Roth, b. Civilr. Bd. III S. 603).

entweder plena oder minus plena, je nachdem sie von den leiblichen Großeltern des Wahlkindes bethätigt wird oder nicht. Für beide Arten gelten die gleichen Erfordernisse wie für die Arrogation, nur genügt hier stillschweigende Zustimmung des Wahlkinds (Kreittmayr, Annot. zu § 11), ferner fällt die obrigkeitliche Untersuchung über die Nutzbarkeit der Handlung, die Versicherung des Wahlvaters, daß er das Vermögen des während der Minderjährigkeit versterbenden Wahlkindes herausgeben werde, und der Anspruch des Wahlkindes auf den vierten Teil des Vermögens des Wahlvaters im Falle ungerechtfertigter Emancipation bei der adoptio in specie hinweg. Die adoptio minus plena ist auch Frauenspersonen gestattet.

Die Adoption eines bereits arrogierten Kindes ist sowohl nach dem Wortlaut („mit ihres Vaters Bewilligung") als nach dem Sinn des Gesetzes für unzulässig zu erachten.

Die Wirkung der adoptio plena besteht darin, daß das Wahlkind der väterlichen Gewalt des Wahlvaters unterworfen wird[174]) und Intestaterbrecht, sowie Noterbrecht gegenüber demselben erlangt (Tl. III Kap. 12 § 2 Ziff. 6, Kreittmayr, Annot. zu Tl. III Kap. 3 § 14 Ziff. 3 litt. b). Desgleichen hat der Wahlvater dem Kind gegenüber Intestaterbrecht (Tl. III Kap. 12

---

[174]) Daß es auch an dessen jura sanguinis et cognationis participiert, ist nicht Folge der Adoption, sondern der natürlichen Blutsverwandtschaft (Kreittmayr, Annot. zu § 11). Über die Verpflichtung des Wahlvaters zur Dotierung des plene adoptierten Kindes s. Tl. I Kap. 6 § 13 Ziff. 5.

§ 3 Ziff. 6, nach Kreittmayr, Annot. Ziff. 4 litt. b auch in Konkurrenz mit den natürlichen Eltern vi adoptionis in partes aequales) und zwar nach Kreittmayr, Annot. zu Tl. III Kap. 3 § 14 Ziff. 4 wohl auch Noterbrecht. In der Seitenlinie stehen die plene adoptati anderen natürlichen rechtmäßigen Erben gleich (Tl. III Kap. 12 § 4 Ziff. 9).

Dagegen begründet die adoptio minus plena lediglich Intestaterbrecht (nicht Noterbrecht, s. Kreittmayr, Annot. zu § 11) des Wahlkinds gegenüber dem Wahlvater; den Verwandten des letzteren gegenüber ist das minus plene adopierte Kind nicht erbberechtigt und ebensowenig ihm gegenüber der Wahlvater oder dessen Verwandte (Tl. III Kap. 12 § 3 Ziff. 6, Kreittmayr Ziff. 4 litt. b).

Die Form der adoptio in specie ist Vertrag zwischen dem Wahlvater und dem, in dessen väterlicher Gewalt sich das Wahlkind befindet.

Sowohl bei der arrogatio als bei der adoptio in specie bleiben dem Wahlkind die durch die Geburt erworbenen jura sanguinis, insbesondere in erbrechtlicher Beziehung, gegenüber seinen eigenen Blutsverwandten erhalten (ebenso Roth, b. Civilr. Bd. III S. 603 Note 64, der sich jedoch irrigerweise hiefür auf Kreittmayr, Annot. zu Tl. III Kap. 3 § 14 Ziff. 3 b beruft).

8. Alimentationspflicht.

a) Kreis der berechtigten und verpflichteten Personen.

Abweichend vom gemeinen Recht statuiert das Landrecht eine dreifache, ihrem Rechtsgrund nach völlig verschiedene Alimentationspflicht, die der Ascendenten und Descendenten, die des Stuprators und das sogenannte „Erbrecht quoad alimenta“.

α) Die Alimentationspflicht der Ascendenten und Descendenten.

In unmittelbarem Anschluß an die Bestimmungen über Verwandtschaft und Schwägerschaft erklärt das Gesetz (Tl. I Kap. 4 § 7) als eine der vornehmsten Pflichten und Obliegenheiten jener Personen „die Verschaffung des nötigen Unterhalts“ und verpflichtet hiezu (Ziff. 1 und 2) zuvörderst den Vater, sodann die Mutter, hernach die Ascendenten von väterlicher, hierauf die Ascendenten von mütterlicher Seite, endlich die Kinder und weiteren Descendenten „mit Beobachtung der in successione üblichen Ordnung“. Nachdem in Ziff. 3 und 4 Geschwister und entferntere Verwandte von der Alimentationspflicht ausdrücklich ausgeschlossen sind, heißt es in Ziff. 5 weiter: „Werden unter obgedachten Eltern und Kindern nicht nur eheliche, ja sogar die von verdammter Geburt in diesem Stück verstanden, wenn man nur der Ankunft halber bei ihnen genugsam versichert ist“.

Da demzufolge primär der außereheliche Vater haftet, so ist selbstverständlich, daß er für den Fall seiner Solvenz den gesamten Unterhalt des Kindes ausschließlich und allein zu bestreiten hat. Es ist daher durchaus verkehrt, wenn in der Praxis der Vater ohne Rücksicht auf seine Vermögensverhältnisse lediglich zur Leistung eines Alimentations**beitrags** verpflichtet wird. Ebenso unbegründet ist die weitverbreitete Übung, den unehelichen Vater nur zur Zahlung des **halben** Schulgeldes, der **halben** Krankheitskosten 2c. 2c. anzuhalten.

Die erwähnte Vorschrift in Ziff. 5 bezieht sich selbstverständlich auf die sämtlichen vorher für alimentationspflichtig erklärten Personen; demgemäß steht außer Zweifel, daß auch die unehelichen Eltern des Kindsvaters und der Kindsmutter und zwar die unehelichen Eltern des Kindvaters vor den ehelichen (oder unehelichen) Eltern der Kindsmutter zur Alimentation verbunden sind[175].

Die Alimentationspflicht der Descendenten tritt nach dem Gesetz nur ein mit Beobachtung der in successione üblichen Ordnung; demnach ist ein unehelicher Descendent seinem Ascendenten gegenüber nur dann alimentationspflichtig, wenn er zur fraglichen Zeit Intestaterbe desselben wäre.

Das Gesetz beschränkt die Unterhaltspflicht auf „**leibliche**“ Ascendenten und Descendenten; daher besteht keine Alimentationspflicht zwischen Adoptiveltern und Adoptivkindern (und zwar auch nicht bei der Arrogation). Dies wird bestätigt durch **Kreittmayr**

---

[175]) Vgl. Urt. d. O.A.G. München v. 6. März 1874, 12. März 1877, 30. Januar 1879 (Samml. Bd. IV S. 463, Bd. VI S. 542, Bl. f. R.A. Bd. 44 S. 112) und Dr. **von Gutermann** in den Bl. f. R.A. Bd. 7 S. 137.

Annotat. zu Tl. I Kap. 4 § 7 Ziff. 1 und 2: „welches einige gar auf angewunschene Eltern extendieren. Unser Codex aber verbindet hiezu nur leibliche Eltern allein“..... „Die Meinung, daß auch liberi adoptivi hierum haften, wird von unserem codice nicht adoptiert, sondern vielmehr durch das Wort „leiblich“ verworfen.“

Es ist daher nur eine Gedankenlosigkeit, wie sie bei Kreittmayr nicht selten vorkommt, wenn er an anderer Stelle (s. oben S. 123) behauptet, das Wahlkind müsse vom Wahlvater unterhalten werden.

Sind mehrere in gleicher Linie verpflichtete Personen vorhanden, z. B. die beiden Großeltern väterlicher- oder mütterlicherseits, oder mehrere gleichmäßig successionsberechtigte Descendenten, so haftet jeder derselben solidarisch, da von einem beneficium divisionis im Gesetz keine Rede ist. Ebensowenig kann in diesem Fall demjenigen, der die volle Alimentationspflicht erfüllt hat, ein Regreßrecht gegen den Mitverpflichteten eingeräumt werden. Ein solches Regreßrecht könnte, da es nicht ausdrücklich im Gesetz statuiert ist, nur auf die Behauptung gestützt werden, daß die mehreren Verpflichteten correi debendi seien, denen nach Tl. IV Kap. 1 § 21 Ziff. 4 der Regreß unter sich offen bleibe. Nun beruht aber die correalitas nach § 21 Ziff. 7 l. c. entweder auf Vertrag oder Gesetz oder letztwilliger Verfügung oder Verbrechen. Keiner dieser vier Fälle liegt aber hier vor, insbesondere auch nicht die correalitas ex delicto, da die an dieser Stelle geregelte Unterhaltspflicht zweifellos nicht auf ein Delikt zurückgeführt werden kann.

β) Die Alimentationspflicht des Stuprators.

Völlig unabhängig von den soeben besprochenen Vorschriften bestimmt das Landrecht in Tl. I Kap. 4 § 9 Ziff. 4, daß Jeder, der mit der Mutter eines außerehelichen Kindes innerhalb der kritischen Zeit Geschlechtsverkehr gepflogen zu haben einbekennt oder dessen überwiesen ist, falls er zeigen kann, daß die Mutter während dieses Zeitraums auch Anderen in Unehren fleischlich beigehalten habe, zwar nicht als Vater gilt, aber des einbekannten oder erprobten Beischlafs halber nicht nur gestraft[176]), sondern auch in die Alimentation des Kindes zum Teil oder ganz condemniert wird. Eine Ausdehnung der Alimentationspflicht des Stuprators auf dessen Eltern oder sonstige Verwandte ist natürlich vollkommen ausgeschlossen. Wenn seitens des Kindes einer Ehefrau Alimentationsansprüche gegen einen Dritten

[176]) Der Cod. jur. bav. criminal. v. 1751 bedrohte im Teil I Kap. 4 fleischliche Vermischung zwischen ledigen Leuten auf Seite des Mannes mit 8—14 tägiger Ausstellung im Springer oder Eisen, auf Seite der Frau mit Geldstrafe und der „Geige", eventuell mit öffentlicher Arbeit; bei Rückfall trat Gerichts-, Rentamts- oder Landesverweisung ein; spätere Verheiratung bewirkte Milderung der Strafe. Über ein churpfalzbayr. Mandat ähnlichen Inhalts von 1784 s. Gett, Ausf. S. 394. Diese Strafen sind beseitigt worden durch das organische Edikt über die Patrimonialgerichtsbarkeit v. 8. Sept. 1808 (R.Bl. S. 2254) § 29: „wegen unehelicher Schwängerungen darf künftig weder von einem Patrimonialgericht noch von einem königlichen Gericht irgend eine Strafe in Geld oder an der Ehre oder sonst auf andere Weise erkannt und in Vollzug gesetzt werden."

erhoben werden wollen, so ist außer dem Nachweis, daß dieser Dritte innerhalb der kritischen Zeit der Ehefrau beigewohnt habe, natürlich auch der weitere Nachweis erforderlich, daß der Ehemann nicht der Erzeuger sei, da außerdem das Kind trotz Ehebruchs seiner Mutter als ehelich gilt (Bl. f. R.A. Bd. 59 S. 126 ff.) und, solange dies der Fall ist, dem Ehemann der Mutter ausschließlich die Unterhaltspflicht obliegt (vgl. oben Note 45).

Aus dem Wortlaut der erwähnten Gesetzesbestimmung darf geschlossen werden, daß der Stuprator bezüglich der Alimentationspflicht dem außerehelichen Vater gleichgestellt werden sollte; er haftet daher vor der Mutter und den weiteren subsidiär alimentationspflichtigen Verwandten des Kindes.

Außerordentlich bestritten ist die Frage, welche Grundsätze für das Verhältnis der mehreren Konkumbenten unter sich zu gelten haben. Die unklaren Worte des Gesetzes, der Stuprator werde in die Alimentation „zum Teil oder ganz" verurteilt, werden nicht klarer durch die Erläuterung Kreittmayrs: „potior et receptior opinio, welche auch unser Codex per verba „zum Teil" bestätiget, geht dahin, daß alle in partes viriles konkurrieren müssen" [177]).

---

[177]) Ziemlich unbestimmt drückt sich auch der von Kreittmayr an dieser Stelle citierte Brunnemann (comm. ad Pand. lib. 25 tit. 3 Note 20 zu l. 5) aus: „Si autem plures concubuerint, fornicator unus ad alimenta non tenetur. Sed favor alimentorum mihi persuadere videtur, in dubio hoc confessum

Unmöglich kann es von der Willkür des Richters abhängen, ob er den Beklagten „zum Teil oder ganz" zur Alimentation verurteilen will[178]); es kann also mit diesen Worten wohl nur gemeint sein, daß es im Belieben der Klagspartei stehe, ihre Forderung gegenüber einem Konkumbenten ganz geltend zu machen oder jeden derselben auf einen Teil in Anspruch zu nehmen[179]).

Demgemäß muß behauptet werden, daß jeder Konkumbent solidarisch haftet[180]).

---

teneri, usque dum de aliis etiam constet, quo casu omnes conferent, si caeteri non adsint, poterit compelli confessus, ut praestet alimenta integra, praesertim si mater alendis liberis par non sit."

[178]) So Urt. d. O.A.G. München v. 11. Juni 1872 (Samml. Bd. II S. 212).

[179]) Denkbar wäre auch, daß der Gesetzgeber sagen wollte: ganz oder zum Teil, je nachdem der Beklagte zur Bestreitung der sämtlichen Unterhaltskosten oder nur eines Teils derselben fähig ist. Dieß folgt aber schon aus den Voraussetzungen der Alimentationspflicht. Freilich kann auch nach der im Text vertretenen Anschauung der Gesetzgeber von dem Vorwurf nicht freigesprochen werden, etwas Selbstverständliches in einer zu Mißverständnissen geradezu herausfordernden Weise ausgedrückt zu haben.

[180]) Ebenso Kreichgauer in den Bl. f. R.A. Bd. 58 S. 226, vgl. Motive z. Entw. v. b. G.B. Bd. IV S. 885. Unklar Gäßler, Frauenrecht § 50 (troß Beweises der exceptio plurium concumbentium bleibe der Beklagte verpflichtet, zum Unterhalt des Kindes mit diesem Dritten teilweise beizutragen, oder solchen Unterhalt nach Umständen und mit Rücksicht auf seine und dieses Dritten Vermögensverhältnisse auch gänzlich und allein zu übernehmen). Nach Gett (Ausf. S. 58) hafte Jeder pro rata, eine nach seiner Anschauung vom Standpunkt des strengen

Auch hier kann das Vorhandensein eines Anspruchs auf Regreß seitens des seine Verbindlichkeit erfüllenden Konkumbenten gegen die übrigen nicht anerkannt werden, und zwar auch nicht vom Standpunkt der Anschauung aus, welche in der Alimentationspflicht des Stuprators eine Deliktsobligation erblickt. Allerdings bestimmt Tl. IV Kap. 16 § 4 Ziff. 5, daß bezüglich der Schadensersatzklage gegen den Verbrecher die complices delicti den correis debendi (die nach Tl. IV Kap. 1 § 23 Ziff. 3 regreßberechtigt sind) gleich gehalten werden; von complices delicti kann aber hier nicht gesprochen werden, weil die mehreren Zuhälter ihr angebliches Verbrechen nach einander, nicht miteinander, und jedenfalls nicht als Mitthäter (complices) begangen haben[181]).

Rechtes aus „schwer zu verteidigende Bestimmung“. Unverständlich Rosenkranz, Handb. d. freiw. Rechtspfl. S. 182 Note 10: „nach bayrischem Landrecht haftet Jeder von mehreren Konkumbenten in solidum und, insoweit sie sämtlich solvent sind, pro parte virili.“ Für Solidarhaftung erklärt sich Roth, b. Civilr. Bd. I S. 471 Note 2, für Haftung pro rata Gett, Rechtsv. S. 135 Nr. 247, Busch im Archiv f. civ. Pr. Bd. XLVI S. 219; unentschieden Urt. d. O.A.G. München v. 11. Juni 1872 (Samml. Bd. II S. 212).

[181]) Ebenso Urt. d. O.A.G. München v. 7. Febr. 1835 (Bl. f. R.A. Bd. 2 S. 32); dagegen will Urt. d. O.A.G. München v. 13. Januar 1873 (Samml. Bd. III S. 199) den Regreßanspruch aus Tl. I Kap. 4 § 9 Ziff. 4 ableiten (ebenso Roth, b. Privatr. Bd. II S. 388). Mit Recht wird in den Bl. f. R.A. 7. Erg.Bd. S. 5 ff. hiegegen geltend gemacht, daß an dieser Stelle von dem Rechtsverhältnis zwischen den mehreren Unterhaltspflichtigen gar nicht gesprochen wird. Gegen die in diesem Aufsatz

γ) Das Erbrecht quoad alimenta.

Ein ganz merkwürdiges Rechtsgebilde ist das vom bayrischen Landrecht geschaffene Erbrecht quoad alimenta. Gleichwie Tl. III Kap. 3 § 13 vorschreibt, daß uneheliche Kinder in gewissen Fällen von ihren Eltern nur auf den bloßen Unterhalt eingesetzt werden können, so erben nach Tl. III Kap. 12 § 2 Ziff. 10 u. 11 Descendenten aus verdammter Geburt nichts als den bloßen Unterhalt, andere uneheliche Kinder succedieren „in dem väterlichen Vermögen nur soviel den bloßen Unterhalt

---

weiter aufgestellte Behauptung, der Regreßanspruch ergebe sich aus Tl. IV Kap. 16 § 4 Ziff. 5, wendet die Redaktion (S. 8 Note *) mit Fug ein, daß hier keine complicitas gegeben ist. Ohne genügenden Grund bestreitet Schlaffner (Bl. f. R.A. 12 Erg.Bd. S. 65), daß die Vorschriften des bayr. Landrechts über den Regreß unter den correi debendi durch Tl. IV Kap. 16 § 4 Ziff. 5 auf complices delicti ausgedehnt worden seien; sein Versuch, die mehreren Zuhälter als complices delicti zu erweisen, wurde schon oben (Note 79) zu widerlegen versucht. Im Resultat stimmen wir übrigens vollkommen mit ihm überein. Auch der im 12. E. Bd. d. Bl. f. R.A. S. 113 mitgeteilte Beschluß des obersten Landesgerichts München v. 26. Juli 1890 operiert unzulässigerweise mit dem Begriff der Complicität, wie die Anm. der Redaktion zutreffend hervorhebt. Die actio negotiorum gestorum kann um deßwillen gegen den andern Zuhälter nicht angestellt werden, weil sie voraussetzt, daß Jemand ein fremdes Geschäft nicht aus Schuldigkeit, sondern freiwillig auf sich nimmt (Tl. IV Kap. 13 § 2), während der alimentierende Zuhälter ganz gewiß auch nicht zum Teil freiwillig leistet. Auch die Voraussetzungen der actio de in rem verso (Kreittmayr, Annot. zu Tl. IV Kap. 13 § 2 Ziff. 8) sind von dem hier in Frage stehenden Fall völlig verschieden.

betrifft, es sei denn kein anderer Befreundter mehr vorhanden" und das Gleiche gilt für ihr Intestaterbrecht gegenüber der Mutter und mütterlichen Ahnfrau, falls diese eheliche Descendenten hinterlassen, sowie in gewissem Umfang auch umgekehrt (s. u.!).

Ein wirkliches Erbrecht liegt nicht vor, mag der Unterhaltsanspruch auf Grund testamentarischer Zuwendung oder ab intestato geltend gemacht werden; denn Erbrecht ist begriffsmäßig Universalsuccession, wenn auch nur in eine Quote des Nachlasses (Tl. III Kap. 1 § 1), während der Anspruch auf Unterhalt flüssig und stetem Wechsel unterworfen ist. Vielmehr handelt es sich um einen aus Billigkeitsgründen als Ersatz für die Versagung des Erbrechts gewissen Verwandten des Erblassers gewähnten Anspruch darauf, von den Erben alimentiert zu werden.

Daß diese Unterhaltspflicht der Erben erst existent werde, wenn ein alimentationsfähiger Ascendent, Descendent oder Stuprator nicht vorhanden ist, steht zwar nicht ausdrücklich im Gesetz, entspricht aber wohl seiner Intention[182]).

Sind mehrere Erben vorhanden, so haftet auch hier jeder solidarisch, denn ihre Verbindlichkeit ist keine

---

[182]) Eine allerdings sehr unklare Andeutung hievon läßt sich vielleicht in der Bemerkung Kreittmayrs (Annot. zu Tl. III Kap. 12 § 2 Ziff. 6 lit. d) erblicken, daß uneheliche Kinder aus der großelterlichen Verlassenschaft niemals Alimente beanspruchen können, „solange nicht ihr Vater selbst solche zu reichen außer Stande ist."

Erbschaftsschuld, die ipso jure geteilt auf die Erben überginge, da ja der Erblasser vielleicht (z. B. wegen schwerer Verfehlungen des Kindes gegen ihn) überhaupt gar nicht alimentationspflichtig war; wir haben es vielmehr mit einer in der Person des Erben als solchen neu entstehenden Verpflichtung zu thun,[183]) und da der Erbe, der dieser Pflicht genügt hat, nicht eine Erbschaftsschuld gezahlt, sondern eine ihm obliegende Verbindlichkeit erfüllt hat, so ist er auch nicht berechtigt, gegen die Miterben Regreß zu nehmen.

Zur Geltendmachung dieses Anspruchs ist, da weder Erbrecht noch Realisierung einer Erbschaftsschuld in Frage steht, weder Erbschaftsantritt noch auch Anmeldung zum Nachlaß erforderlich[184]).

Für die drei Arten der Alimentationspflicht gemeinsam gilt der Grundsatz, daß die Alimentationsklage nur von der unterhaltsberechtigten Person oder ihrem gesetzlichen Vertreter, für Minderjährige vom Vormund, nicht aber von der Kindsmutter angestellt werden kann (vgl. oben S. 34).

---

[183]) Mit Recht bemerkt Büngner (S. 140) von der ganz analogen Verpflichtung des Erben gegenüber einem Konkubinenkind nach Nov. 89 Kap. 12 § 6, daß man hier nicht von einem Übergang der Schuld auf die Erben sprechen dürfe, vielmehr liege eine in der Person des Erben erst neu entstehende Verbindlichkeit vor (ebenso Seitz S. 30).

[184]) Mit Unrecht wird Anmeldung zum Nachlaß gefordert in den Bl. f. R.A. Bd. 57 S. 385.

b) Rechtsgrund der Alimentationspflicht.

Der Rechtsgrund der drei Arten der Alimentationspflicht ist, wie schon erwähnt, ein völlig verschiedener [185]).

Die zwischen Ascendenten und Descendenten gegenseitig bestehende und auch dem unehelichen Vater als solchem obliegende Alimentationspflicht beruht auf der durch die Bande des Bluts begründeten Verwandtschaft, wie sich aus der Stellung jener Vorschrift im System des Gesetzes mit aller Evidenz ergibt. Darauf deuten auch Kreittmayrs Annot. zu Tl. I Kap. 4 § 3, woselbst die Unterhaltspflicht der Eltern als aus der Generation, bez. dem Recht der Natur fließend bezeichnet wird, und zu Tl. I Kap. 4 § 9 Ziff. 9, an welcher Stelle der Kommentator die obligatio alimentandi zu den jura paternitatis naturalis rechnet [186]).

---

[185]) Nach Urt. d. O.A.G. München v. 11. Juni 1872 (Samml. Bd. II S. 212) folge aus Tl. IV Kap. 16 § 6 Ziff. 6 (woselbst von Alimentation aber gar keine Rede ist!), daß die Alimentationspflicht nach bayrischem Landrecht überhaupt auf Delikt beruhe. Wie das uneheliche Kind es fertig bringen soll, seine Erzeugung als einen ihm zugefügten Schaden zu bezeichnen und trotzdem seinem Erzeuger Dankbarkeit zu erweisen (wozu es ja nach Tl. I Kap. 4 § 3 Ziff. 2 und 4 verpflichtet ist), bleibt freilich ein Räthsel. (Vgl. Urt. d. O.A.G. München v. 27. Okt. 1848 Bl. f. R.A. Bd. 14 S. 188.)

[186]) Ebenso Gett, Rechtsv. S. 171, Ausf. S. 58. Im Urt. d. O.A.G. München v. 21. April 1894 (Samml. Bd. XV S. 145) wird anerkannt, daß der Vater des unehelichen Vaters nicht aus dem Delikt seines Sohnes, sondern wegen seiner Blutsverwandtschaft mit demselben hafte. Warum soll aber der unehe-

Rechtsgrund der Alimentationspflicht des Stuprators ist weder Delikt nach Quasidelikt. Im 16. Kap. des IV. Teils des Landrechts, woselbst die Deliktsobligationen besprochen werden, wird (§ 1) der Unterschied zwischen Delikt und Quasidelikt dahin festgestellt, daß jenes auf bösem Vorsatz (dolus), dieses aber auf Fahrlässigkeit (culpa) beruhe. Nach § 2 verbindet sich Jeder, der ein Verbrechen begeht, stillschweigend und ipso facto nicht nur gegen die Obrigkeit, sondern auch gegen den beschädigten Teil zur gebührenden Satisfaktion, woraus eine doppelte Klage, nämlich die actio poenalis und persecutoria entspringe, erstere ziele auf Strafe des Delinquenten, letztere auf Restitution dessen, was er durch das Verbrechen an sich gebracht habe, eventuell auf Vergütung des Wertes, wie nicht weniger auf Indemnisation aller anderen etwa hierum erlittenen Schäden und Kosten.

Schon oben wurde bemerkt, daß man unmöglich die Existenz als einen vom Kind erlittenen Schaden bezeichnen kann (vgl. Note 185); aber auch hievon ab-

liche Vater selbst aus einem andern Rechtsgrund haften? Ebenso inconsequent Urt. d. O.A.G. München v. 5. Mai 1874 (Bl. f. R.A. Bd. 39 S. 220) u. Plen.Entsch. dess. Ger. v. 24. Febr. 1875 (Samml. Bd. IV S. 458, Bl. f. R.A. Bd. 40 S. 156), während Urt. d. O.A.G. München v. 15. Dez. 1873 (Samml. Bd. IV S. 455) auch die Alimentationspflicht der Großeltern auf Delikt zurückführt (!). Richtig, jedoch ohne Erklärung der Haftung der mehreren Beihälter, Urt. d. Oberlandesg. München v. 27. Okt. 1888 (Bl. f. R.A. 8, Erg.Bd. S. 51) und Urt. d. O.A.G. München v. 20. Juni 1853 (Bl. f. R.A. Bd. 18 S. 68*).

gesehen kann von einer Deliktsobligation der mehreren Zuhälter um deswillen keine Rede sein, weil sowohl nach dem Texte des Gesetzes („hierum") wie nach den Annotationen („Indemnisation aller hiedurch verursachten Schäden und Kosten, Ziff. 4 zu Tl. IV Kap. 16 § 1) zweifellos eine Deliktsobligation nur dann und nur insoweit gegeben ist, als zwischen dem Delikt und dem erlittenen Schaden Kausalzusammenhang besteht[187]). Dieser Kausalzusammenhang ist aber in dem hier in Frage stehenden Fall nicht erweisbar und daher rechtlich nicht vorhanden.

Ebensowenig kann mit Rücksicht auf die gesetzliche Definition des Quasidelikts von einer Quasideliktsobligation gesprochen werden; wenn Kreichgauer (Bl. f. R.A. Bd. 58 S. 227) als Rechtsgrund der Alimentationspflicht Quasidelikt bezeichnet, so vertauscht er in willkürlicher Weise den gesetzlichen Begriff eines solchen (fahrlässiges Verbrechen) mit einem von ihm selbst geschaffenen.

Als Rechtsgrund der Alimentationspflicht jedes Stuprators ist vielmehr einzig und allein die durch die Thatsache seines Geschlechtsverkehrs mit der Kindsmutter innerhalb der kritischen Zeit begründete Möglichkeit seiner Vaterschaft zu erachten: die Begünstigung der Alimente,

---

[187]) Urt. d. O.A.G. München v. 28. April 1874, 7. März 1876, 18. Febr. 1885 (Samml. Bd. IV S. 668, Bd. VI S. 195, Bd. XI S. 49), Bl. f. R.A. Bd. 1 S. 280, Bd. 35 S. 398. Dieß übersieht auch Schlaffner (Bl. f. R.A. 12, Erg.Bd. S. 49 ff.). Vgl. oben S. 53.

vielleicht auch das odium libidinis, hat den Gesetzgeber dazu veranlaßt, hier ausnahmsweise an eine bloße Möglichkeit rechtliche Folgen zu knüpfen, die sonst nur eintreten, wenn Gewißheit gegeben ist[188]).

Rechtsgrund des Erbrechts quoad alimenta endlich ist das Verwandtschaftsverhältnis zwischen dem Berechtigten und dem Erblasser in Verbindung mit dem Umstand, daß der Verpflichtete Erbe des letzteren geworden ist.

c) Voraussetzungen, Inhalt, Umfang, Beginn und Ende der Alimentationspflicht.

Gemeinschaftliche Voraussetzung für die drei Arten der Alimentationspflicht ist wie im gemeinen Recht Bedürfnis auf Seite des Berechtigten und Fähigkeit auf Seite des Verpflichteten. Das Gesetz sagt nämlich (Tl. I Kap. 4 § 7 Ziff. 6): „wer sich durch eigne Mittel, Dienst und Arbeit selbst nähren kann, der kann den Unterhalt von anderen nicht fordern"; und nach Ziff. 7 kann der Unterhalt von jenen nicht gefordert werden, „welche an eigner Nahrung Abbruch leiden."

Da die Alimentationspflicht demgemäß gar nicht zur Existenz kommt, wenn und solange der an und für sich Verpflichtete unvermögend ist, so kann wie nach gemeinem Recht eine Nachzahlung für diese Zeitperiode nicht

[188]) In ähnlicher Weise betrachtet das Gesetz das Kind einer Ehefrau als ehelich, auch wenn infolge des Nachweises, daß seine Mutter die Ehe gebrochen hat, für die Vaterschaft des Ehemannes eine bloße Möglichkeit spricht.

verlangt werden, wenn diese Person später in die Lage kommt, Alimente reichen zu können[189]).

Dem Unvermögen des Verpflichteten wird auch hier der Umstand gleichzustellen sein, daß derselbe auf prozessualem Wege nicht zu erreichen ist.

Eine weitere Voraussetzung ist nach Ziff. 6, daß das Unvermögen des Alimentationsbedürftigen nicht durch lüderliche Hauswirtschaft und eigne Schuld hervorgerufen ist.

Die übrigen Voraussetzungen der Alimentationspflicht sind verschieden je nach dem Rechtsgrund derselben.

Der Alimentationsanspruch gegen Ascendenten oder Descendenten erfordert den Nachweis der den Anspruch begründenden Verwandtschaft, der auf dem oben geschilderten Wege zu erbringen ist; zum Beweis der unehelichen Vaterschaft speziell ist, wie erwähnt, nur erforderlich, daß Geschlechtsverkehr zwischen dem angeblichen Vater und der Kindsmutter innerhalb der kritischen Zeit dargethan wird, während die Ausschließlichkeit dieses Geschlechtsverkehrs seitens der Kindsmutter präsumiert wird.

Zur Begründung des Unterhaltsanspruchs gegen den Stuprator genügt natürlich der Nachweis, daß er

---

[189]) Urt. d. O.A.G. München v. 13. Juni 1876 (Samml. Bd. VI S. 42), vgl. Urt. desselben Gerichts v. 17. Okt. 1877, 8. März 1880 (Samml. Bd. VII S. 25, Bd. VIII S. 292) und 22. Dez. 1874 (Bl. f. R.A. Bd. 40 S. 78).

innerhalb der kritischen Zeit mit der Kindsmutter den Beischlaf vollzogen habe.

Das Erbrecht quoad alimenta wird begründet durch den Nachweis, daß der angeblich Verpflichtete Erbe geworden ist und daß der angeblich Berechtigte in dem vom Gesetz geforderten Verwandtschaftsverhältnis zum Erblasser gestanden ist.

Inhalt der Alimentationspflicht ist nach bayrischem Landrecht (§ 7) „die Verschaffung des nötigen Unterhalts". Hiezu bemerkt Kreittmayr: (Ziff. 7. 8. 9): „in sensu stricto versteht man unter der Alimentation nur die allerhöchste Notdurft an Kost, Wohnung und Kleidung. In gemeinem Verstand aber gehört alles dahin, was zur standesmäßigen Sustentation erfordert wird, wobei man jedoch nicht auf Alimentandum allein, sondern auch zugleich auf Alimentantem und seine Kräften zu sehen hat, damit er nicht überspannt werde oder allenfalls selbst dadurch Not und Abbruch an eigner Nahrung zu leiden habe, als welches ohnehin contra ordinatam charitatem lauft."

Der Unterschied zwischen alimenta civilia und naturalia ist demnach dem Landrecht unbekannt. Immerhin ist aber daran festzuhalten, daß es sich um Verschaffung des „nötigen" Unterhalts handelt. Es muß also zunächst das erforderliche quantum alimentationis festgestellt werden und zwar unter Berücksichtigung des Standes des Bedürftigen, bez., falls dieser ein uneheliches Kind ist, seiner Mutter, da, wie oben gezeigt, auch nach bayrischem Landrecht Uneheliche dem Stand der Mutter folgen.

Die Vermögensverhältnisse des Pflichtigen dagegen kommen nur insofern in Betracht, als sich danach bestimmt, ob er im Stande ist, das benötigte Quantum ganz oder teilweise zu leisten, ohne an eigner Nahrung Abbruch zu leiden (dieß ist wohl auch der Sinn der erwähnten Worte im § 7 Ziff. 8).

Soweit der primär Verpflichtete nicht in der Lage ist, den nötigen Unterhalt zu bestreiten, ist der subsidiär Verpflichtete zur Beschaffung des Fehlbetrags anzuhalten (ebenso Hofinger S. 68).

Vollkommen ungerechtfertigt ist daher die sehr verbreitete Praxis, dem Umstand, daß der uneheliche Vater wenig bemittelt ist, dadurch Rechnung zu tragen, daß die Alimentationssumme in einer mit den wirklichen Bedürfnissen des Kindes oft unvereinbaren Weise herabgesetzt wird.

Ist der Alimentationspflichtige sehr vermögend, so mag von Obervormundschaftswegen versucht werden, ihn zu höheren Leistungen, als absolut erforderlich, in Güte zu veranlassen; eine Rechtspflicht, mehr als den nötigen Unterhalt zu bestreiten, liegt aber auch in diesem Fall nicht vor.

Schon bei der Betrachtung des gemeinen Rechts haben wir hervorgehoben, daß die von der Praxis beliebte Festsetzung einer bestimmten monatlich zu entrichtenden Geldsumme auf die ganze Dauer der Alimentationsperiode den wirklichen Verhältnissen keine Rechnung trägt, daß übrigens eine derartige Fixierung durch Vergleich oder Urteil späterer Klage auf Erhöhung oder Herabminderung dieser Summe nicht im Wege steht.

Das Gleiche gilt für das bayrische Landrecht[190]).

Für das Erbrecht quoad alimenta gelten dieselben Grundsätze. Wie oben erwähnt, entsteht die Alimentationspflicht des Erben in seiner Person neu, ohne Rücksicht darauf, ob, eventuell in welchem Umfang der Erblasser selbst unterhaltspflichtig war.

Die Alimentationspflicht fällt daher mangels ihrer Voraussetzungen weg, wenn der Berufene auf die Erbschaft verzichtet; tritt er dagegen die Erbschaft an und ist, wenn auch unter Inangriffnahme seines eignen Vermögens, im Stande, die erforderlichen Alimente ohne Beeinträchtigung seiner eigenen Lebenshaltung zu reichen,

---

[190]) Ebenso Urt. d. O.A.G. München v. 30. April 1842 (Bl. f. R.A. Bd. 8 S. 155), dagegen anscheinend Urt. d. O.A.G. München v. 25. Okt. 1872 (Bl. f. R.A. Bd. 37 S. 379). Wenn Rosenkranz (Handb. d. Pflegschaftswesens S. 187) bemerkt, Alimentationsvergleiche, in welchen sich der in Anspruch Genommene nur im Allgemeinen zur Alimentation verpflichte, ohne bestimmte Leistungen zu versprechen, seien von Obervormundschaftswegen nicht zu genehmigen (ebenso Wagner, Handb. d. freiw. Rechtspfl. S. 109), so ist dem entgegenzuhalten, daß der Verpflichtete zu mehr gar nicht angehalten werden kann. Wie sich aus Gäßler (Frauenrecht § 160) ergibt, pflegte man um die Mitte des Jahrhunderts für uneheliche Bürgers- und Bauernkinder die jährliche Alimentation auf 18—72 Gulden, für die Kinder „gemeiner Leute" aber auf weniger als 18 Gulden jährlich festzusetzen. Nach Hozinger (S. 63) war es zu Anfang des Jahrhunderts üblich, den Vater auf 1/4 oder 1/3 seines Elternguts oder auf 12—24 Gulden jährlich (oder auch weniger) zu verurteilen. Auch zur Zeit herrscht in dieser Beziehung noch die bunteste Mannigfaltigkeit.

so ist er hiezu verpflichtet, gleichviel, ob er aus dem Nachlaß viel oder wenig erhalten hat, ob er mit oder ohne die Rechtswohlthat des Inventars die Erbschaft angetreten hat[191]).

Die Frage, ob der Alimentationspflichtige befugt ist, die Alimente in natura zu leisten, muß auch nach bayrischem Landrecht unbedingt bejaht werden. Selbstverständlich wird aber auch hier vorausgesetzt, daß auf diese Weise die Bedürfnisse entsprechend befriedigt werden können, worüber eventuell der Vormund unter Oberaufsicht des Kuratelgerichts zu befinden hat. Ist dies nicht der Fall, so kann die Zahlung einer entsprechenden Geldsumme nicht verweigert werden.

Im Einzelnen ist noch folgendes zu erwähnen. Daß die Beschaffung der nötigen Kleidung ein Teil der Alimentationspflicht ist, ergibt sich aus Kreittmayr, Annot. zu Tl. III Kap. 1 § 15 Ziff. 12 litt. a, woselbst die Kleidung „pars alimentorum" genannt wird (vgl. Annot. zu Tl. I Kap. 7 § 11 Ziff. 9). Das Gleiche gilt natürlich von den infolge einer Krankheit erwachsenden Ausgaben. Auch die allgemein verbreitete Praxis, Schul- und Lehrgeld zu den Alimenten zu rechnen, findet ihre Begründung in den Worten Kreittmayrs (Annot. zu Tl. III Kap. 1 § 15 Ziff. 12):

---

[191]) Die in den Bl. f. R.A. Bd. 57 S. 377 vertretene Ansicht, der Erbe hafte nur insoweit, als er aus dem Nachlaß etwas erhalten hat, wenn er mit der Rechtswohlthat des Inventars angetreten hat, beruht auf der irrigen Annahme, seine Alimentationspflicht sei eine Nachlaßschuld.

„Von der Kollation bleibt weg, was zur Erlernung eines Handwerks oder anderer nützlicher Profession auf die Kinder verwendet wird, denn die Alimente begreifen nicht nur Kost, Wohnung und Kleidung, sondern auch all andere standesmäßige Auskunft und was dazu gedeihen mag[192])."

Nicht auf Gesetz, aber auf allgemein anerkanntem Gewohnheitsrecht beruht die Verbindlichkeit des Alimentationspflichtigen, auch für die Kosten der Taufe und des Begräbnisses der alimentationsberechtigten Person aufzukommen.

Der Anspruch auf Ersatz der Kosten der Niederkunft steht dagegen (wie die Klage auf Entschädigung für Defloration) der geschwächten Frauensperson zu und ist daher kein Bestandteil des Alimentationsanspruchs.

So wenig wie nach gemeinem Recht ist der Unterhaltspflichtige nach Landrecht verbunden, Kaution für die Erfüllung seiner Pflichten zu leisten oder ein eventuell getroffenes Alimentationsübereinkommen notariell beurkunden zu lassen (vgl. oben S. 48).

Aus dem Begriff der Alimente ergibt sich, daß

---

[192]) Vgl. Tl. I Kap. 7 § 11 Ziff. 6, woselbst dem Vormund aufgetragen ist, den Pupillen „nach Gestalt seines Vermögens, Standes und Wesens nicht nur mit Kost und Kleidung zu versehen, sondern auch in der Religion und anderen nützlichen oder nötigen Dingen seinem Beruf gemäß zeitlich unterrichten zu lassen." Bei der Berufswahl soll noch Kreittmayr (Annot. zu dieser Stelle) hauptsächlich auf des Mündels „inner- und äußerliche Gaben, Talente und Neigungen" gesehen werden.

dieselben oder die an ihre Stelle tretenden Geldbeträge im Voraus zu entrichten sind.

Bezüglich der Dauer der Alimentationspflicht gilt der gemeinrechtliche Grundsatz, daß die Pflicht beginnt mit dem Vorhandensein und endigt mit dem Wegfall ihrer Voraussetzungen[193].

Insbesondere muß auch für das Gebiet des bayrischen Landrechts behauptet werden, daß die allgemein verbreitete Praxis, die Unterhaltspflicht im vornherein auf eine bestimmte Zeit (12., 13., 14. oder 15. Lebensjahr des Unterhaltsberechtigten, vgl. die bei Duprel, Samml. Bd. II S. 367 mitgeteilten Erkenntnisse, Hofinger S. 63, Gäßler § 134) zu begrenzen, weder dem Wortlaut noch dem Sinn des Gesetzes entspricht. Selbstverständlich wird auch nach bayrischem Landrecht durch eine solche vergleichs- oder urteilsmäßige Fixierung

---

[193]) § 7 Ziff. 10: „Sobald die Notdurft aufhört, sobald hört auch das onus alimentationis wieder auf." Gegen die auch im gemeinen Recht vertretene Anschauung, als beginne die Unterhaltspflicht des unehelichen Vaters erst mit dem 3. Lebensjahr des Kindes (s. oben Note 72), wendet sich Kreittmayr in Annot. Ziff. 7—9 zu § 7. Aus derselben Stelle ergibt sich, daß es schon damals sonderbare Schwärmer gegeben hat, welche die Mutter verpflichten wollten, das Kind selbst zu stillen, eine Forderung, die neuerdings Menger mit großem Eifer gegenüber dem Entwurf des bürgerlichen Gesetzbuchs erhoben hat (Zusammenstellung der gutachtl. Aeußerungen z. Entw. Bd. IV S. 365). Nil novi sub sole!

weitergehenden im Uebrigen begründeten Ansprüchen nicht präjudiziert [194]).

Die Alimentationspflicht ist auch nach bayrischem Landrecht eine höchst persönliche und geht in ihren dreierlei Gestalten weder aktiv noch passiv auf die Erben über [195]).

Undankbarkeit des Berechtigten ist wie im gemeinen Recht als Grund des Wegfalls der Alimentationspflicht erklärt, jedoch nur, wenn sie so groß ist, daß deswegen Enterbung hätte Platz greifen können (§ 7 Ziff. 11) [196]).

d) Einwendungen gegen den Anspruch auf Alimentation.

Für die Beantwortung der Frage, welche Einwendungen der Alimentationsklage entgegengesetzt werden können, ist von erheblichster Bedeutung, auf welchen Klaggrund der Alimentationsanspruch gestützt wird.

Wird der Anspruch auf Grund der außerehelichen Vaterschaft erhoben, so wird er durch all die Einwendungen entkräftet, mit welchen der Vaterschaftsklage begegnet werden kann (s. o. S. 52), insbesondere also

---

[194]) Gäßler § 134. Urt. d. O.A.G. München v. 1. Aug. 1834 (Duprel Bd. II S. 367); gegen die erwähnte Praxis wendete sich schon Hofinger S. 50; vgl. oben S. 48.

[195]) Für Vererblichkeit, jedoch ohne überzeugende Begründung, Kreichgauer in den Bl. f. R.A. Bd. 58 S. 227.

[196]) Die Enterbungsgründe sind aufgeführt im ‚Tl. III Kap. 3 § 17 und 18.

durch den Nachweis, daß die Kindsmutter innerhalb der kritischen Zeit auch anderen Männern sich hingegeben habe. Allerdings haftet der als Vater in Anspruch Genommene trotz gelungener Einrede der mehreren Beihälter in seiner Eigenschaft als Stuprator; da aber dieser Anspruch auf völlig verschiedener Grundlage beruht, so wird der Kläger, falls er voraussehen kann, daß ihm diese Einrede entgegengehalten werden wird, gut daran thun, seinen Alimentationsanspruch überhaupt nicht auf die Vaterschaft zu gründen, oder doch den Beklagten eventuell in seiner Eigenschaft als Stuprator zu belangen, da ihm außerdem, wenn die Einrede der mehreren Beihälter bewiesen wird, und er nunmehr den Beklagten als Stuprator in Anspruch nehmen will, die Einrede der Klagsänderung mit Fug entgegengesetzt werden kann (C.P.O. § 235, 240).

Sowohl wenn die Klage auf die Vaterschaft, als wenn sie auf das stuprum sich stützt, wird sie entkräftet durch den Nachweis, daß der Geschlechtsverkehr des Beklagten mit der Kindsmutter für die Geburt des Kindes nicht kausal gewesen sein konnte[197]). Dies gilt insbesondere auch für die Klage gegen den Stuprator, da, wie oben gezeigt, Rechtsgrund seiner Verpflichtung nicht Delikt, sondern die durch die Thatsache des Beischlafs geschaffene Möglichkeit seiner Vaterschaft ist, welche Möglichkeit durch die erwähnte Einrede ausgeschlossen wird.

---

[197]) Ueber die einzelnen Arten dieses Nachweises s. o. S. 31.

Dagegen kann die Einwendung, daß der Beklagte zur Zeit des fraglichen Geschlechtsverkehrs unzurechnungsfähig gewesen sei, weder von dem als Vater noch von dem als Stuprator in Anspruch Genommenen mit Erfolg geltend gemacht werden; denn dieser Umstand ist für die Frage, ob der Beklagte wirklicher oder möglicher Vater ist, ohne alle Bedeutung.

Bezüglich der Wirksamkeit des Einwands, daß ein Anderer die Vaterschaft anerkannt oder sich zur Alimentation verpflichtet habe, kann auf das oben S. 32 Bemerkte verwiesen werden.

Der Klage auf Alimentation gegen den Erben als solchen kann natürlich die Einrede entgegengesetzt werden, daß das vom Gesetz geforderte Verwandtschaftsverhältnis zwischen dem Kläger und dem Erblasser in Wirklichkeit nicht bestanden habe; für diesen Beweis gelten die oben erörterten Grundsätze. Daß der Beklagte sich durch den Verzicht auf die Erbschaft, nicht aber durch Erbschaftsantritt mit der Rechtswohlthat des Inventars von der Alimentationspflicht befreien kann, wurde schon an früherer Stelle auszuführen versucht.

e) Vergleich, Verzicht, Zurückforderung geleisteter Alimente, Exekution, Cession, Verpfändung, Retention, Kompensation.

Zur Prozeßführung namens des unehelichen Kindes bedarf der Vormund keiner obrigkeitlichen Genehmigung, da ihm nach Tl. I Kap. 7 § 12 Ziff. 4 lediglich zur Pflicht gemacht ist, „in Vertretung pupillarischer Gerichtshändel sich nötigen Rates und Beistands verständiger Leute und Rechtsgelehrter zu gebrauchen". Selbstverständlich wird er aber bei wichtigen und zweifelhaften Rechtsfragen zu seiner Deckung nicht versäumen dürfen, vor Beginn eines Prozesses die kuratelamtliche Einwilligung zu erholen. Dagegen ist zum Abschluß eines Vergleichs über künftige Alimente die obervormundschaftliche Genehmigung erforderlich. Kap. 17 Ziff. 7 der alten bayrischen Gerichtsordnung von 1753, welche Bestimmung durch Art. 81 des bayr. Gesetzes zur Ausf. der C.P.O. u. K.O. v. 23. Febr. 1879 aufrecht erhalten worden ist, schreibt nämlich vor, daß Vormünder in Sachen, die ihre Mündel betreffen, sich zwar vergleichen mögen; wenn es aber unbewegliche oder solche Güter betrifft, die sich leicht erhalten lassen, so soll der obrigkeitliche Konsens erholt werden. Zu den Sachen, die sich leicht erhalten lassen, muß aber der Anspruch auf Alimentation zweifellos gerechnet werden. Dasselbe gilt natürlich für die vergleichsweise Aufgabe des Anspruchs auf Anerkennung der Vaterschaft; ebenso Urt. d. O.A.G. München v. 27. Sept. 1865 (Bl. f. R.A. Bd. 24 S. 349) und wohl auch Urt. desselben Gerichts v. 3. Januar 1875 (Samml. Bd. V S. 562). Dem letzteren ist aber wohl kaum beizutreten, wenn es den ohne obervormundschaftliche Genehmigung geschlossenen Vergleich nur seitens des Minderjährigen, nicht aber seitens des Gegenkontrahenten für anfechtbar erklärt; vielmehr wird behauptet werden müssen, daß ein solcher Vertrag nichtig ist und daher keinen der Vertragsteile bindet.

Ein allgemeiner Verzicht auf künftige Alimentation verstößt gegen „Ehrbarkeit, Gesetz und Ordnung“ und ist daher nach Tl. IV Kap. 1 § 16 ungültig, auch wenn er die kuratelamtliche Genehmigung erhalten haben sollte.

Über die Zurückforderung geleisteter Alimente bestimmt Tl. I Kap. 4 § 7 Ziff. 13: „Was man von Unterhaltswegen indebite geleistet hat, das mag auch von dem, der es entweder indebite empfangen oder von Rechtswegen zu leisten gehabt hätte, wiederum begehrt werden und wird eine Schenkung hierinfalls von Niemand vermutet, sondern muß bewiesen werden.“

Die Klage gegen den, der von Rechtswegen zu leisten gehabt hätte, ist, wie Kreittmayr (Annot. zu dieser Stelle) ausdrücklich bemerkt, die actio negotiorum gestorum; eine Schenkung wird auch bei Alimentation seitens der Mutter nicht vermutet (Kreittmayr a. a. O.).

Antiquiert und durch die Vorschriften der C.P.O. (§ 749 und 808) ersetzt ist die Bestimmung (Tl. I Kap. 4 § 7 Ziff. 9), daß in den zur Alimentation gewidmeten Sachen Exekution und Arrest nicht statthabe; dagegen ist noch praktisch die weitere Vorschrift, daß auch Retention in Alimentationssachen nicht Platz greife, welche Anordnung in Tl. IV Kap. 15 § 2 Ziff. 4 wiederholt wird. Über das Verbot der Cession, Verpfändung und Kompensation von Alimentationsansprüchen laut Art. 2 des Gesetzes vom 18. Dezember 1887 s. o. S. 60.

9. Makel der unehelichen Geburt.

Trotz einzelner Ansätze zu humanerer Auffassung steht der Verfasser des bayrischen Landrechts doch noch voll und ganz auf dem mittelalterlichen Standpunkt, daß dem unehelichen Kind ein Geburtsflecken[198]), eine „levis notae macula“ anklebe, deren Beseitigung Hauptzweck der legitimatio per rescriptum principis sein sollte. (Tl. I Kap. 5 § 9).

Schon die Anmerkungen Kreittmayrs zum Cod. jur. bavar. judic. von 1753 belehren uns hierüber zur Genüge, da ihnen zufolge uneheliche Kinder mangels ehrbaren Standes, Wesens und Herkommens nicht nur von der Würde eines Richters, Advokaten und Prokurators ausgeschlossen waren (Anm. zu Kap. 2 § 1 und Anm. zu Kap. 2 § 5 litt. r), sondern auch als exceptionsmäßige Zeugen gelten (Anm. zu Kap. 10 § 11 litt. b)[199]). Den Kindern ex damnato coitu wurde sogar das beneficïum competentiae verweigert (Anm. zu Kap. 18 § 10 litt. b).

Aber auch das Landrecht selbst bietet uns in dieser Beziehung reichhaltiges Material.

Im V. Teil Kap. 29 (von dem schlecht- oder ehrloser Leutenrecht) § 2 der Anmerkungen wird die levis notae macula definiert als „der Schandflecken, welcher von bedenklicher Geburt, schlecht- oder verächtlicher Pro-

---

[198]) A. Weishaupt, jus civ. priv. Ingolstadt 1777. Tom. I lib. 1 § 37 prop. II.

[199]) Vgl. Kreittmayr, Annot. z. cod. jud. Kap. 13 § 3 litt. d.

fession, übel beschrieenen Sitten und Handlungen zugezogen wird". Ihre Wirkung bestehe darin, daß der Befleckte nicht nur von Würden und Ehrenämtern ausgeschlossen, sondern auch unter den Handwerkern und nach Gestalt der Makel unter gemeiner Soldateska nicht einmal gelitten wird. „Von Geburt aus werden aber jene für befleckt geachtet, welche nicht in der Ehe, sondern in Unehren erzeugt sind" (a. a. O. lit. c)[200]). Eine Folge dieser Anschauung war (außer den schon erwähnten prozessualen Nachteilen),

1) daß man uneheliche Kinder nicht zur dignitas gradus academici zuließ; doch pflegte man illegitimi, wenn sie sich sonst wohl aufführten, leicht zu dispensieren (Anm. zu Tl. V Kap. 23 § 11 litt. b);

2) daß Uneheliche als irregulär nicht zu den Weihen zugelassen wurden, teils zur Verdeckung der Schande ihrer Eltern, teils aus Besorgnis, sie möchten in ihre Fußtapfen eintreten (Anm. zu Tl. V Kap. 19 § 41 Z. 11 Nr. 6; vgl. Anm. zu Tl. V Kap. 19 § 15 Ziff. 3

---

[200]) Daß sich dieser Makel auch auf die Eltern erstreckt habe, ist wohl trotz der Bemerkung Kreittmayrs, daß durch die legit. per resc. pr. bei Schandflecken „sowohl auf Seiten der Kinder als Eltern abgewischt wird" (Anm. zu Tl. I Kap. 5 § 8 Ziff. 4 und 5) nicht anzunehmen. Vgl. Leyser, med. in Pand. Vol. I spec. 19, wonach die nachfolgende Ehe auch die Mutter legitimiert, so daß sie von Zünften nicht mehr zurückgewiesen werden kann. Nach Tit. 1 Kap. 4 § 1 des cod. jur. bav. crim. von 1751 sind übrigens „die um Leichtfertigkeit wegen Bestraften von den Handwerkszünften solange ausgeschlossen, bis sie von der gnädigsten Landesherrschaft wieder dazu habilitiert werden".

litt. d und zu § 13 Ziff. 7 litt. c, sowie zu Tl. III Kap. 12 § 6 Z. 1 a. E.);

3) daß man bei Erbeinsetzung eines unehelichen Kindes den Geschwistern die querela inofficiosi testamenti gewährte.

Das Bayer. Landrecht von 1756 erwähnt an der kritischen Stelle. (Tl. III Kap. 3 § 14 Ziff. 3)[201]) die unehelichen Kinder nicht, wohl aber Kreittmayr, indem er ohne weitere Bemerkung die oben wiedergegebene Stelle des alten Landrechts wiederholt (Ann. zu § 14 Ziff. 5 litt. e).

Gestützt auf diese Stelle der Anmerkungen und auf Tl. I Kap. 5 § 9 Ziff. 2 (wonach durch die legitimatio per rescr. princ. die Geburtsflecken getilgt werden) hat die Erbeinsetzung eines unehelichen Kindes als Anfechtungsgrund erklärt ein oberstrichterliches Urteil vom 24. November 1840, citiert in den Bl. f. R.A. Bd. 7 S. 26 und vom Einsender mit dem Wunsche begleitet, „daß der humaner gewordene Zeitgeist diese, wie so manche veraltete gesetzliche Bestimmung aufheben möge". Eine Nachschrift der Redaktion polemisiert entschieden gegen die Richtigkeit dieses Urteils: ob eine Person zu den bemakelten gehöre, sei nicht nach den zu Kreittmayr's Zeit herrschenden, sondern nach modernen Begriffen zu prüfen; da die Volksansichten darüber, was die Ehre schmälert, nach Ort und Zeit wechseln, so müsse das Ge-

---

[201]) „Kollateralbefreundte sind niemals Noterben, ausgenommen Bruder und Schwester, wenn eine ehrlose oder bemakelte Person instituiert ist und sie nicht selbst von der gleichen Gattung sind."

setz in dieser Sphäre der Rechtsanwendung den zur Würdigung der öffentlichen Meinung erforderlichen Spielraum lassen; dies habe eben das Landrecht von 1756 dadurch gethan, daß es im Text von jeder Spezifikation der bemakelten Personen absehe.

Diese mildere Anschauung hat denn auch später allgemeine Anerkennung gefunden; s. Erk. des O.A.G. Cassel vom 17. Oktober 1840 (Bl. f. R.A. Bd. 8 S. 304; Seufferts Arch. Bd. 1 N. 91); Bl. f. R.A. Bd. 12 2. Erg.-Bl.; Erk. des O.A.G. München vom 11. Juli 1846 (Bl. f. R.A. Bd. 17 S. 32); Erkenntn. des obersten Gerichtshofs vom 13. Januar 1868 (Bl. f. R.A. 1. Erg.-B. S. 353)[202]) und vor allem Plenarbeschluß des O.A.G. München vom 30. Mai 1851 (Reg.-Bl. 1851 S. 658). Die Motive dieses Beschlusses heben hervor, daß durch die Unterlassung namentlicher Aufzählung der zu den bemakelten Personen gehörigen Kategorien im Texte des Landrechts die Frage als offene bezeichnet werden sollte, daß die neuere Volksanschauung über uneheliche Kinder eine weit mildere sei als die des vorigen Jahrhunderts[203]) und daß aus der

[202]) Dieses Urteil geht wohl zu weit, wenn es behauptet, daß auch eine Konkubine nicht an sich und für sich als turpis persona betrachtet werden könne. S. Urt. d. O.L.G. Rostock v. 15. Febr. 1893 u. d. O.L.G. Celle v. 14. Dez. 1894 (S. A. Bd. 50 N. 27 u. 237).

[203]) Daß zu den bemakelten Personen im Sinne des bayr. Landrechts Tl. III Kap. 3 § 14 Ziff. 3 auch uneheliche Kinder gehören, ist noch nach Gett (Rechtsverhältnisse, erschienen 1836, S. 313) „außer Zweifel".

gesetzlichen Vorschrift, daß durch legit. per rescriptum principis die Geburtsflecken getilgt werden, nicht gefolgert werden dürfe, daß ohne Legitimation dieser Makel vorhanden sei.

Da die heutige Volksanschauung über die unehelichen Kinder gegenüber der von 1851 an Strenge jedenfalls nicht zugenommen hat, so wird man auch für das heutige Recht behaupten dürfen, daß die Einsetzung eines unehelichen Kindes nicht als Einsetzung einer turpis persona gilt und die Geschwister des Erblassers daher nicht zur Anfechtung des Testaments berechtigt.[204])

10. Erbrecht.

a. Erbfolge auf Grund Testaments (testamenti factio passiva).

Nach Tl. III Kap. 3 § 12 kann Jedermann zum Erben eingesetzt werden außer den im Tl. III Kap. 1 § 3 Ziff. 4 als erbunfähig bezeichneten Personen; dies sind Geächtete, zum Tod Verdammte, Ketzer, Ungläubige,

---

204) Selbstverständlich ist damit die heutige Anwendbarkeit des Tl. III Kap. 3 § 13 nicht im Geringsten in Zweifel gezogen, s. den citierten Plenarbeschluß vom 30. Mai 1851 Ziff. 5 und Urteil vom 3. September 1859 (Bl. f. R.A. Bd. 28 S. 304). Auf der Annahme einer levis notae macula des unehelichen Kindes beruhte auch die Erhöhung der Taxen für Taufen unehelicher Kinder, die Versagung der kirchlichen Ehren bei Beerdigung Unehelicher und die Annahme, daß Uneheliche nicht testierfähig seien, welche Mißbräuche durch die Verordnungen vom 5. April 1803, 24. Mai 1803 und 3. April 1807 (R.Bl. 1803 S. 232, 345, 1807 S. 650) beseitigt wurden.

unzulässige Collegia und Konfraternitäten, nebst den Mendikantenklöstern, welche nicht bonorum capaces sind, und all jenen, welche Profession davon machen. Die Erbunfähigkeit der ersten vier Kategorien ist nicht mehr geltendes Recht. Eine weitere Beschränkung der Erbeinsetzungsfähigkeit enthält Tl. III Kap. 3 § 13. Nach dem Inhalt dieser Vorschrift kann

I. der Vater seine unehelichen Kinder, wenn sie

a) nicht legitimiert sind, weiter nicht als in den bloßen Unterhalt, bis sie sich gleichwohl selbst nähren können, zu Erben einsetzen, es sei denn, daß er weder in auf- noch absteigender oder Kollaterallinie einen Befreundten mehr hat[205]). Sind aber

---

[205]) Da die Vorschrift des bayr. Landrechts (Tl. III Kap. 12 § 5 Ziff. 1), daß bei Nichtvorhandensein von Verwandten die Erbschaft mit Ausschließung der Ehegatten an den Fiskus fällt, durch den Landtagsabschied vom 29. Dez. 1831 (Gesetzbl. S. 115) dahin abgeändert wurde, daß die Ehefrau ein den Fiskus ausschließendes Erbrecht erhielt, so kann wohl nicht bezweifelt werden, daß auch bei Vorhandensein einer rechtmäßigen Ehegattin der Vater seinen nicht legitimierten unehelichen Kindern nicht mehr als den Unterhalt zuwenden kann; denn, wie aus Kreittmayr (Annot. zu Tl. III Kap. 3 § 13 Ziff. 3 a. E.) erhellt, wollte man den Letzteren nur vor dem Fiskus den Vorzug geben. Dies ergibt sich insbesondere auch daraus, daß nach dem Landrecht von 1616, welches der Ehefrau Erbrecht ex edicto unde vir et uxor einräumte, bei Vorhandensein einer Ehefrau den unehelichen Kindern nicht mehr als der Unterhalt zugewendet werden konnte. (Baron Schmid, Note 10 zu Tit. 39 Art. 2). Gegen die hier vertretene Ansicht Urt. d. O.A.G. München v. 25. April 1864 (Bl. f. R.A. Bd. 29 S. 222). Unter den „Befreundten" ist hier wie in Ziff. 5 und im Tl. III Kap. 12 § 2 Ziff. 11 im Gegensatz

b) dergleichen Kinder legitimiert, so ist zu unterscheiden, ob neben ihnen noch andere Kinder oder Descendenten aus ehelicher Geburt vorhanden sind oder nicht.

1. Erstenfalls kann der Vater die Legitimatos und ihre Mutter zusammen weiter nicht als in dem 12. Teil seines Vermögens instituieren, ausgenommen, wenn solcher zu ihrem Unterhalte nicht erklecklich ist, welches zu richterlicher Ermäßigung stehet.

2. Anderenfalls hat er freien Willen, jedoch dergestalt, daß er seinen Eltern, wenn sie noch bei Leben sind, ihre Notgebührnis lassen muß.

II. Die Mutter kann

a) ihre unehelichen Kinder, welche nicht legitimiert sind, ebenfalls nicht weiter als in dem Unterhalte instituieren, ausgenommen, wenn kein anderer Erbe in auf- oder absteigender Linie vorhanden ist;

b) in Ansehung legitimierter Kinder aber hat sie sich hierinfalls ebenso wie der Vater zu verhalten (§ 13 Ziff. 1—3).

Die Legitimation, von der hier gesprochen wird, ist nach Ziff. 4 immer die legitimatio per rescriptum principis, da die per subsequens matrimonium Legitimierten den ehelichen Kindern völlig gleichstehen.

Kinder aus verdammter Geburt können ungeachtet aller

---

zu den „rechtmäßigen Befreundten" (Tl. III Kap. 12 § 4 Ziff. 10) jeder nach Tl. III Kap. 12 berufene Intestaterbe verstanden, also auch z. B. das uneheliche Kind einer Schwester des Testators, denn auch dieses ist gemäß Tl. III Kap. 12 § 4 vor dem Fiskus zur Erbschaft berufen.

Legitimation[206]) weder von Vater noch Mutter weiter als in den bloßen Unterhalt eingesetzt werden, ausgenommen, wenn die Erbschaft in Ermangelung anderer Befreundten dem Fiskus heimfällig würde und das Testament von der Landsherrschaft bestätigt wird (Ziff. 5)[207]). Nach Ziff. 6 gilt all dies ebenso wie von der Erbeinsetzung auch von anderen letztwilligen Dispositionen und von Schenkungen unter Lebenden (vgl. hiezu Tl. III Kap. 5 § 4, Kap. 6 § 5 Ziff. 1, Kap. 8 § 9 Ziff. 5 und Kap. 9 § 3). Die Voraussetzungen der Erbfähigkeit unehelicher Kinder müssen nicht nur im Zeitpunkt der Testamentserrichtung, sondern auch zur Zeit des Todes des Erblassers und des Erbschaftsantritts, sowie bei bedingter Erbeinsetzung auch zur Zeit des Eintritts der Erfüllung der Bedingung vorhanden sein (Tl. III Kap. 3 § 12). Das Testament einer Mutter zu Gunsten ihres nicht legitimierten unehelichen Kindes ist daher ungültig, falls sie eheliche Kinder hinterläßt, mag sie auch bei Errichtung des Testaments noch ohne eheliche Descendenz gewesen sein.

---

[206]) Daß damit die Befugnis des Landesherrn, auch in dieser Beziehung zu legitimieren, nicht ausgeschlossen werden wollte, kann nicht bezweifelt werden, s. Mandat vom 27. August 1776 (Mayr, Generaliensammlung Bd. II S. 1384).

[207]) Kindern aus verdammter Geburt kann auch indirekt, z. B. durch Substitution, nichts zugewendet werden, was bei den übrigen unehelichen Kindern, wenn es nicht in fraudem legis geschieht, für zulässig erklärt wird (Kreittmayr, Ziff. 1 litt. b, Ziff. 2 litt. b). Daß eine solche fraus vorliege, muß natürlich beweisen, wer es behauptet, Urt. d. O.L.G. München v. 19. April 1888 (Samml. Bd. XII S. 75).

Die erwähnten Vorschriften stimmen, was die Befugnisse des Vaters betrifft, mit denen des Landrechts von 1616 vollkommen überein. Daß der Vater bei Nichtvorhandensein irgendwelcher erbberechtigter Verwandten auch seinen nicht legitimierten unehelichen Kindern sein ganzes Vermögen zuwenden kann, ist zwar nicht ausdrücklich ausgesprochen, kann aber, da eine Beschränkung nicht statuiert ist und eine Abweichung vom alten Landrecht auch in dieser Beziehung sicher nicht beabsichtigt war, einem Zweifel nicht unterliegen.

Die Befugnisse der Mutter gegenüber ihren nicht legitimierten Kindern sind ebenfalls genau wie im alten Landrecht geregelt. Sie ist in dieser Beziehung dem Vater gegenüber insofern bevorrechtet, als ihr nur beim Vorhandensein ehelicher Descendenten oder Ascendenten verboten ist, ihren nicht legitimierten unehelichen Kindern mehr als den bloßen Unterhalt zuzuwenden, während diese Befugnis für den Vater an das Nichtvorhandensein irgendwelcher erbberechtigter Verwandten geknüpft ist, m. a. W., das Vorhandensein von erbberechtigten Seitenverwandten hindert zwar den Vater, nicht aber die Mutter, ihren unehelichen nicht legitimierten Kindern mehr als den bloßen Unterhalt zuzuwenden[208]).

[208]) Wie trotzdem Roth, bayr. Civilrecht Bd. III S. 241 b, behaupten kann, daß nach bayr. Landrecht Vater und Mutter, welche Intestaterben haben, ihren nicht legitimierten Kindern nur den Unterhalt zuwenden können, erscheint schwer begreiflich. Unrichtig auch Gett, Rechtsverh. S. 311, welcher behauptet, der Vater könne nicht legitimierten unehelichen Kindern sein ganzes Vermögen zuwenden, wenn er keine Ascendenten oder

In Ansehung ihrer Befugnisse gegenüber legitimierten Kindern aber ist die Mutter nunmehr (anders das alte Landrecht, s. o.) dem Vater gleichgestellt.

Die im § 13 Ziff. 4—6 getroffenen Bestimmungen schließen sich vollständig an das alte Landrecht an.

Zur Motivierung der Sätze des § 13 führt Kreittmayr drei Gründe auf: das odium libidinis, den favor der rechtmäßigen Kinder und respectu patris et paternorum ascendentium den Umstand, daß uneheliche Kinder „certum patrem schwerlich oder gar nicht demonstrieren können, sondern originis valde dubiosae et aequivocae sind".

Es bedarf keiner eingehenden Prüfung, um zu erkennen, daß der letzterwähnte Grund in Wahrheit zur Rechtfertigung des Gesetzes nicht verwendet werden kann; denn einmal wird durch Anerkennung oder richterliche Feststellung der Vaterschaft die Zweifelhaftigkeit derselben rechtlich ebenso beseitigt wie für eheliche Kinder durch die praesumtio patris quem nuptiae demonstrant; dann aber ist zur testamenti factio passiva ja auch sonst keineswegs erforderlich, daß man mit dem Testator auch nur im entferntesten verwandt sei.

Hat der Erblasser etwaige Pflichtteilsberechtigte in gesetzlicher Weise bedacht, so kann er jedem extraneus sein ganzes übriges Vermögen zuwenden; warum der

---

Descendenten habe. Über die Berechnung des Pflichtteils der mütterlichen Ascendenten, falls die uneheliche Mutter neben ihrem Kind noch andere Personen bedenkt, s. Not. Zeit. Jahrg. 1888 S. 105 ff.

Umstand, daß das uneheliche Kind vielleicht nicht vom Testator erzeugt ist, seine Einsetzungsfähigkeit alterieren soll, ist schwer einzusehen.

Daß es die höchste Ungerechtigkeit ist, das odium libidinis durch Bestrafung der unehelichen Kinder, die an der libido vollkommen unschuldig sind, zu bethätigen, ist klar; die Ungerechtigkeit ist nur noch schreiender dadurch geworden, daß die zur Zeit der Erlassung des Landrechts geltenden Strafbestimmungen für außerehelichen Beischlaf gegenwärtig beseitigt sind (s. o. Note 176), so daß nunmehr das odium libidinis sich in der That ausschließlich gegenüber dem schuldlosen Teil als wirksam erweist.

Was die Rücksicht auf die ehelichen Kinder betrifft, so versagt auch dieses Motiv bezüglich der Vorschrift, welche trotz Nichtvorhandenseins ehelicher Descendenten die testamenti factio passiva der unehelichen Kinder beschränkt. Zur Rechtfertigung des Satzes, daß der Vater seinen nicht legitimierten unehelichen Kindern, wenn überhaupt ein noch so entfernter erbberechtigter Verwandter von ihm am Leben ist, nur das zum Leben absolut Unentbehrliche zuwenden kann, reicht von den drei Argumenten Kreittmayr's nicht eines aus.

Noch sinnloser sind die vom Gesetzgeber statuierten Beschränkungen der testamenti factio passiva der unehelichen Kinder gegenüber der Mutter.

„Es hat seine Schwierigkeit," (bemerkt mit Recht der Verfasser der Abhandlung in der Notariatszeitung Jahrg. 1888 S. 105 ff.) „einer Mutter zu verdeutlichen, daß sie zwar einem Kamerunneger je nach der Anzahl ihrer Ehekinder $^2/_3$ oder $^1/_2$ ihres Rücklasses zuwenden könne, ohne erfolgreichen Widerspruch der Ehekinder fürchten zu müssen, daß sie aber diese Anstreitung zu gewärtigen habe, sobald sie sich beikommen läßt, ihrem unehelichen Kind auch nur $^1/_{10}$ zuzuwenden."

Vollkommen unbegreiflich aber ist die Vorschrift, daß eine Frauensperson, auch wenn sie keine ehelichen Kinder, sondern nur Eltern und nicht legitimierte uneheliche Kinder hinterläßt, den letzteren nur den Unterhalt zuwenden kann; denn, wie wir sehen werden, statuiert der Gesetzgeber bei Nichtvorhandensein ehelicher Descendenz (mögen auch Ascendenten vorhanden sein) zu Gunsten des unehelichen Kindes Intestaterbrecht gegenüber seiner Mutter; er schreibt also für den Fall, daß keine letztwillige Verfügung vorhanden ist, selbst das vor, was er letztwillig anzuordnen der Mutter verbietet. Die Konsequenz davon ist, daß, wenn die Eltern der Kindsmutter auf Grund des § 13 eine von ihrer Tochter zu Gunsten ihres unehelichen Kindes getroffene Disposition anfechten und damit das Testament aus der Welt schaffen, nunmehr auf Grund der Intestaterbfolge gerade das eintritt, was der Gesetzgeber durch seine Vorschrift verhüten wollte! Mag man die boshafte Bemerkung des Verfassers der erwähnten Abhandlung (Not. Ztg. 1888 S. 105 ff.), der sichtliche Widerwille Kreittmayrs gegen die unehelichen Kinder beruhe darauf, daß er selbst mit solchen gesegnet war, für begründet halten oder nicht, soviel steht fest, daß wohl kaum eine Bestimmung des bayrischen Landrechts existiert, deren Reformbedürftigkeit so über allen Zweifel erhaben ist, als die des erwähnten § 13!

Im Text des Gesetzes geschieht der Großeltern des unehelichen Kindes keine Erwähnung. Nach Kreittmayr (Z. 6) besteht in dieser Beziehung zwischen dem jus Bavaricum und commune ein großer Unterschied: nach dem alten Landrecht würden nämlich die Eltern und Großeltern auf gleichen Fuß traktiert und habe das Nämliche bei diesen Statt, was von jenen schon gesagt worden sei, nach gemeinem Recht aber stünden die Großeltern mütterlicherseits der Mutter gleich, die Großeltern väterlicherseits dagegen könnten ihren Enkeln in Ermangelung rechtmäßiger Descendenten alles zuwenden, bei Vorhandensein solcher aber hätten sie nur die gleichen Befugnisse wie der Vater gegenüber seinem unehelichen Kind, es sei denn, daß die Zuwendung lediglich intuitu nepotis geschehe; im Zweifel sei zu vermuten, daß eine solche Zuwendung mehr intuitu nepotis quam avi (sollte heißen filii!) geschehen sei; Enkeln aus verdammter Geburt könne niemals mehr als der bloße Unterhalt zugewendet werden.

Man kann Kreittmayr von dem Vorwurf nicht freisprechen, daß er in diesem Punkte nicht nur (gleich den meisten seiner Zeitgenossen) das römische Recht, sondern auch das Landrecht von 1616 unrichtig aufgefaßt habe.

Daß das römische Recht überhaupt nur die testamenti factio passiva von Konkubinenkindern beschränkt, wurde schon oben bemerkt; aber auch die Behauptung, daß das alte Landrecht Eltern und Großeltern unehelicher Kinder gleichstelle, ist durchaus irrig. Während Tit. 39 Art. 2 des alten Landrechtes von der testamenti factio passiva der unehelichen Kinder gegenüber Vater und Mutter, Art. 3 vom Intestaterbrecht gegenüber dem Vater und Art. 4 vom Intestaterbrecht gegenüber den väterlichen Ascendenten handelt, regelt Art. 5 das Intestaterbrecht der unehelichen Kinder gegenüber der Mutter und den mütterlichen Ascendenten. Wenn nun am Schluß dieses Artikels unmittelbar nach der Darstellung des Intestaterbrechtes gegenüber dem mütterlichen Ahnherrn und der mütterlichen Ahnfrau und in demselben Absatz auch von der testamenti factio passiva gesprochen wird, so hat der Gesetzgeber zweifellos auch in dieser Beziehung nur die mütterlichen Ascendenten im Auge (die Unbestimmtheit dieser gesetzlichen Vorschrift wurde schon oben betont). Die testamenti factio passiva gegenüber väterlichen Ascendenten wird zwar nicht im Gesetz, wohl aber in den Anmerkungen des Baron Schmid (wenigstens was das Verhältnis zum väterlichen Großvater anlangt) ausführlich in der oben dargestellten Weise besprochen (Note 2 zu Art. 4). Es kann also nicht behauptet werden, daß das alte Landrecht Eltern und Großeltern gleichstellt. Noch weniger aber ist die (offenbar von Kreittmayr vertretene) Ansicht richtig, daß nach dem bayr. Landrecht von 1756 das Gleiche bezüglich der Großeltern

Geltung habe wie bezüglich der Eltern.[209]) Da vielmehr die Regel gilt, daß testamenti factio passiva jedem zusteht, dem sie nicht ausdrücklich durch das Gesetz entzogen ist (bayr. Landrecht Tl. III Kap. 3 § 12, Urt. d. O.A.G. München v. 9. Nov. 1875, Samml. Bd. V S. 467), und das Gesetz nicht nur nicht die geringste Andeutung einer solchen Beschränkung für uneheliche Kinder gegenüber ihren Großeltern enthält, sondern sogar der nur für die mütterlichen Ascendenten im alten Landrecht getroffenen unklaren Bestimmung dieser Art keine Aufnahme gewährt hat, so ist trotz der (auch in den Anm. zu § 13 Ziff. 1 litt. a und b zum Ausdruck gekommenen) gegenteiligen Ansicht Kreittmayr's, die dem klaren Wortlaut des Gesetzes gegenüber nicht in Betracht kommen kann, daran festzuhalten, daß salva legitima der Pflichtteilsberechtigten jede Zuwendung der beiderseitigen Großeltern an ihre Enkel, selbst an solche ex damnato coitu (der Eltern oder Großeltern), gleichviel, ob es sich um die unehelichen Kinder eines ehelichen Kindes oder um die ehelichen oder unehelichen Kinder eines unehelichen Kindes handelt, als vollkommen gültig anzusehen ist.

Die Richtigkeit dieser Ansicht wird noch durch die

---

[209]) Hiebei wäre immer noch zu fragen, ob die (ehelichen oder unehelichen?) Eltern des Vaters diesem und die (ehelichen oder unehelichen?) Eltern der Mutter dieser, oder aber die beiderseitigen Großmütter der Mutter und die Großväter dem Vater gleichstehen.

Erwägung bestärkt, daß im Tl. III Kap. 12 des bayr. Landrechts die Intestaterbfolge der unehelichen Kinder gegenüber ihren Großeltern zum Gegenstand eingehender gesetzlicher Vorschriften gemacht ist, ein Grund mehr für den Gesetzgeber, falls er die testamenti factio passiva der unehelichen Kinder gegenüber ihren Großeltern beschränken wollte, dies expressis verbis zu thun.

Wenn zur Begründung der gegenteiligen Ansicht in dem Erkenntnis des O.A.G. München vom 30. Juni 1852 (Bl. f. RA. Bd. 18 S. 63) auf Tl. I Kap. 4 § 3 Ziff. 4 verwiesen wird, wonach unter Eltern alle Ascendenten zu verstehen sind, so wird dabei übersehen, daß dieß nur gelten soll, soweit nicht etwa durch Spezialverordnungen ein gewisses Ziel hierin gesetzt ist (bayr. Landrecht a. a. O.); dies ist aber dadurch geschehen, daß § 13 lediglich von Vater und Mutter spricht. Der Satz, daß Privilegien strikt zu interpretieren sind, muß doch wohl auch für privilegia odiosa gelten!

Auch die Berufung auf I. 11 Cod. V, 27 in dem erwähnten Urteil erscheint verfehlt, da, wie schon wiederholt bemerkt, das römische Recht die testamenti factio nur bei Konkubinenkindern beschränkte und die subsidiäre Anwendung dieser Vorschrift daher nicht als „schicklich und applicabl“ (vgl. Kreittmayr, Ann. zu Tl. I Kap. 2 § 9 Ziff. 20) betrachtet werden kann.

Daß anderen Personen gegenüber selbst Kinder ex damnato coitu unbeschränkte testamenti factio passiva besitzen, und daß die Eltern auch gegenüber ihren Kindern ex damnato coitu in ihrer testamenti factio passiva nicht beschränkt sind, weil der in Tl. III Kap. 12 § 3 Ziff. 8 für die Intestaterbfolge statuierte Grundsatz der Gegenseitigkeit hier nicht anwendbar ist, wird in dem Urteil des obersten Gerichtshofes vom 9. November 1875 (Samml. Bd. V S. 465, Bl. f. R.A. Bd. 41 S. 79) ausdrücklich anerkannt; seltsam ist nur, daß auch dieses Erkenntnis, obwohl es den Wortlaut des Gesetzes citiert, die Anwendbarkeit des § 13 auch auf Großeltern ausdehnt.[210])

Wie aber, wenn der Vorschrift des § 13 zuwider ein uneheliches Kind im Testament auf mehr als den bloßen Unterhalt eingesetzt ist?

Darf der Verlassenschaftsrichter, dem ein solches Testament produziert wird, das uneheliche Kind auf Grund des remedium ex lege ult. Cod. de edicto Divi Hadr. toll. (im bayr. Landrecht Tl. III Kap. 1 § 10 ungenau edictum divi Hadriani genannt)[211]) in den Besitz

---

[210]) Auch Gett, Rechtsverh. S. 310 Nr. 575 stellt ohne jede Begründung die Großeltern den Eltern gleich. Ebenso spricht ganz allgemein von „Ascendenten" das O.A.G.E. vom 19. April 1888 (Bl. f. R.A. Bd. 53 S. 191, Samml. Bd. XII S. 75); dagegen erklärt ein O.A.G.E. vom 3. Februar 1865 (Bl. f. R.A. Bd. 30 S. 281; s. auch O.A.G.E. vom 24. August 1859, Bl. f. R.A. Bd. 24 S. 366) den § 13 für unanwendbar auf den Großvater gegenüber dem unehelichen Kind seiner ehelichen Tochter, weil hier von Ungewißheit der Vaterschaft keine Rede sein könne.

[211]) Daß das remedium, weil materiellrechtlicher Natur, auch nach Einführung der Reichs-Civilprozeßordnung in Bayern noch gilt, ist ausgesprochen in einem Urteil des obersten Landesgerichts München vom 5. November 1888 (Sammlg. Bd. XII S. 183, Seufferts Arch. Bd. 44 N. 114).

der Erbschaft einweisen und es dem Interessenten überlassen, die Ungültigkeit des Testaments auf dem Rechtsweg nachzuweisen, oder muß er vielmehr wegen Vorliegens eines Falles, in dem „das edictum aus rechtserheblichen Ursachen nicht Platz greifen kann“ (s. Generalmandat vom 30. Oktober 1767 in Moriz' Novellen zum bayr. Landrecht, Memmingen 1820 S. 332), den Rücklaß den Intestaterben überweisen? m. a. W., ist der Umstand, daß ein Testament der Vorschrift des § 13 zuwiderläuft, ein „sichtiger Mangel“, der die Immission verbietet (Tl. III Kap. 1 § 10 Ziff. 1)? Schon nach gemeinem Recht war es streitig, ob auch die sogen. „inneren“ Mängel eines formell tadellosen Testaments zu den das remedium ausschließenden Gründen zählen. Während ein Erkenntnis des O.A.G. Darmstadt vom 7. Februar 1843 (Seufferts Arch. Bd. 6 N. 229) das Vorhandensein eines älteren korrespektiven Testaments und ein Urteil des O.A.G. Cassel vom 2. März 1825 (Seufferts Arch. Bd. 3 N. 283) überhaupt innere Mängel, sofern sie sofort liquid sind, als das remedium ausschließend bezeichnet, hat umgekehrt das O.A.G. Wiesbaden in einem Urteil von 1862 (Seufferts Arch. Bd. 17 N. 70) innere Mängel, z. B. Mangel der Testierfähigkeit, Ungültigkeit oder Unwirksamkeit der Disposition, für irrelevant erklärt.

Dagegen hat sich der ersteren Ansicht das oberste Landesgericht München in einem Urteil vom 13. März 1886 (Samml. Bd. XI S. 361, Seufferts Arch. Bd. 41 N. 197) angeschlossen mit der Motivierung, daß auch die l. 3 Cod. VI, 33, auf der diese Bestimmung beruhe, zwischen inneren und äußeren Mängeln nicht unterscheide, und daß es der Gerechtigkeit widersprechen würde, eine die Erbberechtigung ausschließende liquide Thatsache nur deßwegen nicht zu berücksichtigen, weil sie nicht aus dem Testament allein hervorgehe.

Ebenso hat das gleiche Gericht schon mit Urteil vom 21. Februar 1876 (Samml. Bd. VI S. 228) entschieden, „weil zu den sichtlichen Mängeln nicht bloß die äußeren, sofort wahrnehmbaren, sondern auch die inneren, also gesetzwidrige Unterlassungen, sowie Zuwiderhandlungen gegen die gesetzlichen Vorschriften inbegriffen sind und hiezu auch Mängel in Bezug auf die Erbeinsetzung gehören".

Auch Kreittmayr rechnet Mängel, die sich an der Erbeinsetzung äußern, zu den ins Gesicht fallenden (Anm. zu Tl. III Kap. 1 § 10 Ziff. 6).

Da nun die Zuwiderhandlung gegen die Vorschriften des § 13 gewiß ein sofort in die Augen fallender Mangel des Testaments ist, so wird der Verlassenschaftsrichter (selbstverständlich auch, wenn er zugleich Obervormund des instituierten unehelichen Kindes sein sollte!) auf Grund eines solchen Testaments die Immission verweigern und den Rücklaß den Intestaterben überweisen müssen, es sei denn, daß das Vorliegen eines gesetzlichen Ausnahmefalls (Legitimation des Kindes, Mangel ehelicher Verwandtschaft ꝛc.) sofort in einwandfreier Weise liquid gestellt werden könnte (vgl. Beschluß d. O.L.G. München v. 20. Mai 1892, Samml. Bd. XIV S. 135).

Die Frage, ob ein gegen § 13 verstoßendes Testament nichtig oder nur anfechtbar ist, wird praktisch bedeutsam nur dann, wenn Intestaterben zwar vorhanden sind, auf den Rücklaß aber keinen Anspruch erheben. Die Urteile des O.A.G. München vom 25. April und 16. Juli 1864 (Bl. f. R.A. Bd. 29 S. 221 und 427) vertreten die letztere Ansicht mit der Begründung, daß der § 13 keineswegs vom odium libidinis, sondern von der Rücksicht auf die ehelichen Verwandten diktiert sei, und daß Kreittmayr (Ann. zu § 13 Ziff. 3 litt. b „im übrigen ist einerlei, ob gar keine rechtmäßige Kinder vorhanden sind, oder die Vorhandene auf das, was der Vater zu favor der Unächten disponiert hat, sammentlich einwilligen") den Verzicht der Kinder ausdrücklich ihrem Nichtvorhandensein gleichstelle.

Wenn nun auch das erste Argument für die Kinder ex damnato coitu gewiß nicht zutrifft (s. Kreittmayr, Ann. zu § 13 Ziff. 2 litt. c) und die Gleichstellung des Verzichts der Kinder mit ihrem Nichtvorhandensein nur für das gemeine Recht ausgesprochen wird, so dürfte dieser Ansicht doch um deßwillen beizutreten sein, weil, wie sich aus dem Texte des Gesetzes und den Ann. zu § 13 Ziff. 3 a. E. mit Evidenz ergibt, den unehelichen Kindern (und zwar selbst denen ex damnato coitu, wenn der Landesherr das Testament bestätigt hat,) ein unbedingtes Vorzugsrecht vor dem Fiskus eingeräumt werden sollte. Übrigens würde auch bei Annahme der gegenteiligen Ansicht den Intestaterben natürlich nicht verwehrt werden können, die Erbschaft anzutreten, um sodann den Rücklaß schenkungsweise den eingesetzten Erben zu überlassen (s. O.A.G.E. vom 6. Dezember 1864, Bl. f. R.A. Bd. 30 S. 47).

Zur Anfechtung des Testaments ist selbstverständlich nur berechtigt, wer an der Ungiltigkeit desselben ein rechtliches Interesse hat (s. die Urteile vom 25. April und 16. Juli 1864).

Daß keine wirkliche Erbeinsetzung vorliegt, wenn die Eltern von ihrer Befugnis, das außereheliche Kind auf den Unterhalt „zu Erben einzusetzen", Gebrauch machen, sondern nur die Zuweisung eines Anspruchs, den das Kind auf Grund des Tl. III Kap. 12 § 2 Ziff. 11 auch außerdem hätte (s. Entscheidung des O.L.G. München vom 24. August 1859 Bl. f. R.A. Bd. 24 S. 364), bedarf keiner weiteren Ausführung. Zur Wahrung dieses Anspruchs ist daher Erbschaftsantritt nicht erforderlich. Voraussetzungen, Inhalt, Umfang und Dauer des durch letztwillige Verfügung zugewendeten Unterhaltsanspruchs sind die gleichen wie bei dem ohne solche Verfügung eintretenden Alimentationsanspruch gegenüber dem Erben.

b) Intestaterbfolge.

Das bayrische Landrecht acceptiert bekanntlich die römischrechtliche Gliederung der Intestaterben in vier Klassen und beruft in der 1. Klasse die Descendenten, in der 2. die Ascendenten, vollbürtigen Geschwister und deren Kinder, in der 3. die halbbürtigen Geschwister und deren Kinder, in der 4. alle übrigen Seitenverwandten.

Was nun die den unehelichen Kindern im Intestaterbrecht vom bayr. Landrecht eingeräumte Stellung anlangt, so dürfen wir als für alle vier Klassen gleichmäßig geltende Sätze bezeichnen:

1. daß zwischen naturales und spurii hier kein Unterschied besteht (Kreittmayr, Ann. zu Tl. III Kap. 12 § 2 Ziff. 6 litt. e);

2. daß uneheliche durch nachfolgende Ehe legitimierte Kinder ehelichen vollkommen gleichstehen, während die durch landesherrliches Reskript Legitimierten nur insoweit vor nicht legitimierten unehelichen Kindern bevorzugt sind, als dieß in dem Legitimationsreskript ausdrücklich festgesetzt ist (Tl. III Kap. 12 § 2 Ziff. 9 und 11, § 3 Ziff. 7 und 8 und § 4 Ziff. 9 und 10; Kreittmayr, Ann. zu § 2 Ziff. 7 a. E.: „von der Landesherrschaft selbst ist wohl nicht zu vermuten, daß sie sich oder ihren successoribus in regimine durch diesen Articul habe die Hände weiter binden wollen, als es die Rechten zugeben");

3. daß Kinder aus verdammter Geburt zwar Anspruch auf Unterhalt gegen die Erben ihres Vaters, ihrer Mutter und ihrer mütterlichen Ascendenten haben, dagegen weder gegenüber Vater noch Mutter noch irgend einer anderen Person, mit der sie vermöge des damnatus coitus verwandt sind, erbberechtigt sind; das Gleiche muß auch für ihre Fähigkeit, beerbt zu werden, angenommen werden.[212])

---

[212]) Daß sie gegenüber den Personen, die nicht durch den damnatus coitus mit ihnen zusammenhängen, also ihren Descen-

Das Recht des Landesherrn, auch Kinder ex damnato coitu quoad effectum successionis zu legitimieren, wird ausdrücklich gewahrt in dem Mandat v. 27. August 1776 (vgl. Note 206) „da dergleichen legitimationes niemal anders, dann in Ermangelung anderer ehelicher Kinder und Noterben mit Einwilligung des Erblassers und vor dem wirklichen Anfall der Verlassenschaft, mithin re adhuc integra und zur Zeit, da noch Niemand ein jus quaesitum hiezu erlangt hat, folglich ohne alles Präjudiz erteilt werden".

Für die einzelnen Klassen ist folgendes hervorzuheben.

I. Klasse (Descendenten).

Im Kap. 12 § 2 Ziff. 11 heißt es: Andere uneheliche Kinder (naturales vel spurii), welche entweder gar nicht oder nur per rescriptum legitimiert sind, succedieren hiesigen Landrechten nach

1. in dem väterlichen Vermögen nur soviel den bloßen Unterhalt betrifft, es sei denn kein anderer Befreundte mehr vorhanden[213]),

---

denten, in ihrer Erbfähigkeit nicht beschränkt sind und umgekehrt, kann nicht bezweifelt werden.

[213]) Auch hier (vgl. Note 205) wird entsprechend dem Landtagsabschied vom 29. Dezember 1831 angenommen werden müssen, daß das Vorhandensein einer erbberechtigten Ehefrau die unehelichen Kinder von der Erbschaft ausschließt; denn auch Baron Schmid läßt (Note 11 zu Tit. 39 Art. 2 des alten Landrechts) das (vom bayrischen Landrecht nicht recipierte) Erbrecht der Ehefrau ex edicto unde vir et uxor bei Vorhandensein von unehelichen Kindern eintreten, quia „naturales liberi ab intestato in

2. von ahnherrlicher Verlassenschaft väterlicherseits sind sie gar quoad alimenta ausgeschlossen, ohne Unterschied, ob sie von ihrem unehelichen Vater ehelich oder von dem ehelichen unehelich erzeugt worden; hingegen erben sie

3. die Mutter, es mag selbe gleich ehelich oder unehelich geboren sein, wie auch

4. den mütterlichen Ahnherrn, jedoch nur auf den Fall, wenn die Mutter ehelich geboren oder sonst gar kein Freund[218]) mehr vorhanden ist. Annebens soll man

5. bei der Mutter und mütterlichen Ahnfrau dahin sehen, ob sonst noch eine eheliche Descendenz von ihnen vorhanden ist, denn wo dieses ist, da succedieren die unehelichen auch hierin nur quoad alimenta.

Über das Erbrecht der arrogierten und adoptierten unehelichen Kinder s. o. S. 121 ff.

Die unpräzise Ausdrucksweise dieser mit dem alten Landrecht von 1616 im Wesentlichen übereinstimmenden gesetzlichen Vorschrift gibt in verschiedenen Richtungen zu Zweifeln Veranlassung, die auch durch die Anmerkungen Kreittmayrs nicht völlig behoben werden.

---

genitoris sui bonis nullum jus successionis habent". Ebenso sind auch hier unter den Befreundten nicht nur rechtmäßige, d. h. durch lauter eheliche Zeugungen mit dem Erblasser verbundene Verwandte zu verstehen, sondern alle, die überhaupt Intestaterben werden können. Das uneheliche Kind wird also von der Erbschaft auch durch das uneheliche Kind einer Schwester des Erblassers ausgeschlossen, da dieses in der 4. Klasse vor dem Fiskus zur Erbschaft gerufen wird.

1. Bekanntlich haben nach römischem Recht liberi naturales, wenn weder eine Ehefrau noch rechtmäßige Kinder vorhanden sind, gemeinsam mit ihrer Mutter Anspruch auf $^1/_6$ des väterlichen Nachlasses. Hiemit stimmt nach Kreittmayr unser Codex „soweit überein, daß nicht nur kein eheliches Kind, sondern auch kein anderer Blutsfreund mehr da sein muß, wann die unehelichen Kinder ihren Vater weiter als quoad alimenta erben wollen". Wie weit erstreckt sich nun aber bei Vorhandensein dieser Voraussetzung das Erbrecht des unehelichen Kindes, auf $^1/_6$ wie nach römischem Recht, oder auf Alles? Während nach der Ausdrucksweise Kreittmayrs die Antwort auf diese Frage sehr zweifelhaft ist, geht aus Schmids Note 11 zu Art. 3 des alten Landrechts („bona ejusmodi patris . . devenire . . ad liberos naturales"), mit Sicherheit hervor, daß in diesem Fall das uneheliche Kind Universalerbe seines Vaters werden soll. Da nun Kreittmayr offenbar die Übereinstimmung des neuen mit dem alten Landrecht in diesem Punkt annimmt, und im Gesetz das Erbrecht des Kindes nicht auf ein bloßes Sechstel des väterlichen Nachlasses beschränkt wird, so darf man wohl behaupten, daß auch nach dem Landrecht von 1756 das uneheliche Kind bei Vorhandensein der gesetzlichen Voraussetzung den ganzen Nachlaß seines Vaters erbt.

Da übrigens nach der, wie oben erwähnt, auch vom Reichsgericht adoptierten herrschenden Lehre das römischrechtliche Erbrecht des unehelichen Kindes auf $^1/_6$ des väterlichen Nachlasses gemeinrechtlich keine Geltung beanspruchen kann, so würde es bei Annahme der gegenteiligen Ansicht an einem subsidiär anzuwendenden gemeinrechtlichen Grundsatz mangeln.

Es unterscheidet sich also das bayr. Landrecht nicht nur bezüglich der Voraussetzung, sondern auch bezüglich des Umfangs dieses Erbanspruchs ganz wesentlich vom römischen Recht, so daß die Ausdrucksweise Kreittmayrs als eine sehr unglückliche bezeichnet werden muß.

2. In seinen Anmerkungen zu Tl. III Kap. 3 § 13 Ziff. 6 hebt Kreittmayr hervor, daß Großeltern auf dreierlei Weise unechte Enkel haben können, nämlich aus echten Kindern unechte Enkel, aus unechten Kindern echte Enkel und aus unechten Kindern unechte Enkel. Dieser letzte Fall wird im Kap. 12 § 2 Ziff. 11 mit Stillschweigen übergangen, steht aber natürlich den beiden anderen gleich, da hier sogar doppelte uneheliche Zeugung in Mitte liegt.

Unkorrekt ist die Ausdrucksweise des Gesetzes auch insofern, als bei der ersten vom Gesetz hervorgehobenen Alternative die Erbprätendenten eheliche Kinder sind (deren Vater unehelich erzeugt ist), während im Gesetzestext ohne Ausnahme von unehelichen Kindern gesprochen wird.

Ob das Kind gegenüber der väterlichen Großmutter, d. h. der ehelichen oder unehelichen Mutter seines unehelichen Vaters, sowie der unehelichen Mutter seines ehelichen Vaters erbberechtigt ist, kann aus dem Text des

Gesetzes nicht mit Sicherheit entnommen werden, da der Ausdruck „ahnherrliche Verlassenschaft“ nicht jeden Zweifel ausschließt. Bezüglich der beiden ersten Fälle ergibt sich die Verneinung der Frage aus dem Umstand, daß das uneheliche Kind auch den ehelichen Vater seines unehelichen Vaters nicht beerbt und nicht einzusehen ist, warum es der ehelichen oder unehelichen Mutter seines unehelichen Vaters gegenüber besser gestellt sein sollte.

Fraglich dagegen ist, ob Erbrecht gegenüber der unehelichen Mutter des ehelichen Vaters besteht. Nach den Annotationen Kreittmayrs scheint auch in diesem Falle Erbrecht versagt werden zu müssen, da er erklärt (Annot. zu Tl. III Kap. 12 § 2 Ziff. 6 litt. d), von der „großelterlichen“ Verlassenschaft väterlicherseits seien uneheliche Enkel allemal ausgeschlossen, und diese Ansicht wurde auch in den Bl. f. R.A. Bd. 57 S. 327 vertreten. Auf Grund wiederholter Prüfung vermag ich dieselbe jedoch nicht mehr für richtig zu erachten. Freilich kann dagegen nicht ins Feld geführt werden, daß bei Anwendung dieses Grundsatzes sich widersinnige Resultate ergeben (wie a. a. O. S. 339 und 344 ausdrücklich zugegeben ist); denn an solchen fehlt es in diesem Rechtsgebiete keineswegs; entscheidend dürfte aber ins Gewicht fallen, daß, nachdem das Landrecht von 1616 über diese Frage schweigt und die Annotationen Kreittmayrs anerkanntermaßen Gesetzeskraft nicht beanspruchen können, das subsidiär geltende gemeine Recht zur Anwendung gebracht werden muß, nach welchem nicht zweifelhaft ist, daß der Enkel die uneheliche Mutter seines ehelichen Vaters beerbt[214]).

Aus der Thatsache, daß dem unehelichen Kind auch gegenüber den ehelichen Eltern seines Vaters jedes Erbrecht abgesprochen wird, folgt der wichtige Grundsatz, daß das dem unehelichen Kind bei Mangel anderweitiger erbberechtigter Personen zustehende Erbrecht am Nachlaß seines Vaters nicht auf Grund der Annahme einer Erbrecht begründenden Verwandtschaft zwischen Vater und Kind gewährt wird (denn sonst wäre es sinnlos, die Verwandtschaft auf den Vater allein zu beschränken und dessen nächsten ehelichen Verwandten gegenüber nicht mehr als vorhanden anzuerkennen), sondern lediglich aus Billigkeitsrücksichten, weil die unehelichen Kinder doch „commiseratione magis digni sunt quam ipse fiscus", an den außerdem die Erbschaft fiele (Schmid Note 11 zu Tit. 39 Art 3 des alten Landrechts[215]).

3. Die Regelung des Erbrechts gegenüber der

---

[214]) Ebenso ein Urteil des kgl. Landgerichts München II v. 17. Nov. 1894, welches rechtskräftig geworden ist. Das im Beschwerdeweg mit der Frage befaßte oberste Landesgericht München äußerte sich dahin, daß dieser Ansicht „beachtenswerte Gründe zur Seite stehen".

[215]) Dieser Anschauung ist das kgl. Landgericht München I unter Bezugnahme auf die Ausführungen in den Bl. f. R.A. Bd. 57 S. 328 in einem Beschluß vom 14. Oktober 1893 beigetreten.

Mutter (bei Vorhandensein ehelicher Descendenz hat das außereheliche Kind nur Anspruch auf Unterhalt gegen die Erben, bei Nichtvorhandensein ehelicher Descendenz Universalerbrecht) bedarf keiner Erläuterung.

4. Das Erbrecht gegenüber den Ascendenten der Mutter ist im Gesetz wiederum unvollständig dargestellt, indem die mütterliche Großmutter erst nachträglich in Ziff. 5 erwähnt wird. Immerhin ist der Wille des Gesetzgebers klar erkennbar: die mütterliche Großmutter steht der Mutter völlig gleich (mag die Mutter selbst ein eheliches oder außereheliches Kind und im letzteren Fall ihr Kind ehelich oder außerehelich geboren sein) und wird also von ihrem Enkel beerbt, wenn sie keine eheliche Descendenz hinterläßt, d. h. weder eheliche Kinder noch Enkel, die aus zwei ehelichen Zeugungen stammen. Es ist also nicht zu bezweifeln, daß das uneheliche Kind der unehelichen Tochter der Erblasserin auch in Konkurrenz mit dem ehelichen Kind ihrer unehelichen und mit dem unehelichen Kind ihrer ehelichen Tochter zu ihrer (der mütterlichen Großmutter) Erbschaft gerufen wird.

Gegenüber dem mütterlichen Großvater hat der Enkel Erbrecht, wenn seine (uneheliche) Mutter ein eheliches Kind desselben war oder aber, wenn seine (eheliche oder uneheliche) Mutter zwar ein uneheliches Kind des Großvaters war, dieser aber keinen „Freund“ d. h. keinen erbberechtigten Verwandten hinterläßt.[216]) Selbstverständlich fällt (obwohl das Gesetz unpräziserweise diese

[216]) Vgl. hiezu Note 205 und 213.

Voraussetzung nur bei der Mutter und der mütterlichen Großmutter aufstellt,) das Erbrecht des Enkels auch gegenüber dem ehelichen Vater seiner unehelichen Mutter und gegenüber der unehelichen Mutter seines ehelichen Vaters weg, wenn der Erblasser eheliche Descendenz in dem oben erwähnten Sinne hinterläßt.[217])

5. Was das vom Gesetz ebenfalls mit Stillschweigen übergangene Verhältnis zu den Urgroßeltern anlangt, so wird man dem Urenkel dann Erbrecht einräumen müssen, wenn sein ehelicher Vater oder seine (eheliche oder uneheliche) Mutter dem Erblasser gegenüber erbberechtigt gewesen wäre.

Aus den soeben dargestellten Sätzen ergeben sich folgende für das Erbrecht in den übrigen Klassen außerordentlich wichtige Grundsätze:

1. Das Kind ist erbberechtigt gegenüber seiner unehelichen Mutter (weil hier Blutsverwandtschaft auch in erbrechtlicher Beziehung als vorliegend angenommen wird);

2. das Kind ist nicht erbberechtigt gegenüber seinem unehelichen Vater (weil zwischen beiden in erbrechtlicher Beziehung keine Blutsverwandtschaft als vorhanden an-

---

[217]) Kreittmayr (Annot. zu Tl. III Kap. 12 § 2 Ziff. 6 litt. c): „nebst dem können sie den mütterlichen Ahnherrn nicht erben, es sei denn ihre Mutter ehelich von ihm geboren", ebenso das alte Landrecht Tit. 39 Art. 5. Daß das Erbrecht des Enkels wegfällt gegenüber dem unehelichen Vater seiner (ehelichen oder unehelichen) Mutter, wenn derselbe eheliche Descendenz hinterläßt, folgt schon aus dem Wortlaut des Gesetzes.

erkannt wird); es hat daher auch dessen Verwandten gegenüber kein Erbrecht.

3. das Kind repräsentiert (vgl. Schmid, Anm. 2 und 3 zu Art. 5 des alten Landrechts) bei Beerbung seiner Ascendenten seinen ehelichen Vater, seine eheliche Mutter und seine uneheliche Mutter (weil es diesen Personen gegenüber erbberechtigt ist).

Von diesen mit dem gemeinen Recht völlig übereinstimmenden Grundsätzen gelten aber für das bayr. Landrecht folgende Ausnahmen:

a) zu Gunsten des Kindes:

Das Kind beerbt (aus Billigkeitsrücksichten) seinen unehelichen Vater, wenn derselbe keinen erbberechtigten Verwandten hinterläßt. Daß das Kind unter der gleichen Voraussetzung auch den unehelichen Vater seiner (ehelichen oder unehelichen) Mutter beerbt, ist nur eine Kombination dieser Ausnahme mit dem unter Ziff. 3 dargestellten Repräsentationsgrundsatze. Unlogischerweise gilt nicht das Gleiche für die Beerbung des unehelichen Vaters des ehelichen Vaters.

b) zu Ungunsten des Kindes:

Die Erbberechtigung des Kindes gegenüber seiner Mutter und deren Ascendenten sowie gegenüber der unehelichen Mutter seines ehelichen Vaters fällt weg, wenn die Mutter oder der zu beerbende Ascendent eheliche (d. h. aus lauter ehelichen Zeugungen entsprossene) Descendenten hinterläßt (der Grund dieser Annahme ist die Begünstigung der „rechtmäßigen Befreundten").

Insoweit das Kind diesen Ausnahmen zufolge nicht

erbberechtigt ist, hat es als teilweisen Ersatz hiefür Anspruch auf Unterhalt gegen die Erben.

Dieser Anspruch steht dem Kind also zu:

1. gegen die Erben seiner (eheliche Descendenz hinterlassenden) unehelichen Mutter;

2. gegen die Erben seines (einen erbberechtigten Verwandten hinterlassenden) unehelichen Vaters;

3. gegen die Erben der (eheliche Descendenz hinterlassenden) Eltern oder der unehelichen Mutter seiner unehelichen Mutter;

4. gegen die Erben des (einen erbberechtigten Verwandten hinterlassenden) unehelichen Vaters seiner (ehelichen oder unehelichen) Mutter;

5. gegen die Erben der (eheliche Descendenz hinterlassenden) unehelichen Mutter seines ehelichen Vaters [218]), bez. seiner ehelichen Mutter.

Ueber Rechtsgrund, Voraussetzungen, Inhalt, Umfang und Dauer dieses Unterhaltsanspruchs, des sogenannten Erbrechts quoad alimenta, s. o. S. 137 ff.

---

[218]) Dies könnte zweifelhaft erscheinen mit Rücksicht auf Kreittmayr (Annot. zu Tl. III Kap. 12 § 2 Ziff. 6 litt. d): „man ist ihnen von der großelterlichen Verlassenschaft (väterlicherseits) nicht einmal die Alimente schuldig". Doch muß wohl auch hier (s. o. S. 179) angenommen werden, daß eine unpräzise Ausdrucksweise des Kommentators vorliegt und daß nur die Verlassenschaft des unehelichen Vaters des ehelichen Vaters gemeint ist.

II. Klasse (Ascendenten, vollbürtige Geschwister und deren Kinder).

Wir betrachten zunächst

a) das Erbrecht der Ascendenten, wenn keine vollbürtigen Geschwister oder deren Kinder mit ihnen konkurrieren.

Haben wir schon bisher die Unklarheit und Unvollständigkeit des Gesetzes mehrfach schmerzlich empfunden, so steigert sich diese Empfindung noch erheblich bei Betrachtung der gesetzlichen Vorschriften über das Erbrecht in der 2. Klasse.

Das Gesetz enthält für unsere Frage nichts als die lakonische Bestimmung (§ 3 Ziff. 8): „Den per rescriptum legitimierten wie auch unehelichen succedieren sie (die unehelichen Eltern) in der nämlichen Maß, als ihnen obgedachtermaßen hinwiederum von dergleichen Kindern und Descendenten succediert wird.“ (Über das Erbrecht gegenüber Arrogierten und Adoptierten s. o. S. 121 ff.)

Kreittmayr bemerkt hiezu, daß hiemit auch jus commune eintrifft, fügt aber die Beschränkung bei: „beides versteht sich quoad terminos habiles und soweit nicht dispar ratio erscheint.“ Während nun aber die Anwendung dieses Grundsatzes der Reziprozität bei dem gemeinen Recht mit seinen einfachen Grundprinzipien keinerlei Schwierigkeiten bietet, führt die Anwendung dieses Satzes auf das bayr. Landrecht mit seinen oben dargestellten Ausnahmen von jenen gemeinrechtlichen Grundprinzipien zu geradezu widersinnigen Resultaten.

Das Kind beerbt, wie wir sahen, seine uneheliche Mutter, wenn diese keine ehelichen Descendenten hat. Nach jenem Grundsatz der Reziprozität hätte also die Mutter Erbrecht gegenüber ihrem unehelichen Kind, wenn sie selbst keine eheliche Descendenz hat.[219])

Und doch kann nicht bezweifelt werden, daß auch nach bayr. Landrecht die Mutter ihr ohne Nachkommen verstorbenes uneheliches Kind beerbt, auch wenn sie eheliche Kinder hat; denn wer sollte sonst Erbe werden?

Das Gleiche gilt natürlich bezüglich der mütterlichen Großmutter und des mütterlichen Großvaters, falls die Mutter dessen eheliches Kind war, sowie bezüglich der unehelichen Mutter des ehelichen Vaters.

Noch weniger anwendbar erscheint jener Grundsatz auf das Erbrecht des unehelichen Vaters. Da derselbe von seinem unehelichen Kinde nur dann beerbt wird, wenn er keinen erbberechtigten Verwandten hat, so würde umgekehrt er sein uneheliches Kind nur dann beerben, wenn er keinen Verwandten mehr hat; ist aber ein noch so entfernter Verwandter von ihm vorhanden, so würde diese Thatsache bewirken, daß das Erbrecht des Vaters cessiert. (Das Gleiche würde für das Erbrecht des unehelichen Vaters der ehelichen oder unehelichen Mutter gegenüber dem zu beerbenden Enkel gelten.) Noch unerträglicher wird das Ergebnis der Anwendung jenes Grundsatzes bei Konkurrenz des unehelichen Vaters mit der unehelichen Mutter: stirbt ein uneheliches Kind ohne

---

[219]) Daß eheliche Descendenten des zu beerbenden Kindes die Mutter ausschließen, ist selbstverständlich.

Descendenz mit Hinterlassung seiner Mutter (die keine eheliche Descendenz hat) und seines Vaters (der gar keinen Verwandten hat), so müßten dem Grundsatz zufolge, da das Kind in diesem Fall jedem seiner Eltern gegenüber Erbrecht hätte, auch beide Eltern erbberechtigt sein, während doch jeder Richter der unehelichen Mutter ein den unehelichen Vater ausschließendes Erbrecht einräumen wird. Die gleiche Unzukömmlichkeit ergibt sich natürlich, wenn der uneheliche Vater mit Ascendenten der unehelichen Mutter zusammentrifft. Man kann sich bei Betrachtung dieser Ergebnisse des Gedankens nicht erwehren, daß dem Gesetzgeber bei Statuierung der erwähnten Bestimmung zwei Thatsachen nicht gegenwärtig waren:

1. daß man wohl zugleich eheliche und uneheliche Kinder, nicht aber zugleich eheliche und uneheliche Eltern haben kann;

2. daß bei Beerbung eines unehelichen Kindes durch seine Ascendenten so gut wie bei Beerbung eines ehelichen zwei Linien vorhanden sind, eine väterliche und eine mütterliche, und daß daher eine Bestimmung darüber erforderlich ist, ob sich dieselben gleichstehen oder ob eine die andere ausschließen soll.

Eine Lösung all dieser Schwierigkeiten ist nur auf dem Wege möglich, daß wir prüfen, welche der oben angeführten Ausnahmen von den gemeinrechtlichen Prinzipien ihrer Natur nach auch in der 2. Klasse der Erbberechtigten Anwendung zu finden vermögen.

Hiebei kommen wir zu folgendem Ergebnis:

1. Die Statuierung des Erbrechts des unehelichen

Kindes gegenüber seinem ohne jeden Verwandten verstorbenen Vater, ist, wie wir sahen, nichts als eine Konzession an die Billigkeit, da man dem unschuldigen Kind vor dem (außerdem erbberechtigten) Fiskus den Vorzug geben zu sollen glaubte. Diese Erwägung fällt weg, wenn es sich um die Beerbung des unehelichen Kindes durch seinen Vater handelt; im Gegenteil ist hier der einzige Fall gegeben, in dem das odium libidinis mit Fug sich als wirksam erweisen kann. Zudem wäre es absolut sinnlos, dem unehelichen Vater, wenn er keinen Verwandten hat, Erbrecht einzuräumen, wenn aber solche Verwandte, die selbst nicht erbberechtigt sind, vorhanden sind, die Erbschaft dem Fiskus zuzuweisen. Da nun eine ausdrückliche Bestimmung des Inhalts, daß der uneheliche Vater sein Kind beerbt, im Gesetz nicht enthalten ist, das (ausnahmsweise eintretende) Erbrecht des Kindes gegenüber seinem unehelichen Vater auf einer hier nicht zutreffenden ratio beruht, und das gemeine Recht, auf dessen Übereinstimmung Kreittmayr ja ausdrücklich Bezug nimmt, dem unehelichen Vater ebenfalls kein Erbrecht gegenüber seinem Kind gewährt[220]), so kommen wir zu dem Resultat, daß nach

[220]) Wenn die von Kreittmayr citierten Autoritäten für das gemeine Recht Erbrecht des Vaters gegenüber seinem filius naturalis (nicht gegenüber dem filius spurius! s. Lauterbach, coll. theor. pract. pars II Tub. 1706 lib. 38 Tit. 17 § 33) auf 1/6 des Nachlasses annehmen, so ist dem gegenüber hervorzuheben, daß die dieser Ansicht zu Grunde liegende Annahme, als bestünde gemeinrechtlich ein Erbrecht der liberi naturales auf 1/6 des väterlichen Nachlasses, von der herrschenden Lehre als irrig erkannt ist.

bayr. Landrecht der Vater gegenüber seinem unehelichen Kind nie Erbrecht hat, sondern, falls andere erbberechtigte Verwandte des Kindes nicht vorhanden sind, die Erbschaft an den Fiskus fällt.[221])

Damit ist auch ausgesprochen, daß auch sämtliche (ehelichen oder unehelichen) Verwandten des Vaters dem unehelichen Kind desselben gegenüber niemals Erbrecht haben.

2. Da das dem Kinde gegenüber dem unehelichen Vater seiner (ehelichen oder unehelichen) Mutter, falls dieser keine erbberechtigten Verwandten hinterläßt, zustehende Erbrecht nur eine Konsequenz der aus Billigkeitsrücksichten geschehenen Statuierung des Erbrechts gegenüber dem unehelichen Vater und des Satzes, daß das Kind seine uneheliche Mutter repräsentiert, ist, so folgt, daß auch der außereheliche Vater der (ehelichen oder unehelichen) Mutter des Kindes diesem gegenüber nie erbberechtigt ist.

---

[221]) Unklar ist die Bemerkung von Roth (bayr. Civilr. Bd. III S. 648): „nach bayrischem Landrecht haben uneheliche Kinder in dem Vermögen des erblos verstorbenen Vaters und des erblos verstorbenen mütterlichen Großvaters ein Erbrecht vor dem Fiskus, welches gegenseitig ist." Nach Stobbe (Privatrecht Bd. V S. 159 Note 12) soll der Vater das uneheliche Kind dann beerben, wenn dieses keinen andern erbberechtigten Verwandten hinterläßt. Der Grundsatz der Reziprozität kann aber doch wohl nur in dem Sinn verstanden werden, daß der Ascendent dann das uneheliche Kind beerbt, wenn dieses, falls er gestorben wäre, ihm gegenüber Erbe gewesen wäre.

3. Der Satz, daß das Erbrecht des Kindes gegenüber seiner unehelichen Mutter, den beiden ehelichen Eltern seiner unehelichen Mutter, der unehelichen Mutter seiner (ehelichen oder unehelichen) Mutter und der unehelichen Mutter seines ehelichen Vaters wegfällt, falls diese Personen eheliche Descendenz (in dem oben festgestellten Sinn) hinterlassen, kann nur aus der Tendenz erklärt werden, Personen, die ausschließlich durch eheliche Zeugungen mit dem Erblasser zusammenhängen, vor solchen, bei denen eine uneheliche Zeugung in Mitte liegt, zu bevorzugen.

Dieses Motiv fällt bei der Beerbung eines unehelichen Kindes weg, weil Ascendenten, die nur durch eheliche Zeugungen mit dem Erblasser verbunden sind, hier überhaupt nicht denkbar sind, die ehelichen Descendenten der in Frage stehenden Ascendenten aber als halbbürtige Geschwister des Erblassers oder Kinder von solchen (s. u.) in der 2. Klasse überhaupt nicht in Betracht kommen. Wir werden daher der Mutter, den ehelichen Eltern derselben und der unehelichen Mutter der ehelichen Mutter Erbrecht gegenüber dem Kind bez. Enkel einräumen müssen, gleichviel, ob alle diese Personen eheliche Descendenten haben oder nicht.[222] Dagegen ist aus dem gleichen Grunde von

[222]) Wenn Roth (bayr. Civilrecht, Bd. III S. 615) den Ascendenten der mütterlichen Familie Erbrecht nur dann einräumen will, wenn sie keine eheliche Descendenz haben, so dürfte eine Motivierung dieser Ansicht schwer sein. Da die Rücksicht auf

der Erbschaft eines ehelichen Kindes die uneheliche Mutter seines ehelichen Vaters und die uneheliche Mutter seiner ehelichen Mutter[223]) auszuschließen, falls Ascendenten des Kindes vorhanden sind, welche durch lauter eheliche Zeugungen mit ihm zusammenhängen.

4. Aus der gleichmäßigen Erbberechtigung der Großeltern gegenüber dem unehelichen Kind ihrer ehelichen Tochter folgt, daß sie, falls sie beide am Leben sind und nicht durch näher Berechtigte ausgeschlossen werden, zu je $1/2$ zur Erbschaft ihres Enkels berufen sind; dasselbe gilt, wenn die uneheliche Mutter des ehelichen Vaters mit der unehelichen Mutter der ehelichen Mutter konkurriert.

5. Für das Erbrecht der Urgroßeltern kommen die gleichen Grundsätze zur Anwendung.

Wir gewinnen also folgendes Ergebnis:

War der Erblasser ein uneheliches Kind, so erscheint als Erbe in erster Linie seine Mutter; ist sie bereits verstorben, so sind, wenn sie ein eheliches Kind war, ihre beiden Eltern (eventuell je zur Hälfte) erb-

---

die ehelichen Descendenten selbst wegfällt, von Unsicherheit der Abstammung nicht gesprochen werden kann, so bliebe zur Erklärung nur das odium libidinis; es heißt aber das odium libidinis auf seltsame Weise bethätigen, wenn man der Mutter, falls sie nach ihrem Fehltritt heiratet und eheliche Kinder bekommt, Erbrecht gegenüber ihrem vorehelichen Kind abspricht, es ihr aber gewährt, falls sie ledig bleibt, weitere uneheliche Kinder bekommt oder gar zu einer öffentlichen Dirne herabsinkt.

[223]) Unrichtig in dieser Beziehung Bl. f. R.A. Bd. 57 S. 343 a. E.

berechtigt; war sie ein uneheliches Kind, so erbt ihre Mutter, nicht aber ihr Vater.

War der Erblasser ein eheliches Kind, so ist der uneheliche Vater seines Vaters nicht erbberechtigt und ebensowenig der uneheliche Vater seiner Mutter, wohl aber die uneheliche Mutter seines Vaters und die uneheliche Mutter seiner Mutter (beide eventuell je zur Hälfte), jedoch nur unter der Voraussetzung, daß Ascendenten, die nur durch eheliche Zeugungen mit dem Erblasser zusammenhängen, nicht vorhanden sind.

Was die Anwendung des Grundsatzes der Reziprozität auf den in Ermanglung des Erbrechts subsidiär eintretenden Alimentationsanspruch gegen die Erben in der 2. Klasse anlangt, so ist hiefür, wenn die uneheliche Mutter, deren uneheliche Mutter oder eheliche Eltern vorhanden sind, kein Raum, da all diese Personen ja erbberechtigt sind, auch wenn sie eheliche Descendenz besitzen. Der uneheliche Vater des ehelichen Vaters und die Ascendenten des unehelichen Vaters haben gegenüber den Erben des Kindes keinen Alimentationsanspruch, weil sie dem Kind gegenüber überhaupt nicht erbberechtigt sind. Die uneheliche Mutter des ehelichen Vaters und die uneheliche Mutter der ehelichen Mutter sind dann gegenüber den Erben des Kindes alimentationsberechtigt, wenn sie aus dem oben erwähnten Grunde nicht erbberechtigt sind. Dem Vater endlich wird gegenüber den Erben seines unehelichen Kindes Anspruch auf Unterhalt versagt werden müssen, da er, wie gezeigt, unter keinen Umständen dasselbe beerben würde. Das

Gleiche gilt für den unehelichen Vater der (ehelichen oder unehelichen) Mutter des Erblassers.

b) Erbrecht der vollbürtigen Geschwister und deren Kinder allein oder in Konkurrenz mit Ascendenten.

Nach Tl. III Kap. 12 § 3 Ziff. 9 sind zugleich mit den Ascendenten die zweibändigen Geschwister und deren Kinder berufen und zwar die Geschwister in capita, die Kinder von solchen in stirpes.

Es erhebt sich nun zunächst die wichtige Frage: sind Kinder, die von demselben Vater mit derselben Mutter außerehelich erzeugt worden sind, zweibändige Geschwister im Sinne des Landrechts?

Eine direkte Entscheidung dieser Frage, wie sie z. B. das Preuß. Landrecht gibt, indem es (Tl. II Tit. 3 § 6) solche Kinder ausdrücklich als Halbgeschwister bezeichnet, suchen wir im Gesetz und in den Anmerkungen vergebens.

Nach dem Wortlaut des Gesetzes, welches (Kap. 12 § 4 Ziff. 1) zweibändige Geschwister solche nennt, die mit dem Erblasser „einerlei Vater und Mutter gehabt haben", in Verbindung mit der schon oben citierten Interpretationsregel des Tl. I Kap. 4 § 3 Ziff. 4, und ebenso nach der Ausdrucksweise Kreittmayrs in Ann. zu Tl. III Kap. 12 § 3 Ziff. 5 litt. c („Bruder und Schwester von dem Verstorbenen aus dem nemlichen Beischlaf, mithin von beeden Banden") und in Ann. zu § 4 Ziff. 5 a. E. (da von 2 fratribus germanis einer legitimus, der andere illegitimus gewesen") scheint es keinem Zweifel zu unterliegen, daß die Frage bejahend zu entscheiden sei[224]).

In der That hat auch der oberste Gerichtshof mit Urteil v. 2. Januar 1872 (Samml. Bd. I S. 484; s. auch Bl. f. R.A. Bd. 37 S. 48) die These aufgestellt, daß zum Nachlaß eines ohne Testament verstorbenen außerehelich geborenen Sohnes neben dessen Mutter auch deren gleichfalls außerehelich geborene Tochter, welche mit dem Erblasser von demselben Vater erzeugt ist, berufen sei. Die Motivierung dieses Urteils aber wird alles eher als überzeugend genannt werden dürfen. Obwohl im Allgemeinen, so wird in den Gründen ausgeführt, die ehelichen Verwandten vor den unehelichen nach bayr. Landrecht bevorzugt seien, so seien doch, wenn es sich um die Beerbung eines außerehelichen Kindes handle, die gleichen erbrechtlichen Grundsätze anzuwenden wie bei ehelichen Verwandten. Da nun das zwischen der Klägerin als der Schwester des von demselben Vater erzeugten Erblassers und der Mutter der beiden bestehende natürliche Blutsverwandtschaftsverhältnis den Ausschlag gebe, so müsse die Klägerin als die vollbürtige Schwester des Verstorbenen (ob sie dies ist, wäre

---

[224]) Auch der von Kreittmayr citierte J. B. Franz (prodromus Justinianeus, Salzburg 1701, Lib. III Sect. II § 71) stellt die für das gemeine Recht sicherlich falsche Regel auf, daß fratres naturales von demselben Vater und derselben Mutter als germani gelten und daher gemeinsam mit den Ascendenten zur Erbschaft berufen seien, weil es hier nicht auf agnatio, sondern auf ratio sanguinis ankomme.

eben zu entscheiden!) mit der Mutter zur Erbschaft berufen werden; dies erscheine um so berechtigter, als außereheliche Kinder hinsichtlich der Beerbung der Mutter (sofern keine ehelichen Kinder derselben vorhanden sind) den ehelichen völlig gleichstehen, als der Mutter auch Erbrecht am Nachlaß des außerehelichen Kindes eingeräumt sei, und sohin das Gesetz die außerehelichen Kinder in Bezug auf ihr Erbrecht an dem mütterlichen Rücklaß wesentlich günstiger behandelt haben will als in Bezug auf ihr Erbrecht am väterlichen Rücklaß.

Daß es sich im konkreten Fall nicht um die Beerbung der Mutter, sondern um die Beerbung eines Bruders in Konkurrenz mit der Mutter handelt, wird in dem Urteil vollständig übersehen und die allein zur Entscheidung stehende Frage: „hat der Umstand, daß ein uneheliches Kind mit einem anderen von derselben Mutter unehelich gebornen Kind den gleichen Vater hat, zur Folge, daß es als doppelbändiges Geschwister desselben gilt und in der 2. Klasse miterbt?“ völlig ignoriert und ihre Erörterung durch gar nicht hieher gehörige allgemeine Reflexionen über das Erbrecht zwischen der Mutter und ihrem außerehelichen Kind ersetzt.

Eine eingehende Prüfung führt uns zu dem gegenteiligen Ergebnis.

Vor allem kommt in Betracht, daß nach römischem und gemeinem Recht zweifellos uneheliche Kinder desselben Vaters, erzeugt mit verschiedenen Müttern, nicht als fratres consanguinei, und uneheliche Kinder derselben Mutter, auch wenn sie vom gleichen Vater stammen, nicht als fratres germani, sondern nur als uterini gelten (s. l. 4 D. 38, 8; Roth, bayr. C.R. Bd. III S. 616 N. 40; Gett, Rechtsverh. S. 262 ff.).

Wenn nun unsere obige Behauptung richtig ist, daß das bayr. Landrecht (von einzelnen Ausnahmen abgesehen) den gemeinrechtlichen Grundsatz acceptiert hat, daß das uneheliche Kind hinsichtlich des Intestaterbrechts nur als mit seiner Mutter, nicht aber als mit seinem Vater verwandt gilt, so folgt zunächst, daß auch nach bayr. Landrecht uneheliche Kinder, die vom gleichen Vater mit verschiedenen Frauenspersonen erzeugt sind, weil nicht mit ihrem Vater, auch unter sich in keiner Weise verwandt sind und daher auch nicht als Halbgeschwister gelten; es folgt aber daraus weiter, daß, wenn zu der Erzeugung durch denselben Vater die Identität der Mutter hinzukommt, hiedurch die erstere an und für sich für das Erbrecht irrelevante Thatsache nicht plötzlich zu einer relevanten werden kann. Ist ein uneheliches Kind nicht einmal halbbürtiges Geschwister des von demselben Vater mit einer anderen Frauensperson erzeugten Kindes, so können die von demselben Vater mit derselben Mutter unehelich erzeugten Kinder nicht sofort zu vollbürtigen Geschwistern werden. Sie sind also lediglich als durch Abstammung von der gleichen Mutter verwandt, als uterini fratres, als halbbürtige Geschwister zu betrachten.

Und zu demselben Resultat kommt trotz seiner oben citierten Äußerungen auch Kreittmayr selbst, indem er in Ann. zu § 4 a. E. unter Bezugnahme auf mehrere gemeinrechtliche Autoren (von denen Franz, wie bemerkt, bezüglich des frater naturalis allerdings das Gegenteil sagt) sich dahin äußert: „illegitimos non legitimatos, sofern sie ex coitu damnato sind, laßt man niemal, spurios aber nur in Ansehen der Geschwistern, welche einerlei Mutter miteinander haben (maßen der Vater bei ihnen sehr ungewiß ist), desgleichen auch naturales in Ansehen der Geschwistern und anderer Befreundten von mütterlicher Seit ad successionem zu".

Allerdings scheint hier Kreittmayr gemeinrechtliche Sätze darzustellen; da er aber nicht die geringste Andeutung einer in diesem Punkt bestehenden Abweichung des bayr. Rechts vom gemeinen macht, so darf wohl angenommen werden, daß er die Übereinstimmung beider Rechte auch in dieser Frage als zweifellos betrachtete, und daß daher auch für das bayr. Landrecht der Grundsatz gilt, daß uneheliche Kinder des gleichen Vaters, aber verschiedener Mütter überhaupt nicht als verwandt gelten, uneheliche Kinder derselben Mutter aber, gleichviel, ob sie von demselben Vater erzeugt sind oder nicht, nur Halbgeschwister (uterini fratres) sind und daher in der 2. Klasse überhaupt nicht zum Zuge kommen[225]).

Dieser in den Bl. f. R.A. Bd. 57 S. 348 ff. vertretenen Ansicht hat sich, hauptsächlich unter Bezugnahme auf die von Kreittmayr citierten gemeinrechtlichen Autoren, angeschlossen Kreichgauer in seinem

---

[225]) Natürlich gilt dies auch für Zwillinge!

Aufsatz: „Intestaterbfolge der fratres germani illegitimi nach bayrischem Landrecht“ (Bl. f. R.A. Bd. 58 S. 278) und unter Hinweis auf diese beiden Abhandlungen ein Urteil des Oberlandesgerichts München vom 18. Okt. 1893, welches das gegenteilige Erkenntnis der ersten Instanz aufhob, nachdem vorher das Armenrecht wegen Aussichtslosigkeit der Berufung verweigert worden war. Unter Abänderung des oberlandesgerichtlichen Urteils wurde aber das Urteil der ersten Instanz wiederhergestellt durch Erkenntnis des obersten Landesgerichts München vom 25. Januar 1894 (Samml. Bd. XV S. 36, Bl. f. R.A. Bd. 59 S. 321).

Die Gründe dieser Entscheidung wenden sich zunächst mit Recht gegen die Behauptung des Berufungsgerichts, die uneheliche Vaterschaft sei nach bayrischem Landrecht überhaupt nicht feststellbar; sodann heißt es weiter: „Das bayrische Landrecht unterscheidet in seinen Bestimmungen über die natürliche Erbfolge Tl. III Kap. 12 wesentlich zwischen ehelichen und außerehelichen Verwandten und schließt grundsätzlich überall, wo eheliche und außereheliche Verwandte des Verstorbenen zugleich vorhanden sind, die letzteren, teilweise selbst ohne Rücksicht auf den näheren Verwandtschaftsgrad, unbedingt durch die ersteren von der Erbfolge aus. Wenn man daher auch in Rücksicht auf diese grundsätzliche Gegenüberstellung der ehelichen und außerehelichen Verwandtschaft annehmen will, daß die in Tl. III Kap. 12 über die natürliche Erbfolge getroffenen Bestimmungen zunächst nur für die ehelichen Verwandten gelten, so müssen diese Bestimmungen nichtsdestoweniger bezüglich der außerehelichen Verwandten überall da zur Anwendung gebracht werden, wo es sich, wie im vorliegenden Fall, in Ermanglung ehelicher Verwandten um die Erbfolge außerehelicher Verwandten des Verstorbenen in dessen Rücklaß handelt, da sich die Grade und Linien der außerehlichen Verwandten auch bezüglich dieser Verwandten nach den Bestimmungen des Landrechts Tl. I Kap. 4 § 3, wie dort ausdrücklich ausgesprochen ist, bemessen. Es kann dieses umsoweniger beanstandet werden, als das bayrische Landrecht weitere Bestimmungen über die Erbfolge außerehelicher Verwandten nicht enthält, eine Lücke im Gesetz gegeben wäre, die nur bei Anwendung der vorentwickelten Grundsätze nicht gegeben ist. Nach gemeinem Recht werden außereheliche Geschwister nicht als vollbändige Geschwister anerkannt, sie gelten vielmehr nur als Halbgeschwister. Nach bayr. Landrecht kann jedoch dieser Grundsatz nicht zur Anwendung kommen, da es als zweibändige Geschwister diejenigen erklärt, welche „einerlei Vater und Mutter mit dem Verlebten" haben. Diese vor Allen beruft es zur Erbschaft, ohne zwischen ehelichen und außerehelichen Geschwistern zu unterscheiden. Nicht angehen kann es, hier einen Unterschied zwischen ehelichen und außerehelichen Geschwistern zu machen und diejenigen außerehelichen Geschwister, welche einerlei Vater und Mutter haben, nicht für vollbändige zu erklären, da das Gesetz einen solchen Unterschied nicht kennt und es auch dem widersprechen würde, was über die Verwandtschaftsverhältnisse nach Tl. I Kap. 4 § 3 angeführt wurde."

Diese Argumentation kann nicht als durchschlagend erachtet werden.

Zunächst ist die Behauptung unrichtig, daß überall, wo eheliche und uneheliche Verwandte des Verstorbenen zusammentreffen, die letzteren grundsätzlich von der Erbfolge ausgeschlossen seien; denn, wie oben gezeigt, beerbt z. B. das uneheliche Kind seine Mutter, auch wenn eheliche Eltern derselben vorhanden sind. Sodann ist hervorzuheben, daß die landrechtlichen Bestimmungen über das Erbrecht der unehelichen Kinder gar vielfach lückenhaft sind und daher der Umstand, die oberstrichterliche Anschauung erspare dem Gesetzgeber den Vorwurf der Lückenhaftigkeit seines Werkes, keine besondere Bedeutung beanspruchen kann. Vollkommen unerklärbar bleibt ferner nach dieser Ansicht,

1. warum Kreittmayr von der angeblichen Abweichung gegenüber dem gemeinen Recht keinerlei Meldung thut, vielmehr ausdrücklich auf gemeinrechtliche Autoren Bezug nimmt;

2. warum die Abstammung von demselben unehelichen Vater nur dann in Betracht kommen soll, wenn Identität der Mutter gegeben ist, während uneheliche Kinder desselben Vaters, aber verschiedener Mütter (wohl auch nach Ansicht des obersten Landesgerichts) in erbrechtlicher Beziehung gar nicht als verwandt, insbesondere nicht als Halbgeschwister (fratres consanguinei) gelten.

Endlich dürften auch die Anmerkungen des Baron Schmid zum alten Landrecht gegen die Richtigkeit der oberstrichterlichen Anschauung sprechen. Denn wenn es dort (Note 1 zu Tit. 41 Art. 1) heißt, daß unter den fratres germani nicht weiter unterschieden werde, ob sie in der Ehe geboren oder durch nachfolgende Ehe legitimiert seien, so darf wohl per argumentum e contrario geschlossen werden, daß der gemeinrechtliche Unterschied zwischen ehelichen fratres germani und unehelichen, die gar nicht oder nur durch Rescript legitimiert sind, aufrecht erhalten werden wollte.

Nach all dem glauben wir daran festhalten zu müssen, daß uneheliche Kinder, auch wenn sie Vater und Mutter gemeinschaftlich haben, als Halbgeschwister gelten und daher in der 2. Klasse nicht erben.[226])

Hieraus folgt, daß, wenn die Beerbung eines unehelichen Kindes in Frage steht, vollbürtige Geschwister (und Kinder von solchen), die in der 2. Klasse mit den Ascendenten zu erben berechtigt wären, überhaupt nicht vorkommen können; ist aber der Erblasser ein eheliches Kind, so müssen seine vollbürtigen Geschwister selbstverständlich auch eheliche Kinder sein.

---

[226]) Trotz des erwähnten oberstrichterlichen Urteils hat sich eine einheitliche Praxis über diese Frage noch nicht gebildet. So hat das kgl. Landgericht München I mit Versäumnisurteil zuerst entgegengesetzt, auf Einspruch aber mit Urteil v. 7. Juni 1894 übereinstimmend mit der höchstrichterlichen Anschauung entschieden; für die Berufungsinstanz wurde vom Oberlandesgericht München das Armenrecht wegen Aussichtslosigkeit verweigert, obwohl das gleiche Gericht, wie erwähnt, kurz vorher der gegenteiligen Meinung Ausdruck gegeben hatte.

Es erübrigt daher für die 2. Klasse lediglich die Beantwortung der Frage, inwieweit die Berufung von Kindern verstorbener vollbürtiger Geschwister des Erblassers sich auf uneheliche Kinder erstreckt.

Da die Berufung der Kinder von Geschwistern, wie Kreittmayr in Anm. zu § 3 Ziff. 3 und § 4 Ziff. 2 hervorhebt, auf dem jus repraesentationis beruht, so kann, dem oben erwähnten Grundsatz zufolge, von einem Erbrecht der unehelichen Kinder eines vollbürtigen Bruders des Erblassers überhaupt keine Rede sein.

Das Erbrecht der unehelichen Kinder einer vollbürtigen Schwester des Erblassers wird aber beschränkt durch den in Tl. III Kap. 12 § 4 Ziff. 10 aufgestellten Grundsatz, daß illegitimi oder per rescriptum legitimati nur in subsidium und bei ermangelnden anderen rechtmäßigen Befreundten succedieren[227]). Nach der ganzen Anordnung des § 4 kann nicht bezweifelt werden, daß sich diese Vorschrift auch auf die vollbürtigen Geschwister des Erblassers und deren Kinder bezieht (so mit Recht das ausführlich motivierte Erk. des O.A.G. München vom 20. Dezember 1870, Bl. f. R.A. Bd. 36 S. 75, sowie Urt. d. O.A.G. München v. 23. Nov. 1833, Duprel, Samml. Bd. VI S. 346).

Andererseits darf aber nicht übersehen werden, daß dieser Grundsatz nur für die Erbfolge der Kollateralen gilt und daher bei seiner Anwendung das auf ganz

[227]) Näheres über diesen Grundsatz s. u!

anderen Grundsätzen beruhende Erbrecht der Ascendenten völlig außer Betracht bleiben muß.

Hieraus ergibt sich, daß das uneheliche Kind einer vollbürtigen Schwester des Erblassers insolange nicht zur Erbschaft berufen ist, als vollbürtige Geschwister des Erblassers oder eheliche Kinder von solchen vorhanden sind. Sind solche Personen nicht vorhanden, so schließt der Umstand, daß die allenfalls miterbenden Ascendenten durch lauter eheliche Zeugungen mit dem Erblasser verbunden sind, das uneheliche Kind der vollbürtigen Schwester nicht von der Erbschaft aus.

Die Richtigkeit dieser Behauptung könnte mit Rücksicht auf den Wortlaut des § 4 Ziff. 10 bezweifelt werden, folgt aber aus der Erwägung, daß die mit den Ascendenten in der 2. Klasse berufenen Seitenverwandten jedenfalls insoweit berufen sind, als sie ohne das Vorhandensein von Ascendenten in der 2. Klasse erben würden, und durch das Miterbrecht der Ascendenten daher nicht ausgeschlossen werden können.

Umgekehrt aber berechtigt der Umstand, daß von erbberechtigten Ascendenten nur die außereheliche Mutter der ehelichen Mutter oder des ehelichen Vaters des Erblassers vorhanden ist, während außerdem noch vollbürtige Geschwister oder eheliche Kinder von solchen vorhanden sind, das uneheliche Kind einer vollbürtigen Schwester nicht, Erbansprüche zu erheben, da, wie erwähnt, sein Miterbrecht erst dann gegeben ist, wenn eheliche, in der 2. Klasse berufene Seitenverwandte nicht vorhanden sind.

Daß das Erbrecht der unehelichen Mutter der ehelichen Mutter und das Erbrecht der unehelichen Mutter des ehelichen Vaters des Erblassers nicht alteriert wird durch den Umstand, daß außer ihnen lediglich vollbürtige Geschwister oder eheliche Kinder von solchen vorhanden sind, ergibt sich aus dem Gesagten von selbst.

Genau die gleichen Grundsätze finden natürlich Anwendung, wenn Ascendenten überhaupt nicht vorhanden sind. Auch dann kommen die unehelichen Kinder vollbürtiger Brüder überhaupt nie, die unehelichen Kinder vollbürtiger Schwestern nur dann in Betracht, wenn vollbürtige Geschwister oder eheliche Kinder von solchen nicht vorhanden sind.

Selbstverständlich gehen die in der 2. Klasse berufenen Personen, wenn sie überhaupt erbberechtigt sind, (also auch die unehelichen Kinder in dem soeben festgestellten Umfang) allen erst in der 3. Klasse Berufenen vor.

In all diesen Punkten stimmen unsere Resultate mit dem gemeinen Recht überein, soweit sich nicht durch die Anwendung des (dem gemeinen Recht fremden) im § 4 Ziff. 10 ausgesprochenen Grundsatzes Modifikationen ergeben.

III. Klasse (halbbürtige Geschwister und deren Kinder).

Für die 3. Klasse der Erbberechtigten stellt das bayr. Landrecht folgende Regel auf (§ 4 Ziff. 3 und 4):

„Nach denselben (den vollbürtigen Geschwistern und

deren Kindern) kommen sodann erst die einbändigen Geschwisterte, sowohl die vom Vater (consanguinei) als von der Mutter (uterini) und zwar beide in capita, mit und neben ihnen aber die Kinder von dergleichen Halbgeschwisterten in stirpes oder da sie unter sich alleine sind und jure proprio kommen, in capita" (für die Oberpfalz bleibt es beim bestehenden Recht).

Die einzige gesetzliche Bestimmung für das Erbrecht der unehelichen Kinder in der 3. Klasse ist die schon wiederholt erwähnte, für alle Seitenverwandten gültige Vorschrift des § 4 Ziff. 10, daß illegitimi oder per rescriptum Legitimierte nur in subsidium und bei ermangelnden anderen rechtmäßigen Befreundten succedieren. Bei der Betrachtung der hier möglichen Fälle haben wir uns zu vergegenwärtigen, daß den schon gewonnenen Resultaten zufolge

1. uneheliche Kinder desselben Vaters, aber verschiedener Mütter überhaupt nicht als verwandt, also auch nicht als fratres consanguinei gelten;

2. daß das Gesetz, abgesehen von der durch § 4 Ziff. 10 bedingten Modifikation, zwischen fratres uterini keinen Unterschied in der Beziehung macht, ob sie ehelich oder unehelich geboren sind;

3. daß für das Erbrecht der unehelichen Kinder halbbürtiger Geschwister dasselbe gilt wie in der 2. Klasse für das Erbrecht unehelicher Kinder vollbürtiger Geschwister.

Wir kommen daher zu folgendem Ergebnis:

I. Wenn der Erblasser ein eheliches Kind war:

1. Die unehelichen Kinder des Vaters des Erblassers und deren (eheliche und uneheliche) Kinder sind nicht erbberechtigt.

2. In erster Linie sind gemäß § 4 Ziff. 10 die ehelich geborenen Halbgeschwister des Erblassers und deren Kinder berufen, also die Kinder aus anderweitigen Ehen des Vaters und der Mutter und deren eheliche Kinder.

3. Erst wenn solche Personen nicht vorhanden sind, erben die unehelichen Kinder der Mutter des Erblassers, die ehelichen Kinder von solchen, die unehelichen Kinder von unehelichen Töchtern der Mutter des Erblassers und gleichzeitig mit diesen auch die unehelichen Kinder der Töchter, welche aus anderweitigen Ehen des Vaters oder der Mutter des Erblassers stammen.

II. War der Erblasser ein uneheliches Kind, so sind

1. die anderweitigen (ehelichen oder unehelichen) Kinder des Vaters des Erblassers und deren Kinder nicht erbberechtigt.

2. Da ein uneheliches Kind „rechtmäßige Befreundte" im Sinne des § 4 Ziff. 10, d. h. Verwandte, die durch lauter eheliche Zeugungen mit ihm zusammenhängen (s. u.), überhaupt nicht haben kann, so ist für die Anwendung dieser Regel hier kein Raum. Es erscheinen also Kinder, die aus einer von der Mutter des Erblassers mit einem anderen Mann abgeschlossenen Ehe stammen, und eheliche Kinder von solchen in keiner Weise bevorzugt gegenüber anderen unehelichen Kindern der Mutter des Erblassers; beide Kategorien sind uterini im

Verhältnis zum Erblasser und haben gleiches Erbrecht. Aus der Nichtanwendbarkeit des § 4 Ziff. 10 folgt aber weiter, daß hier überall sofort nicht nur die ehelichen Kinder vorverstorbener uterinischer Halbgeschwister, sondern auch (und zwar auch in Konkurrenz mit ehelichen Kindern der Mutter des Erblassers und ehelichen Kindern von solchen) die unehelichen Kinder uterinischer Halbschwestern des Erblassers zur Erbschaft berufen sind.

Daß die von der Mutter des Erblassers mit dem Vater des Erblassers erzeugten anderweitigen unehelichen Kinder dem Erblasser gegenüber nicht fratres germani, sondern nur uterini und also erst hier zur Erbschaft berufen sind, wurde schon oben bemerkt.

IV. Klasse (entferntere Seitenverwandte).

In Ermangelung von voll- und halbbürtigen Geschwistern und deren Kindern beruft das bayr. Landrecht in § 4 Ziff. 7 und 8 „allzeit den näheren mit Ausschluß der weiter Gesippten und ist die Erbfolge auf keine gewisse Grade hierin eingeschränkt". (Über das Erbrecht der Arrogierten und Adoptierten in der 4. Klasse s. o. S. 122 ff.)

Für illegitimi und nur per rescriptum legitimati wird dann in § 4 Ziff. 10 die schon mehrfach erwähnte Rechtsregel aufgestellt, daß sie „nur in subsidium und bei ermangelnden anderen rechtmäßigen Befreundten succedieren". Wir sind diesem Satz schon bei Betrachtung des Erbrechts der 2. und 3. Klasse begegnet, erst hier aber ist die Stelle, seine Bedeutung präzis darzustellen.

Kreittmayr bemerkt hierüber (Anm. zu § 4 Ziff. 5 litt. b): „Soviel die illegitimos per subsequens matrimonium legitimatos betrifft, werden solche anderen ehelichen Befreundten durchgehends gleichgehalten; wohingegen unser Codex all übrige, welche entweder gar nicht oder nur per rescriptum Principis legitimiert sind, andergestalt nicht als, wie wir auch oben schon in ordine descendentium und ascendentium gehört haben, nur in subsidium und bei ermangelnden rechtmäßigen Befreundten ad hereditatem collateralium zuläßt.“ Er beruft sich dann auf Baron Schmid (Note 5 zu Tit. 41 Art. 3 des alten Landrechts)[228]) und citiert am Schluß die Ansichten gemeinrechtlicher Autoren über das Erbrecht der per rescriptum Legitimierten, der nicht legitimierten illegitimi ex damnato coitu, spurii und naturales.

Die Flüchtigkeit, mit der Kreittmayr diese Rechtsmaterie behandelt, macht sich hier in ganz besonderer Weise fühlbar.

Wenn die Regel des § 4 Ziff. 10, wie man nach dem Wortlaut anzunehmen geneigt ist, bedeuten soll, daß unehelich Geborne überhaupt erst dann erbberechtigt

---

[228]) „Sie quaeras an, si propinquiores excludantur ab hereditate, ut supra de fratribus et sororibus naturalibus, spuriis, incestuosis, aut ex damnato coitu natis diximus, consanguinei remotiores ad successionem accessum habeant: respondemus negative, quoniam, ut ibidem explicavimus, tota sanguinis conjunctio improbatur, improbata igitur fratris vel sororis successione, multo magis improbatur reliquorum collateralium successio.“

seien, wenn ehelich geborene Verwandte des Erblassers nicht vorhanden sind, so ist zunächst nicht einzusehen, mit welchem Recht hiefür Schmid citiert wird, denn dessen in Note 228 wiedergegebene Bemerkung sagt doch offenbar nur, daß, wenn ein uneheliches Kind nicht erbberechtigt ist, dessen Verwandte, die ja vom Erblasser noch weiter entfernt sind, nicht Erben werden können.

Was aber das bayr. Landrecht von 1756 betrifft, so ist es durchaus unrichtig, daß der erwähnte Satz, wie Kreittmayr behauptet, auch in ordine descendentium et ascendentium Geltung habe; denn das uneheliche Kind wird von der Erbschaft seiner Mutter, des ehelichen Vaters, der ehelichen und außerehelichen Mutter derselben nur durch rechtmäßige Descendenten, nicht durch rechtmäßige Befreundte (d. h. Verwandte überhaupt) ausgeschlossen. Für das Erbrecht der Ascendenten hat der obige Satz aber überhaupt keinen Sinn, da ja hier die Thatsache, ob der Erbprätendent ein eheliches oder ein uneheliches Kind ist, vollkommen gleichgültig ist.

Sollte jene Regel aber dahin auszulegen sein, daß die durch (eine oder mehrere) uneheliche Zeugungen mit dem Erblasser verwandten Personen in ihrer Klasse erst dann in Betracht kommen, wenn Personen, die durch lauter eheliche Zeugungen mit dem Erblasser zusammenhängen, nicht vorhanden sind, so ist dies für das Erbrecht der 1. Klasse allerdings richtig, ergibt sich aber schon aus den Bestimmungen des Tl. III Kap. 12 § 2 Ziff. 11.

Ebenso folgt die Geltung dieses Satzes für die Erbfolge der Ascendenten allein (wonach also die uneheliche Mutter des ehelichen Vaters und der ehelichen Mutter durch Ascendenten ausgeschlossen wird, die nur durch eheliche Zeugungen mit dem Erblasser zusammenhängen) schon aus dem oben (S. 190) entwickelten allgemeinen Prinzip.

Die Bedeutung des im § 4 Ziff. 10 ausgesprochenen Rechtssatzes ist also, wie bereits erwähnt, auf die Erbfolge der Kollateralen zu beschränken und auch in diesem Umfang erscheint eine wörtliche Auslegung als unzulässig.

Es kann nämlich unmöglich der Wille des Gesetzgebers sein, ein uneheliches Kind, dessen Mutter mit dem Erblasser durch lauter eheliche Zeugungen zusammenhängt, dem Grundsatz des § 4 Ziff. 7 (daß bei Kollateralen lediglich die Nähe des Grades entscheide) zuwider von der Erbschaft auszuschließen, wenn ein dem Grade nach weiter entferntes ehelich gebornes Kind vorhanden ist, zwischen welchem und dem Erblasser ebenfalls eine oder gar mehrere uneheliche Zeugungen in Mitte liegen. Unter den „rechtmäßigen Befreundten" werden also nicht alle ehelich gebornen, sondern nur die durch lauter eheliche Zeugungen mit dem Erblasser zusammenhängenden Verwandten desselben zu verstehen sein.

Somit erweist sich diese Regel (wie schon oben bemerkt) überhaupt nur als anwendbar,

a. wenn der Erblasser ein eheliches Kind war.

In diesem Fall sind ihr zufolge mangels erbberechtigter Personen der 1. und 2. Klasse alle, auch die entferntesten Seitenverwandten, vorausgesetzt, daß ihre Verwandtschaft mit dem Erblasser durch lauter eheliche Zeugungen vermittelt wird, vor jedem unehelich erzeugten oder auch nur[229]) durch eine uneheliche Zeugung mit dem Erblasser zusammenhängenden, wenn auch dem Grade nach näheren Verwandten zur Erbschaft berufen.

Sind solche „rechtmäßige Befreundte" nicht vorhanden, so ist für die Anwendung der Regel des § 4 Ziff. 10 kein Raum mehr. Es bleibt dann bei der allgemeinen Regel, daß allzeit der näher Verwandte den weiteren ausschließt, ohne daß insbesondere auch auf Voll- oder Halbbürtigkeit Gewicht zu legen wäre (s. Kreittmayr, § 4 Ziff. 4 litt. c und Entsch. des O.A.G. München vom 12. April 1867, Bl. f. R.A. Bd. 32 S. 316).

Da nun das uneheliche Kind in erbrechtlicher Beziehung zwar nicht als mit seinem Vater, wohl aber als mit seiner Mutter verwandt gilt, weitere Beschränkungen aber als die im § 4 Ziff. 10 ausgesprochene[230])

---

[229]) Dies ergibt sich aus der Erwägung, daß die durch Vermittlung eines unehelichen Kindes mit dem Erblasser zusammenhängenden Verwandten unmöglich erbberechtigt sein können, wenn dieses uneheliche Kind, falls es noch am Leben wäre, selbst nicht erben würde (vgl. Note 228).

[230]) Etwa des Inhalts, daß jemand, zwischen welchem und dem Erblasser nur eine uneheliche Zeugung in Mitte liegt, dem

jedes gesetzlichen Anhaltspunktes entbehren würden, so erscheint, wenn „rechtmäßige Befreundte" in dem oben festgestellten Sinn nicht vorhanden sind, unter Beobachtung des Grundsatzes, daß in der 4. Klasse der Erbberechtigten ein uneheliches Kind im Verhältnis zu seiner Mutter dem ehelichen völlig gleichsteht, der als erbberechtigt, der dem Erblasser dem Grade nach am nächsten steht, gleichviel ob er ein eheliches oder ein uneheliches Kind ist, und ob seine Verwandtschaft zum Erblasser durch eine oder mehrere uneheliche Zeugungen vermittelt wird.

b. War der Erblasser ein uneheliches Kind, so sind, wie schon öfter erwähnt, „rechtmäßige Befreundte" desselben überhaupt nicht denkbar, die Vorschrift des § 4 Ziff. 10 erweist sich als unanwendbar, und es gilt daher in diesem Fall ganz allgemein der soeben dargestellte Grundsatz.

c. Noterbrecht und Pflichtteilsrecht.

Gleichwie das bayr. Landrecht im Gegensatz zum römischen Recht das uneheliche Kind von der mütterlichen Erbschaft überhaupt ausschließt, wenn eheliche Descendenten vorhanden sind, so versagt es ihm auch bei Nichtvorhandensein ehelicher Descendenz das im römischen Recht anerkannte Noterbrecht und Pflichtteilsrecht.

---

vorgehe, bei welchem sich dies mehrfach wiederholt; oder daß ein ehelich geborenes, aber durch uneheliche Zeugungen mit dem Erblasser verwandtes Kind einem dem Grade nach gleich nahen unehelichen Kind vorgehe.

Im Tl. III Kap. 3 § 14 Ziff. 2 werden zwar die legitimati per subsequens matrimonium auch hierin den ehelichen gleichgestellt, bezüglich der per rescriptum principis oder gar nicht Legitimierten aber wird ausdrücklich hervorgehoben, daß diese zwar in gewissem Umfang „instituiert werden können, aber nicht müssen“ (vgl. Kreittmayr, Ann. zu § 13 Ziff. 7 und zu § 14 Ziff. 3 litt. d).

Das Gleiche muß natürlich auch für Ascendenten gegenüber ihren unehelichen Kindern angenommen werden [231]).

Da uneheliche Kinder nicht Noterben sind, nur solche aber nach Tl. III Kap. 1 § 15 Ziff. 1 kollationspflichtig sind, so cessiert für das bayrische Landrecht die gemeinschaftliche Streitfrage, ob uneheliche Kinder zur Kollation verbunden sind. [232])

Bezüglich der Geschwister bestimmt Tl. III Kap. 3 § 14 Ziff. 3, daß Brüder und Schwestern Noterben sind auf den Fall, wenn eine ehrlose oder bemakelte Person instituiert ist und sie nicht selbst von der gleichen Gattung sind. Wie sich hieraus ergibt und von Kreittmayr (Annot. Ziff. 5 litt. c zu dieser Stelle) bestätigt wird, weicht das Landrecht vom römischen Recht inso-

---

[231]) Darüber, daß dies schon für das alte Landrecht galt, s. Schmid, Note 9 zu Tit. 39 Art. 2; über das Noterbrecht der Arrogierten und Adoptierten s. o. S. 121 ff.

[232]) Vgl. Windscheid, Bd. II § 610 Anm. 2. Im Widerspruch mit dem Gesetzestext behauptet allerdings Kreittmayr (Annot. zu Tl. III Kap. 1 § 15 Ziff. 3 litt. c): „Unechte wie auch legitimierte oder adoptierte Kinder konferiren so weit, als sie mit zu erben haben.“

ferne ab, als es auch Halbgeschwistern, und zwar auch uterinischen, die Anfechtungsklage einräumt. Da nun, wie oben erwähnt, das uneheliche Kind selbst nicht mehr als ehrlos oder bemakelt angesehen werden kann, so muß demselben unbedenklich die querela inofficiosi testamenti gegenüber einer von seinem Halbgeschwister als Erbe eingesetzten persona turpis zugestanden werden.

11. Anspruch der außerehelich Geschwächten auf Entschädigung für Defloration und Ersatz der Kindbettkosten.

Auch im Geltungsgebiet des bayrischen Landrechts wird der außerehelich geschwächten Frauensperson sowohl die Deflorationsklage als der Anspruch auf Ersatz der Kindbettkosten eingeräumt. Der letztere Anspruch beruht auf der Praxis und stellt sich als Deliktsobligation dar. Die Klage wird daher entkräftet durch den Nachweis, daß der in Anspruch Genommene zur Zeit des kausalen Beischlafs unzurechnungsfähig war. Da auch nach bayrischem Landrecht, wie oben gezeigt, Kausalzusammenhang zwischen dem Delikt und dem zu vergütenden Schaden Voraussetzung jeder Deliktsobligation ist, so wirkt auch klagzerstörend jede Einrede, welche die Vaterschaft des Beklagten als unmöglich oder auch nur als ungewiß erscheinen läßt, also insbesondere die Einrede der mehreren Beihälter.[234]) Endlich muß, wie im

---

[234]) Ebenso Hofinger, S. 21, dagegen Urt. d. O.A.G. München v. 11. Juni 1872 (Samml. Bd. II S. 212).

gemeinen Recht, als Voraussetzung dieses Anspruchs bezeichnet werden, daß der Beklagte die Klägerin durch Gewalt oder wenigstens durch Verführung dazu gebracht hat, ihm zu Willen zu sein, da ihr außerdem entgegengehalten werden kann, daß sie sich des gleichen Delikts wie der Beklagte schuldig gemacht habe.

Die Deflorationsklage beruht auf der Vorschrift in Tl. IV Kap. 16 § 6 Ziff. 6: „Bei fleischlichen Sünden pflegt man nach Gestalt der Personen, Proben und Umstände auf die Dotation oder Alimentation zu sprechen."

Hiezu bemerkt Kreittmayr: „Bei fleischlichen Sünden und zwar in stupro hat stuprator die deflorierte Weibsperson wegen der Verführung pro satisfactione zu ehelichen, oder, falls er solches nicht specialiter versprochen hat, congrue zu dotieren und zu alimentieren, wobei man das quantum dotis nach Gestalt der Personen, Proben und anderer Umstände reguliert." [235])

Daß die Frauensperson jungfräulichen Standes gewesen sei, ist zwar nicht gesetzliche Voraussetzung des Deflorationsanspruchs, wird aber von der Praxis gefordert. [236]) Ohne genügenden Grund will Hofinger (S. 85) unter Bezugnahme auf den Satz „volenti non

[235]) Im Tl. I Kap. 6 § 13, woselbst die zur Dotierung verpflichteten Personen aufgezählt sind, wird jedoch der stuprator nicht erwähnt, ebensowenig in Kreittmayrs Annot. zu dieser Stelle.

[236]) Gäßler, § 348, Urt. d. O.A.G. München v. 9. Jan. 1878 (Samml. Bd. VII S. 181) u. v. 20. Sept. 1859 (Bl. f. R.A. Bd. 26 S. 95), in welch letzterem Erkenntnis der Anspruch der Wittwe abgesprochen wird.

fit injuria" die Klage nur bei Notzucht und unfreiwilliger Schwächung eintreten lassen [237]).

Da der Anspruch sich auf Verführung, also Delikt gründet, wird er durch die Einrede, daß der Beklagte zur Zeit des fraglichen Beischlafs unzurechnungsfähig gewesen sei, entkräftet. Der Anspruch fällt ferner weg, wenn die sittliche Führung der Frauensperson nach dem fraglichen Beischlaf derart ist, daß dem Manne nicht zugemutet werden kann, sie zu heiraten, also insbesondere, wenn sie sich später auch anderen Männern hingiebt. [238]) Dagegen steht der Umstand, daß die Frauensperson später geheiratet hat, der Geltendmachung des Anspruchs nicht im Wege. [239])

Zur Begründung der Klage wird nicht erfordert, daß der Beischlaf Schwangerschaft zur Folge gehabt habe, [240]) daher kann, wenn diese eingetreten ist, die Klage auch vor der Geburt des Kindes angestellt werden.

Über Vererblichkeit der Deflorationsklage auf aktiver und passiver Seite s. Gett, Rechtsv. S. 59, Bl. f. R.A. Bd. 3 S. 305, Urt. d. O.A.G. München v. 30. April 1842 (Bl. f. R.A. Bd. 8 S. 156).

---

[237]) Ähnlich de lege ferenda F. Chr. v. Arnold, über Beschränkung der Deflorations-, Alimentations-, dann der Injurienklagen, Erlangen 1851.

[238]) Urt. d. O.A.G. München v. 31. Mai 1878 (Samml. Bd. VII S. 370).

[239]) Urt. d. O.A.G. München v. 17. April 1875 (Samml. Bd. V S. 777).

[240]) Bl. f. R.A. Bd. 8 S. 123, Urt. d. O.A.G. München v. 7. Januar 1873 (Bl. f. R.A. Bd. 38 S. 60), Gett, Rechtsv. S. 58.

12. Statutenkollision, örtliche und sachliche Zuständigkeit.

Über Statutenkollision enthält das bayrische Landrecht im Tl. I Kap. 2 § 17 folgende Bestimmung: „Insofern die Rechte, Statuten und Gewohnheiten in loco judicii, delicti, rei sitae, contractus und domicilii unterschiedlich sind, so soll quoad formam processus auf die bei demjenigen Gericht, wo die Sache rechtshängig ist, üblichen Rechte, mit Bestrafung eines Verbrechens aber auf das Recht des Ortes, wo solches begangen wurde, soviel hiegegen die bloße Solennität einer Handlung betrifft, auf die Rechte des Ortes, wo solche unter Toten oder Lebendigen gepflogen werden, in mere personalibus auf die statuta in loco domicilii und endlich in realibus vel mixtis auf die Rechte in loco rei sitae ohne Unterschied der Sache, ob sie beweglich oder unbeweglich, körperlich oder unkörperlich ist, gesehen und erkannt worden."

Es liegt auf der Hand, daß aus dieser gesetzlichen Vorschrift für die meisten der in der Praxis sich ergebenden Fragen nicht der mindeste Anhaltspunkt zu gewinnen ist. Kreittmayrs Annotationen zu dieser Stelle enthalten nicht viel mehr als das Gesetz selbst, so daß wir also in den meisten Fällen auf Erwägungen allgemeiner Art angewiesen sind.

Wie weit im Gebiet des gemeinen Rechts die Meinungen bezüglich der hier in Betracht kommenden Fragen auseinander gehen, wurde schon oben erwähnt.

Im Geltungsgebiet des bayrischen Landrechts dar als durch konstante Praxis festgestellter Grundsatz bezeichnet werden, daß für den Alimentationsanspruch auf Grund der Verwandtschaft die Gesetze des Domizils des Klägers zur Zeit der Klagestellung, für den Alimentationsanspruch gegen den Stuprator, ferner für die Klage auf Entschädigung für Defloration und Ersatz der Kindbettkosten die Gesetze des Ortes, wo der fragliche Beischlaf verübt wurde[241]), für das „Erbrecht quoad alimenta", die testamenti factio passiva und das Intestaterbrecht die Gesetze des letzten Domizils des Erblassers entscheidend sind[242]).

Auch nach bayrischem Landrecht ist Rechtsgrund des Alimentationsanspruchs, und zwar auch des gegen den Stuprator erhobenen, nicht Delikt; daher wäre für solche Klagen der Gerichtsstand des § 32 C.P.O. nicht begründet; doch ist durch konstante Praxis das Gegenteil anerkannt. Natürlich findet § 32 C.P.O. auch Anwendung auf die Deflorationsklage und den Anspruch auf Ersatz der Kindbettkosten. Außer Zweifel steht, daß nicht nur die letzteren Ansprüche, sondern auch die Paternitätsklage und der Alimentationsanspruch des un-

---

[241]) Unter mehreren hiernach in Betracht kommenden Rechten kann der Kläger sich auf das ihm günstigste beziehen, s. o. S. 81.

[242]) Wenn der Plenarbeschluß d. O.A.G. München v. 5. Juni 1855 das forum delicti commissi auch gelten lassen will für die Ansprüche des unehelichen Kindes auf Anerkennung eines Erbrechts, so ist dagegen einzuwenden, daß Rechtsgrund eines Erbanspruchs nur Vertrag, Testament oder Intestaterbrecht, niemals aber Delikt sein kann (Urt. d. O.A.G. München v. 22. Okt. 1883, S. A. Bd. 39 N. 84).

ehelichen Kindes, mag der letztere auf Grund wirklicher oder möglicher Vaterschaft erhoben werden, einen Anspruch „aus einem außerehelichen Beischlaf“ im Sinn des § 23 d. Gerichtsverf.Ges. darstellen und daher der ausschließlichen Zuständigkeit des Amtsgerichts unterliegen.

Ohne genügenden Grund bestreitet dies das Urt. d. O.L.G. München v. 21. April 1894 (Samml. Bd. XV S. 145) bezüglich der Klage gegen die Eltern des unehelichen Vaters. Gewiß ist Rechtsgrund dieser Klage Verwandtschaft und nicht Delikt; diese Verwandtschaft resultiert aber aus einem unehelichen Beischlaf gleich der zwischen Vater und Kind selbst, es liegt also ein Anspruch (zwar nicht unmittelbar, aber mittelbar) aus einem außerehelichen Beischlaf vor.

Die Klage, womit das im Tl. III Kap. 12 statuierte Universalerbrecht des unehelichen Kindes geltend gemacht wird, ist Erbschaftsklage im Sinn des § 28 Abs. 1 der Civilprozeßordnung. Dagegen ist das Erbrecht quoad alimenta, wie erwähnt, weder Geltendmachung eines Erbrechts, noch Realisierung einer Nachlaßschuld, sondern ein dem Berechtigten gegenüber dem Erben als solchen zustehender Anspruch; auf derartige Klagen findet daher nicht Abs. 1, wohl aber Abs. 2 des § 28 der Civilprozeßordnung Anwendung.

13. Rückblick.

Werfen wir nunmehr einen kurzen Rückblick auf das dargestellte geltende Recht, so werden wir den gegen=

wärtigen Zustand als einen befriedigenden gewiß nicht bezeichnen können. Während das bayrische Landrecht in manchen Punkten (z. B. bez. der Alimentationspflicht), von naturrechtlichen Einflüssen beherrscht, das uneheliche Kind dem ehelichen völlig gleichstellt, während es im Intestaterbrecht das römische Prinzip, daß das uneheliche Kind seinem Vater ganz fremd gegenüber steht, in gewissem Umfang durchbricht und ein allerdings sehr eingeschränktes Universalerbrecht gegenüber dem unehelichen Vater statuiert, versagt es in mißverständlicher Auffassung der römischrechtlichen Bestimmungen über die Konkubinenkinder dem unehelichen Vater in der Regel jede Möglichkeit, seinem Kinde mehr als das zum Leben unbedingt Erforderliche zuzuwenden, und legt auch der Mutter in dieser Richtung weitgehende Beschränkungen auf; endlich teilt es, was das Erbrecht der Kinder ex damnato coitu anlangt, völlig den grausamen und widersinnigen Standpunkt des späteren römischen Rechts.

Zu all dem mangelt in dieser ganzen Rechtsmaterie jedes klar ausgesprochene Prinzip, so daß sich bei Anwendung der gesetzlichen Vorschriften auf jeden nicht ganz einfach gelagerten Fall Zweifel und Bedenken in reicher Fülle ergeben.

Anhang.

Der Entwurf eines bürgerlichen Gesetzbuchs für das deutsche Reich.

1. Der Entwurf erster Lesung.

Der erste Entwurf bestimmte im § 30:

„Personen, deren eine von der anderen abstammt, sind in gerader Linie verwandt. Personen, welche nicht in gerader Linie verwandt sind, aber von derselben dritten Person abstammen, sind in der Seitenlinie verwandt.

Die Seitenverwandten sind vollbürtig, wenn sie von demselben Elternpaare abstammen, halbbürtig, wenn sie nur einen gemeinsamen Stammvater oder eine gemeinsame Stammmutter haben.

Durch uneheliche Abstammung wird, soweit nicht das Gesetz ein Anderes bestimmt, ein Verwandtschaftsverhältnis nur zwischen dem unehelichen Kinde, sowie dessen Abkömmlingen einerseits und der Mutter des Kindes, sowie deren Verwandten andrerseits begründet[243]."

[243]) Nach § 40 teilt das uneheliche Kind den Wohnsitz einer Mutter.

Die Motive bemerken hiezu (Bd. I S. 65): „Die Verwandtschaft hat zur Grundlage eheliche Abstammung. Für den natürlichen Begriff der Verwandtschaft ist es an sich unerheblich, ob die vermittelnde Zeugung in ehelicher oder unehelicher Geschlechtsverbindung erfolgt; die Blutsgemeinschaft mit dem Erzeuger und der Mutter ist bei dem unehelichen Kind die gleiche wie bei dem ehelichen. Auf dem Gebiet des Privatrechts ist aber festzuhalten, daß eine Familienverbindung mit den aus ihr sich ergebenden Rechten und Pflichten eine durch die Ehe vermittelte Zeugung voraussetzt. Dies gilt indessen nur für die Verwandtschaft nach der väterlichen Seite. Gemäß § 1568 besteht ein Verwandtschaftsverhältnis auch zwischen dem unehelichen Kind und dessen Abkömmlingen einerseits und der Mutter des Kindes sowie deren Verwandten andererseits. Der natürlichen Verwandtschaft des unehelichen Kindes nach der Seite des unehelichen Erzeugers ist Rechnung getragen durch das Eheverbot in § 1236 Abs. 2, sowie durch die in den §§ 1571 bis 1576 dem Erzeuger auferlegte Unterhaltspflicht."

Der Ausdruck „Vater", „Mutter", „Kind" ꝛc. ist nach den Motiven (Bd. I S. 66) in der Regel im Entwurf in dem Sinn gebraucht, daß Verwandtschaftsverhältnis auf Grund ehelicher Abstammung vorausgesetzt wird. Wenn stellenweise vom Vater eines unehelichen Kindes gesprochen werde, so sei dies deshalb gerechtfertigt, weil in diesen Richtungen (Alimentationspflicht, Legitimation) ein Verwandtschaftsverhältnis zwischen dem unehelichen Vater und dem unehelichen Kind anerkannt werde.

Nach § 1466 ist ein eheliches Kind nicht nur dasjenige, welches die Ehefrau während der Ehe von dem Ehemann empfangen hat, sondern auch dasjenige, welches die Ehefrau vor Schließung der Ehe von dem Ehemann empfangen und nach Schließung der Ehe geboren hat.

Als kritische Zeit („Empfängniszeit“) wird im § 1467 der Zeitraum vom 181. bis zum 300. Tage vor der Geburt des Kindes mit Einschluß dieser beiden Tage bezeichnet.

§ 1468 statuiert die Rechtsvermutung, daß das von der Ehefrau geborene Kind, dessen Empfängniszeit ganz oder teilweise in die Zeit während der Ehe fällt, vom Ehemann erzeugt sei; das Gegenteil kann nur durch den Nachweis dargethan werden, daß der Ehemann innerhalb der Empfängniszeit, soweit dieselbe in die Zeit während der Ehe fällt, mit der Ehefrau den Beischlaf nicht vollzogen habe (§ 1469). Nach § 1470 gilt ein nach Schließung der Ehe von der Ehefrau geborenes Kind, dessen Empfängniszeit in die Zeit vor Schließung der Ehe fällt, als vom Ehemann erzeugt, wenn dieser innerhalb der Empfängniszeit mit der Ehefrau den Beischlaf vollzogen hat; das letztere wird vermutet, falls der Ehemann gestorben ist, ohne die Ehelichkeit des Kindes angefochten zu haben.

Näheres über die Anfechtung der Ehelichkeit enthalten die §§ 1471—1478, aus welchen als besonders wichtig hervorzuheben ist § 1477: „Das auf die Anfechtungsklage erlassene noch während der Lebenszeit des Ehemannes und des Kindes rechtskräftig gewordene Urteil wirkt für und gegen Alle.“ § 1479 endlich regelt die Abstammungsverhältnisse eines Kindes, dessen Mutter sich vor Ablauf von 300 Tagen nach Auflösung der Ehe wieder verheiratet und innerhalb dieser Zeit nach Schließung der neuen Ehe geboren hat.

Die §§ 1480—1496 behandeln die Unterhaltspflicht und erstrecken dieselbe auf Verwandte in gerader Linie sowie Geschwister. Voraussetzung für das Eintreten dieser Verpflichtung ist auf Seite des angeblich Berechtigten die durch Vermögenslosigkeit und Erwerbsunfähigkeit begründete Unmöglichkeit, sich selbst zu unterhalten, auf Seite des in Anspruch Genommenen die Fähigkeit, ohne Beeinträchtigung des eigenen standesmäßigen Unterhalts Alimente zu reichen.

Ein Alimentationspflichtiger ist als nicht vorhanden anzusehen, wenn die Rechtsverfolgung gegen ihn im Inlande ausgeschlossen oder erheblich erschwert ist.

Der Unterhalt umfaßt nach § 1488 den ganzen Lebensbedarf, die Kosten der Taufe, der Erziehung, der Vorbildung zu einem besonderen Lebensberufe und der Beerdigung und ist in der Regel in dem Maße zu gewähren, welches der gesamten Lebensstellung des Berechtigten entspricht („standesmäßiger Unterhalt“); der Anspruch ist auf den notdürftigen Unterhalt beschränkt gegenüber den Geschwistern, dem unehelichen Vater und für den, dessen Bedürftigkeit auf sittlichem Verschulden beruht.

Der Unterhalt ist in der Regel durch eine Geldrente auf 3 Monate im Voraus zu gewähren; über Anträge auf anderweitige Formen der Gewährung entscheidet das Gericht.

Bei wesentlicher Änderung der Verhältnisse ist Neuregelung zulässig. Zum Konkurs können künftige Alimente nicht angemeldet werden. Verzicht auf den gesetzlichen Unterhaltsanspruch für die Zukunft ist ungültig. Die Alimentationspflicht für die Zukunft endigt mit dem Tode des Berechtigten oder des Verpflichteten.

Die beiden folgenden Titel behandeln das Rechtsverhältnis zwischen Eltern und ehelichen Kindern und das Rechtsverhältnis der Kinder aus ungültigen Ehen.

Im Buch IV Abschnitt 2 Titel 5 sind die Rechtsverhältnisse der unehelichen Kinder geregelt.

§ 1568 bestimmt zunächst entsprechend dem schon erwähnten § 30: „Zwischen einem unehelichen Kinde sowie dessen Abkömmlingen einerseits und der Mutter des Kindes sowie deren Verwandten andererseits bestehen dieselben Rechte und Verbindlichkeiten, wie wenn das Kind ein eheliches wäre, soweit nicht das Gesetz ein Anderes bestimmt."

Nach § 1569 erhält das uneheliche Kind den Familiennamen der Mutter, eventuell den vorehelichen Namen derselben; das uneheliche Kind steht nicht unter elterlicher Gewalt (über diese s. §§ 1501—1561), die Mutter hat jedoch in gewissem Umfang Recht und Pflicht, für die Person des Kindes zu sorgen (§ 1570).

„Bei Regelung des Rechtsverhältnisses der unehelichen Kinder“, bemerken die Motive (Bd. IV S. 851), „ist der Entwurf davon ausgegangen, daß regelmäßig nur die durch eheliche Abstammung vermittelte Verwandtschaft diejenige sittliche Grundlage gewährt, welche die Voraussetzung familienrechtlicher Pflichten und Rechte bildet, daß insbesondere nur das feste Band der Ehe und das dadurch begründete Familienleben eine ausreichende Garantie für die Erfüllung jener Pflichten und zur entsprechenden Ausübung jener Rechte bietet .... Die durch die Natur zwischen dem unehelichen Kind und seinem Erzeuger geknüpften Bande führen in den wenigsten Fällen zu einer innigeren Verbindung zwischen beiden. Meistens steht der Vater dem unehelichen Kinde gleichgültig und fremd gegenüber, er betrachtet dasselbe als eine Last und hat kein Interesse an dem Wohlergehen, der körperlichen und geistigen Ausbildung desselben.“ Dagegen stehe das Kind der Mutter viel näher als dem Vater (S. 854); „dasselbe ist schon von Natur der Mutter anvertraut und deren Pflege und Erziehung überlassen ...“

„Berücksichtigt man die große Zahl unehelicher Kinder, berücksichtigt man, daß destruktive Elemente vornehmlich aus den Kreisen solcher Personen hervorgehen, welche von der Familie ausgeschlossen sind, so erscheint es als eine Aufgabe und Pflicht der Gesetzgebung, auch auf dem Gebiet des Civilrechts der Vermehrung des Proletariats entgegenzutreten, sollte auch der Eintritt des unehelichen Kindes in die mütterliche Familie den Anschauungen in einzelnen Ständen weniger entsprechen. Der Rücksicht auf die Heiligkeit und die hohe Bedeutung der Ehe wird aber schon dadurch in ausreichendem Maße Rechnung getragen, daß das uneheliche Kind zu dem Vater und dessen Familie rechtlich in keine Verbindung tritt . . ."

„Da im Erbrecht entgegenstehende Bestimmungen nicht getroffen sind, so finden in Gemäßheit des Prinzips des § 30 Abs. 3 und des § 1568 im Verhältnis zwischen dem unehelichen Kinde sowie dessen Abkömmlingen einerseits und der Mutter des Kindes sowie deren Verwandten andererseits auch die Bestimmungen des Erbrechts über das gesetzliche Erb- und das Pflichtteilsrecht der Verwandten in vollem Umfang Anwendung."

Was die Kinder ex damnato coitu anlangt, so hat der Entwurf, abgesehen von der die Legitimation beschränkenden Vorschrift des § 1586, sie den übrigen unehelichen Kindern vollkommen gleichgestellt.

Die Motive bemerken hierüber (Bd. IV S. 857): „Von dem Gesichtspunkt der Abschreckung oder der Strafe aus läßt sich die Ausschließung ehewidriger Kinder von den familienrechtlichen und erbrechtlichen Beziehungen zu der Mutter und den Verwandten der letzteren nicht rechtfertigen. Das Gegenteil hieße die Kinder wegen eines Verbrechens oder Vergehens der Mutter bestrafen . . ."

Über die Gründe, welche einer Gleichstellung der Brautkinder mit den ehelichen entgegenstehen, s. a. a. O. S. 858.

Die §§ 1571—1578 normieren die Unterhaltspflicht des unehelichen Vaters. Der Vater ist primär zur Alimentation des unehelichen Kindes verpflichtet. Als Vater gilt, wer mit der Kindsmutter innerhalb der Empfängniszeit den Beischlaf vollzogen hat, es sei denn, daß innerhalb dieser Zeit auch von einem Andern der Beischlaf mit der Mutter vollzogen worden ist (§ 1572 Abs. 1).

Die Empfängniszeit ist wie bei ehelichen Kindern fixiert; Gegenbeweis aus dem Reifegrad des Kindes ist weder zu Gunsten noch zu Ungunsten desselben zugelassen (Motive Bd. IV S. 890). Die Alimentationspflicht des unehelichen Vaters ist nicht gebunden an das Erfordernis seiner Leistungsfähigkeit und der Bedürftigkeit des Kindes (Mot. Bd. IV S. 896).

Wie schon erwähnt, braucht der uneheliche Vater dem Kinde nur den notdürftigen Unterhalt zu gewähren und zwar bis zur Zurücklegung des vierzehnten Lebensjahres des Kindes. Die Unterhaltspflicht des unehelichen Vaters geht auf dessen Erben über; Verträge über zukünftige Alimente bedürfen der obervormundschaftlichen Genehmigung, Verzicht auf zukünftige Alimente ist unzulässig. Für die Kosten des Unterhalts während der ersten sechs Wochen von der Geburt des Kindes ab, sowie für die Kosten der Entbindung muß der uneheliche Vater der Mutter Ersatz leisten; dieser Anspruch besteht aber nur gegenüber dem Vater, wird also beseitigt durch die Einrede der mehreren Zuhälter (Motive Bd. IV S. 908).

Die Gründe für und gegen die Zulassung der Vaterschaftsklage, sowie für und gegen die Wirksamkeit der exceptio plurium concumbentium sind in den Motiven Bd. IV S. 866 ff., S. 885 ff. erschöpfend und in kaum widerlegbarer Weise erörtert[244]).

Die Einrede der mehreren Beihälter kann auch auf den Reifegrad des Kindes gestützt, dagegen kann der Einrede selbst mit diesem Argument nicht begegnet werden. (Motive Bd. IV S. 887, 888.)

Die Einrede, daß die Mutter zur Zeit des Geschlechtsverkehrs mit dem Beklagten schon schwanger gewesen sei, ist zulässig (Motive Bd. IV S. 888); die Beantwortung der Frage nach der Wirksamkeit der Einrede der Zeugungsunfähigkeit des Mannes und der nicht erfolgten immissio seminis wird vom Gesetzgeber der Jurisprudenz überlassen (Mot. Bd. IV S. 888 u. 656).

Die Anerkennung der Vaterschaft hat nach dem Entwurf nicht konstitutiven Charakter, sondern nur die Natur eines Beweismittels (Mot. Bd. IV S. 893).

Bei wesentlicher Veränderung der Verhältnisse ist auch hier Neuregelung statthaft. (Motive Bd. IV S. 900.)

Die Deflorationsklage ist durch das Schweigen des Entwurfs beseitigt (vgl. Mot. Bd. IV S. 914 ff.).

---

[244]) Der vierte Deutsche Juristentag hatte dem Wunsch Ausdruck gegeben, die Paternitätsklage sei in jenen Teilen Deutschlands, wo sie zur Zeit noch im Prinzipe besteht, in die engsten Grenzen einzuschränken; in einem gemeinsamen deutschen Gesetzbuche sei dieselbe jedoch nur in Ausnahmefällen zuzulassen.

Der Entwurf kennt zwei Arten von Legitimation, die durch nachfolgende Ehe, welche dem Kind die rechtliche Stellung eines ehelichen Kindes verleiht (§§ 1579—1582), und die durch Ehelichkeitserklärung (Verfügung der Staatsgewalt, §§ 1583—1600). Die letztere ist ausgeschlossen, wenn die Ehe zwischen Vater und Mutter zur Zeit der Erzeugung des Kindes wegen Verwandtschaft oder Schwägerschaft nicht geschlossen werden konnte; sie kann versagt werden, auch wenn ihr ein gesetzliches Hindernis nicht entgegensteht. Auch durch diese Form der Legitimation erlangt das Kind mit gewissen Einschränkungen (§ 1596) die rechtliche Stellung eines ehelichen Kindes (vgl. Mot. Bd. IV S. 918 ff.; über die Wirkung der Legitimation durch Ehelichkeitserklärung in erbrechtlicher Beziehung s. S. 935).

Die Legitimation zur Tilgung des Geburtsfleckens (legitimatio minus plena) ist dem Entwurf fremd, da derselbe eine Beschränkung der Rechtsfähigkeit der unehelichen Kinder nicht kennt.

Mit der Annahme an Kindesstatt beschäftigen sich die §§ 1601—1631.

Der Unterschied zwischen Arrogation und Adoption im engeren Sinn, sowie zwischen adoptio plena und minus plena ist aufgegeben (Mot. Bd. IV S. 956). Die Annahme an Kindesstatt erfolgt durch Vertrag und ist nur zulässig, wenn der Annehmende keine eheliche Descendenz besitzt, das fünfzigste Lebensjahr erreicht hat und mindestens achtzehn Jahre älter ist als der Anzunehmende (von den beiden letzteren Erfordernissen kann dispensiert werden).

Zur Annahme eines ehelichen Kindes ist Einwilligung seiner beiden Eltern, zur Annahme eines unehelichen Kindes Einwilligung seiner Mutter nötig, es sei denn, daß das Kind schon über 25 Jahre alt oder sein Familienstand nicht zu ermitteln ist. Der Annahmevertrag muß vor Gericht oder Notar geschlossen und gerichtlich bestätigt werden.

Durch die Annahme an Kindesstatt erlangt der Angenommene im allgemeinen die rechtliche Stellung eines ehelichen Kindes des Annehmenden; der Letztere erhält aber kein Erbrecht (§ 1624). Die Rechte und Pflichten zwischen dem Angenommenen und seinen Verwandten erleiden durch die Annahme an Kindesstatt, von einzelnen Ausnahmen abgesehen, keine Änderung. (Vgl. Motive Bd. IV S. 951 ff.)

§ 1632, welcher Urteilen in Statussachen in gewissem Umfang Rechtswirkung auch für und gegen Dritte zuspricht, enthält im Absatz 2 die Bestimmung, daß dies nicht gelte für Rechtsstreitigkeiten, welche die Feststellung des Bestehens oder Nichtbestehens der unehelichen Vaterschaft zum Gegenstand haben (vgl. Motive Bd. IV S. 1002 ff.).

Den Grundsätzen der §§ 30 und 1568 des Entwurfs entspricht die Regelung des Erbrechts der unehelichen Kinder.

Eine Beschränkung der testamenti factio passiva der unehelichen Kinder, selbst der Kinder ex damnato coitu, kennt der Entwurf nicht (vgl. Motive Bd. IV S. 853, Bd. V S. 15; diese Beschränkungen sind,

„weil innerlich nicht zu rechtfertigen und leicht zu umgehen, nicht aufgenommen"). Im Intestaterbrecht ist das uneheliche Kind bezüglich seines Verhältnisses zur Mutter und deren Verwandten dem ehelichen völlig gleichgestellt, dagegen wird ein Verwandtschaftsverhältnis zum Vater und dessen Verwandten nicht anerkannt („Nach §§ 1571 ff. ruft die uneheliche Erzeugung eine familienrechtliche Beziehung zwischen dem Erzeuger und dem Kind nicht hervor; es fehlt danach an den Erfordernissen eines Erbrechts", Motive Bd. V S. 359).

Daß die Gleichstellung des unehelichen Kindes mit dem ehelichen bezüglich des Verhältnisses zur Mutter und deren Verwandten auch für das Pflichtteilsrecht gilt, ergibt sich aus § 30. „Die Versagung des Pflichtteilsrechts würde eine Ausnahme von dem Grundsatze des § 30 enthalten, zu welcher es an zwingenden Gründen fehlt" (Motive Bd. V S. 359).

2. Der Entwurf zweiter Lesung.[245])

Der Entwurf zweiter Lesung weicht von dem der ersten Lesung in den hier in Betracht kommenden Fragen nicht wesentlich ab. § 15 drückt das Prinzip, daß das uneheliche Kind nur mit seiner Mutter und deren Verwandten verwandt ist, negativ aus durch Ab-

---

[245]) Vgl. Hachenburg, die Rechtsstellung des unehelichen Kindes in dem Entw. e. b. Gesetzb. f. d. Deutsche Reich, Mannheim 1895; Bulling, die Rechte der unehelichen Kinder nach d. Entw. e. b. Gesetzb. f. d. Deutsche Reich, Berlin 1895.

satz 2: „Zwischen einem unehelichen Kinde und dessen Vater besteht keine Verwandtschaft."

Über die eheliche Abstammung bestimmt § 1486: „Ein Kind, das nach Schließung der Ehe geboren wird, ist ehelich, wenn die Frau es vor oder während der Ehe empfangen und der Mann innerhalb der Empfängniszeit der Frau beigewohnt hat. Das Kind ist nicht ehelich, wenn es den Umständen nach offenbar unmöglich ist,[246]) daß die Frau das Kind von dem Manne empfangen hat. Es wird vermutet, daß der Mann innerhalb der Empfängniszeit der Frau beigewohnt habe. Soweit die Empfängniszeit in die Zeit vor der Ehe fällt, gilt die Vermutung nur, wenn der Mann gestorben ist, ohne die Ehelichkeit angefochten zu haben".

Die kritische Zeit ist, wohl mit Rücksicht auf die dem ersten Entwurf gegenüber von medizinischer Seite erhobenen Einwendungen, auf die Zeit vom 181. bis 302. Tag vor der Geburt des Kindes ausgedehnt worden (§ 1487); auch ist zu Gunsten der Ehelichkeit eines Kindes der Beweis zulässig, daß die Schwangerschaft länger als 302 Tage gewährt habe (§ 1487 Abs. 2)[247]). Über Anfechtung der Ehelichkeit s. §§ 1488—1494.

Die Unterhaltspflicht ist im allgemeinen wie im ersten Entwurf geordnet, doch sind die Geschwister aus

---

[246]) Eine unglückliche Reminiscenz an die „evidentia facti" des bayrischen Landrechts! (Vgl. § 1604 und 1607!) S. Hachenburg, S. 28.

[247]) Für Ausdehnung dieser Vorschrift auf die unehelichen Kinder erklärt sich mit Recht Hachenburg, S. 29 ff.

dem Kreis der unterhaltspflichtigen Verwandten ausgeschieden worden. Der Unterschied zwischen standesmäßigem und notdürftigem Unterhalt ist beibehalten, auf letzteren ist aber nur beschränkt, wer durch sein sittliches Verschulden bedürftig geworden ist oder sich einer die Entziehung des Pflichtteils rechtfertigenden Verfehlung schuldig gemacht hat.

Die §§ 1593—1605 befassen sich mit der rechtlichen Stellung der unehelichen Kinder. Das uneheliche Kind hat im Verhältnis zur Mutter und deren Verwandten die rechtliche Stellung eines ehelichen Kindes und führt deren (eventuell vorehelichen) Familiennamen; die Mutter hat wie nach dem ersten Entwurf nicht die elterliche Gewalt (s. §§ 1521—1586), aber unter gewissen Einschränkungen Recht und Pflicht, für die Person des Kindes zu sorgen.

Der Vater ist verpflichtet, dem unehelichen Kinde bis zu dessen vollendetem sechszehnten[248]) Lebensjahre den der Lebensstellung der Mutter entsprechenden Unterhalt zu gewähren; seine Alimentationspflicht geht der der Mutter und der mütterlichen Verwandten vor (§ 1596). Der Unterhalt kann auch für die Vergangenheit verlangt werden. Der Anspruch erlischt mit dem Tode des Kindes,

---

[248]) Mit dieser Erweiterung der Unterhaltspflicht ist den gegenüber dem ersten Entwurf geltend gemachten Wünschen Rechnung getragen worden (vgl. Zusammenstellung der gutachtl. Äußerungen zum Entwurf Bd. IV S. 441). Für Ausdehnung der väterlichen Unterhaltspflicht bis dahin, daß das Kind sich selbst unterhalten kann, plädiert mit gutem Grund Bulling, S. 27.

nicht aber mit dem des Vaters; doch können die Erben das Kind mit dem Betrag abfinden, der ihm, falls es ehrlich wäre, als Pflichtteil gebühren würde. (§§ 1598—1600.) Der Anspruch der Mutter auf Ersatz der Entbindungskosten und der Kosten des Unterhalts für die ersten sechs Wochen nach der Entbindung ist vom 2. Entwurf beibehalten, die Verjährungszeit für diesen Anspruch ist von 2 Jahren auf 4 erweitert worden (§ 1602).

Neu ist die Vorschrift des § 1603, daß schon vor der Geburt des Kindes durch einstweilige Verfügung angeordnet werden kann, der Vater habe den für das erste Vierteljahr dem Kinde zu gewährenden Unterhalt sofort nach der Geburt zu zahlen und den hiezu erforderlichen Betrag schon vor der Geburt zu hinterlegen.

Die uneheliche Vaterschaft wird wie nach dem ersten Entwurf festgestellt, die Einrede der mehreren Beihälter soll aber unwirksam sein, wenn es den Umständen nach offenbar unmöglich (vgl. oben Note 246!) ist, daß die Mutter das Kind aus dieser Beiwohnung empfangen habe, und soll dem nicht zustehen, der nach der Geburt des Kindes sich in einer öffentlichen Urkunde als Vater bekannt hat.[249]) Die Empfängniszeit ist die gleiche wie bei ehelichen Kindern (§ 1604 und 1605).

In ziemlich genauem Anschluß an die Normen des ersten Entwurfs wird in den §§ 1606—1624 die Legitimation, in den §§ 1625—1654 die Annahme an Kindesstatt geregelt. Der oben erwähnte § 1632 des

---

[249]) Vgl. Hachenburg S. 31 ff., Bulling S. 61 ff.

ersten Entwurfs ist als § 627d der Civilprozeßordnung in das Einführungsgesetz verwiesen. Die Deflorationsklage bleibt auch nach dem zweiten Entwurf beseitigt.[250])

Vollkommen neu ist das sechste Buch des zweiten Entwurfs über die Anwendung ausländischer Gesetze. Für unsere Materie kommen hievon in Betracht die §§ 2252—2257, 2261 und 2264. Hienach wird die Ehelichkeit eines Kindes nach den Gesetzen des Staates beurteilt, welchem der Ehemann der Mutter zur Zeit der Geburt des Kindes angehört bezw. angehört hat. Legitimation und Adoption bemessen sich nach den Gesetzen des Staates, welchem der Vater bezw. der Adoptierende zur Zeit der Legitimation oder Adoption angehört; das Erfordernis der Einwilligung des Kindes oder der Einwilligung Dritter, zu denen das Kind in einem familienrechtlichen Verhältnis steht, bestimmt sich nach den Gesetzen des Staates, welchem das Kind zur Zeit der Legitimation oder Adoption angehört. Das Rechtsverhältnis zwischen einem unehelichen Kinde und dessen Mutter wird nach den Gesetzen des Staates beurteilt, welchem die Mutter angehört, die Alimentationspflicht des unehelichen Vaters und seine Verpflichtung, der Kindsmutter für die Kosten der Entbindung und des Unterhalts Ersatz zu leisten, nach den

---

[250]) Einen gewissen Ersatz hiefür bietet die Bestimmung des § 1206, wonach eine unbescholtene Verlobte, die ihrem Bräutigam die Beiwohnung gestattet hat, unter gewissen Voraussetzungen „eine billige Entschädigung in Geld verlangen kann, auch wenn sie einen Vermögensschaden nicht erleidet". Vgl. § 770 und 748a!

Gesetzen des Staates, welchem die Mutter zur Zeit der Geburt des Kindes angehört. Für die erbrechtlichen Verhältnisse sind die Gesetze des Staates maßgebend, welchem der Erblasser zur Zeit seines Todes angehört hat. Endlich ist die Anwendung eines ausländischen Gesetzes ausgeschlossen, wenn seine Anwendung gegen die guten Sitten oder gegen den Zweck eines deutschen Gesetzes verstoßen würde oder wenn das ausländische Gesetz die Rechte der Fremden in unbilliger Weise beeinträchtigt.

Schlußwort.

Es bedarf nicht ausdrücklicher Hervorhebung, daß sich auch gegen einzelne Bestimmungen des Entwurfes Einwendungen erheben lassen. So dürfte die Loslösung der Alimentationspflicht des unehelichen Vaters von der Voraussetzung des Bedürfnisses auf Seite des Berechtigten und der Leistungsfähigkeit auf Seite des Verpflichteten durch das, was die Motive dafür geltend machen, kaum genügende Begründung gefunden haben.

Im Ganzen aber wird kein unbefangener Beurteiler verkennen, daß der Entwurf den Niederschlag dessen enthält, was in dieser an bestrittenen Fragen so überreichen Materie als herrschende Rechtsanschauung zu bezeichnen ist. Insbesondere ist dem bayrischen Landrecht gegenüber als begrüßenswerter Fortschritt zu erachten die Beseitigung der Sonderstellung der Kinder ex damnato coitu, die Gleichstellung der unehelichen Kinder mit den ehelichen im Verhältnis zur Mutter und deren Verwandten und die Aufhebung der widersinnigen Beschränkungen der testamenti factio passiva der unehelichen Kinder. Daß das (praktisch ohnehin fast bedeutungslose) Erbrecht des Kindes gegenüber seinem ohne Hinterlassung von Verwandten verstorbenen unehelichen

Vater dem Prinzip des Entwurfs zum Opfer fallen mußte, wird dem gegenüber gewiß nicht als Härte empfunden werden.

Wenn Joseph II. den Grundsatz aufstellen zu können glaubte, daß ein zwar außer der Ehe, aber von zwei verheirateten Personen erzeugtes Kind den ehelichen Kindern gleichzuhalten sei und von väterlicher sowohl als von mütterlicher Seite aller Gerechtsame teilhaftig werden solle, die den ehelich Geborenen zugestanden seien (vgl. Zeitschrift f. deutsches Recht und deutsche Rechtswissenschaft Bd. 4 S. 284), so macht dieser Vorschlag seinen milden Herzen mehr Ehre als seiner Gesetzgebungskunst. Ein Staat, der die Ehe als die einzige legitime Form geschlechtlicher Verbindung betrachtet, kann unmöglich, will er nicht mit sich selbst in Widerspruch geraten, die unehelichen Kinder in jeder Beziehung den ehelichen gleichstellen. Die Feststellung der Punkte, in denen ein Unterschied statuiert werden kann, ohne die berechtigten Forderungen der Humanität und der Gerechtigkeit gegenüber den unschuldigen Sprößlingen der freien Liebe zu verletzen, muß zu den schwierigsten Aufgaben eines modernen Gesetzgebers gerechnet werden. Mit rückhaltsloser Genugthuung ist anzuerkennen, daß die Lösung dieses Problems den Verfassern des Entwurfs in allen wesentlichen Punkten gelungen ist.

Mögen den weiteren Schicksalen des großen Werkes günstige Sterne leuchten!

Alphabetisches Register.

Die Zahlen bedeuten die Seiten.
r. R. = römisches Recht; d. R. = deutsches Recht; k. R. = kanonisches Recht; g. R. = gemeines Recht; L.R. von 1616 = Landrecht vom Jahre 1616; L.R. = bayrisches Landrecht vom Jahre 1756; I. E., II. E. = Entwurf eines bürgerl. Gesetzbuchs 1., 2. Lesung.